DROEMER

Von Mechtild Borrmann sind bereits folgende Titel erschienen:
Der Geiger
Wer das Schweigen bricht
Die andere Hälfte der Hoffnung
Trümmerkind

Über die Autorin:
Mechtild Borrmann, Jahrgang 1960, verbrachte ihre Kindheit am Niederrhein. Bevor sie sich dem Schreiben von Kriminalromanen widmete, war sie u. a. als Tanz- und Theaterpädagogin und Gastronomin tätig. Mit ihren Romanen durchdringt die Autorin vielstimmig die Schattenwelten der deutschen Zeitgeschichte. Sie wurde mit vielen renommierten Preisen ausgezeichnet, u. a. dem Deutschen Krimi Preis. »Trümmerkind« und »Grenzgänger« standen über ein Jahr lang unter den TOP 20 der *Spiegel*-Bestsellerliste. Mechtild Borrmann lebt als freie Schriftstellerin in Bielefeld.

MECHTILD BORRMANN

GRENZGÄNGER

Roman

*Die Geschichte
einer verlorenen
deutschen
Kindheit*

Besuchen Sie uns im Internet:
www.droemer.de

Vollständige Taschenbuchausgabe Dezember 2019
© 2018 Droemer Verlag
Ein Imprint der Verlagsgruppe
Droemer Knaur GmbH & Co. KG, München
Alle Rechte vorbehalten. Das Werk darf – auch teilweise – nur mit
Genehmigung des Verlags wiedergegeben werden.
Redaktion: Kristina Lake-Zapp
Covergestaltung: ZERO Werbeagentur, München
Coverabbildung: Keystone Features / Freier Fotograf
Satz: Adobe InDesign im Verlag
Druck und Bindung: CPI books GmbH, Leck
ISBN 978-3-426-30608-6

2 4 5 3

Es glaubt der Mensch, sein Leben zu leiten, sich selbst zu führen, und sein Innerstes wird unwiderstehlich nach seinem Schicksale gezogen.

Johann Wolfgang von Goethe, *Egmont*

*Die Anhörung in Sachen Matthias Schöning fand am
9. April 1970 im Amtsgericht Aachen statt.
Der Prozess gegen Henni Bernhard wurde sechs Monate
später vor dem Landgericht Aachen geführt.*

PROLOG

Von Henriette Bernhard, geborene Schöning, soll hier die Rede sein. Von ihrem Mut und Übermut, von ihrem Glück und Unglück, von ihrer Schuld und Unschuld und dem Bedürfnis, das Richtige zu tun.

Als Kind war sie ein rechter Wildfang, eine, die ohne Angst schien und ständig ihre Grenzen auslotete. Sie war die, die am äußersten Rand des Steilhanges balancierte und auch dann nicht zurücktrat, wenn sich unter ihren Füßen Steine lösten und dreißig Meter in die Tiefe stürzten. Die, die auf Händen den Schulhof überqueren konnte, die, die sich stundenlang im Hohen Venn herumtrieb und mit traumwandlerischer Sicherheit begehbare Wege durch das Hochmoor fand.

Ihr Lachen ist im Gedächtnis geblieben. Ein Lachen, so voll und satt, dass es jeden Raum ausfüllte und das die Lehrerin gleich im ersten Schuljahr schmutzig nannte, weil es immer ein wenig abfällig klang. Aber das war es nicht.

Jahre später, als das Gehör empfindsam für Nuancen war, konnten die, die sie gut kannten, es heraushören: die Verzweiflung und den gleichzeitigen Lebenshunger. Diese beiden Gewichte in ihr, die sie ihr Leben lang mit der Präzision einer Apothekerwaage austarieren und halten musste.

Lange hat sie die Balance gehalten, indem sie jedem Gramm Lebensfreude das doppelte Gewicht zusprach. Zum Schluss hat auch das nicht gereicht.

Der Versuch, sie zu erfassen, ihr Leben chronologisch und wahrheitsgemäß zu rekonstruieren, hat sich als unmögliches Unterfangen herausgestellt. Manchmal mit dem Bedürfnis, ihr kein Unrecht zuzufügen, oft aber auch, um sich selbst ins rechte Licht zu rücken, haben die Zeugen ihre Erinnerungen sortiert. Eine lässliche Sünde, die wohl jeder im Laufe seines Lebens begeht, aber in diesem Fall sind die Lücken und weit auseinanderliegenden Wahrheiten schmerzlich. Wie soll man ihr gerecht werden, wenn man eingestehen muss, dass es die eine Wahrheit über sie nicht gibt, nie gegeben hat?

Auch in den Polizeiakten findet sie sich nicht, dort am wenigsten.

Wenn man nur sagen könnte, womit alles angefangen hat. Wenn man sagen könnte: An dem Tag, da sind die Dinge aus dem Ruder gelaufen! Aber so einfach ist das nicht.

KAPITEL 1

VELDA, HERBST 1970

Am Mittwoch war wieder ein Verhandlungstag. Urteilsverkündung soll in zwei Wochen sein. »Im Namen des Volkes«, wird der Richter sagen und dann Recht sprechen.

Die Zeitungen verfolgen den Prozess mit großer Aufmerksamkeit. Die Tageszeitung hat von »erwiesener Schuld« und »eindeutigen Beweisen« gesprochen, und eine überregionale Tageszeitung schreibt: »Die Lügen der Henriette B.« Weiter unten war noch zu lesen, dass Henriette – die von allen nur Henni genannt wurde – schon mit siebzehn Jahren straffällig geworden sei und später immer wieder mit Polizei und Gericht zu tun hatte.

Auf dem Gasherd kocht das Wasser im Kessel. Elsa Brennecke stützt ihre Hände auf den Küchentisch, schiebt den Oberkörper vor und steht auf. »Ja, ja! So einfach machen die sich das. Legen sich die Dinge zurecht. Hier ein bisschen was verschweigen, da ein bisschen was dazutun, und fertig ist die neue Wahrheit.«

Der Mischlingshund Sam liegt unterm Tisch, hebt kurz den Kopf, lauscht und legt ihn wieder zurück auf die Vorderpfoten. Elsas linkes Bein ist etwas kürzer. Ein Umstand, den ihre Eltern in ihrer Kindheit ignoriert hatten. Sie zog das Bein leicht nach, und der Vater hatte gesagt: »Das wächst sich aus.« Als sie später immer deutlicher hinkte und über Schmerzen klagte, wurde endlich ein Arzt aufgesucht. Aber da war es bereits zu spät. Da stand ihr Becken schon schief, und die Wirbelsäule hatte das mit einer Krümmung zur Seite ausgeglichen. Seither trägt sie unter ihrem linken Straßenschuh eine Erhöhung. Einen Klumpschuh. Der erleichtert ihr das Gehen, aber der Schaden ist da, und von Jahr zu Jahr machen die Hüfte und der Rücken mehr Probleme.

In ihren ausgetretenen, grau karierten Hausschuhen humpelt sie zum Herd. Auf dem Kühlschrank steht die Isolierkanne, die sie sich vor drei Jahren gegönnt hat. Seither kocht sie morgens eine ganze Kanne Kaffee, und der bleibt bis zum Nachmittag heiß. Sie stellt den Porzellanfilter mit der Filtertüte auf die Kanne, löffelt Kaffeepulver hinein und gießt kochendes Wasser darüber. Der Duft breitet sich aus, füllt die bescheidene Küche.

Den Tisch mit der grau-weiß melierten Resopalplatte, den Kühlschrank und auch den Elektroherd hatten sie sich im Laufe der Jahre neu angeschafft. Der Heinz hatte sie trotz ihrer ungleichen Beine genommen und war ihr ein guter Ehemann gewesen. Im Sägewerk war er angestellt gewesen, und sie hatte mit dem Stück Land hinterm Haus etwas dazuverdient. Der große Garten gab mehr her, als sie brauchten. Jeden Samstag verkaufte sie auf dem Wochenmarkt in Monschau Obst und Gemüse. Den Verdienst hatte sie abends gezählt, die Summe in ein kleines Heft eingetragen und das Geld in die Blechdose mit der Schneelandschaft auf dem Deckel gesteckt. »Aachener Printen« stand auf der Seite, und im Scherz hatte Heinz manchmal gefragt: »Wie viele Printen sind denn drin?«

Sie hatten sich viele Kinder gewünscht, aber daraus war nichts geworden. Nach zwei Fehlgeburten im sechsten Monat stand fest, dass ihr schiefes Becken die Leibesfrucht nicht hielt. Der Heinz hatte sie trotzdem nicht verlassen. Sie waren zufrieden gewesen, aber dann war ihr vor sieben Jahren – mit nur dreiunddreißig Jahren – der Heinz gestorben. Einfach so! Tage zuvor hatte er über Schmerzen in der Brust geklagt.

»Du solltest damit zum Arzt gehen«, hatte sie gemahnt, doch er hatte bloß geantwortet: »Ist von alleine gekommen, wird auch von alleine wieder gehen.« So war er gewesen, ihr Heinz. Bei der Arbeit im Sägewerk war er eines Morgens umgefallen, einfach so. Als man ihr endlich Bescheid gesagt hatte und sie am Nachmittag im Krankenhaus ankam, lag er schon aufgebahrt in der Krankenhauskapelle. Sie hatte sein Gesicht gestreichelt und es einfach nicht glauben können. Das konnte doch nicht ihr Heinz sein, der immer ein kräftiges und gesundes Mannsbild gewesen war.

»Du kannst mich doch nicht alleine lassen«, hatte sie ihm zugeflüstert, aber das hatte er getan und sie mit gerade mal dreißig Jahren zur Witwe gemacht. Erst vier Tage später, als die Dorfbewohner ihr auf dem Friedhof mit festem Händedruck ihre Anteilnahme aussprachen, hatte sie erkannt, dass die mitleidigen Blicken nicht nur ihrem Verlust galten, sondern auch ihrer absehbaren Zukunft. Sie war keine Schönheit, ging hinkend durchs Leben und konnte keine Kinder bekommen. In den Tagen danach hatte sie viel geweint. Um Heinz und um sich. Um Heinz, weil er ihr fehlte, um sich, weil sie erst dreißig Jahre alt war und ahnte, dass sie von nun an ein Leben als Witwe Brennecke führen würde.

Sie stellt den Filter ins Spülbecken, nimmt einen Becher aus dem Schrank und schenkt sich ein. Dann steckt sie den Verschluss auf die Isolierkanne, schraubt ihn fest und dreht die Kanne kurz auf den Kopf, um zu überprüfen, ob sie auch richtig schließt.

Das Spülbecken aus Steingut, der Küchenschrank aus Eiche mit den gewölbten Türen und den Glasschütten für Zucker, Mehl und Salz stammten noch von ihren Eltern. Auch die Eckbank mit der fadenscheinigen blauen Sitzpolsterung war schon immer da gewesen. Auf eine Spüle aus Edelstahl hatten sie zuletzt gespart. So eine hätte sie gerne gehabt, aber Heinz' Beerdigung war teuer gewesen und hatte die Ersparnisse aufgezehrt.

In den Jahren danach war nichts mehr übrig geblieben, was sie hätte sparen können. Nach Heinz' Tod hatte sie als Verkäuferin in einem Schreibwarengeschäft in Monschau gearbeitet, aber das lange Stehen hatte ihr solche Schmerzen bereitet, dass sie kündigen musste. Mit der kleinen Witwenrente und dem Verkauf auf dem Wochenmarkt kommt sie jetzt gerade so über die Runden.

In den letzten Wochen hat sie ihren Garten vernachlässigt, weil sie an allen Verhandlungstagen nach Aachen gefahren ist. Die Kanne hatte ihr da gute Dienste geleistet. Morgens um sieben musste sie los. Fünfzehn Minuten zu Fuß bis zur Bushaltestelle, dann mit dem ersten Bus zum Monschauer Bahnhof, mit der Bahn bis Aachen und dort noch einmal eine Viertelstunde zu Fuß bis zum Landgericht. Ein weiter Weg, aber sie hatte nicht einen Prozesstag

versäumt, und wenn die Beamten Henni durch den Ne-
beneingang zur Anklagebank brachten, hatte sie ihr jedes
Mal zugenickt. Ein kurzes Nicken. Ein kleines Zeichen, das
sagen sollte: Nicht den Mut verlieren!

Einmal hatte sie einen Platz ganz nah bei der Anklagebank erwischt. Da hatte Henni sich zu ihr umgedreht und
geflüstert: »Elsa, du musst doch nicht ständig diesen weiten
Weg auf dich nehmen.«

»Doch«, hatte sie geantwortet, »doch Henni, das muss
ich!« Das hätte ich schon vor zwanzig Jahren tun sollen,
war ihre Antwort in Gedanken weitergegangen, aber gesagt
hatte sie das nicht.

Hennis Mann Georg saß immer schon im Zuschauerraum, wenn sie ankam. Er wirkte um Jahre gealtert.

Elsa humpelt zum Tisch zurück und setzt sich. Sie streift
ihren rechten Pantoffel ab und fährt mit dem Fuß sanft über
Sams Fell. Sie spricht zu dem Hund, wie sie es seit Jahren
tut. Sam ist ein guter Zuhörer.

»Der Georg, der tut mir leid. Der versteht die Welt nicht
mehr. ›Warum verteidigt sie sich denn nicht?‹, hat er mich
gefragt. Aber was soll man da antworten? Nicht mal auf die
Fragen des Richters hat sie reagiert. Und die Leute, die nehmen ihr das übel.«

In der Pause hatte Elsa sie auf dem Flur reden hören.

»Wenn sie unschuldig wäre, dann würde sie sich ja wohl
verteidigen«, hatte eine Frau gesagt.

»Ach, was wissen Sie denn schon«, hatte Elsa sie zurecht-
gewiesen, »gar nichts wissen Sie!«

Sie nimmt einen Schluck Kaffee. »Die Leute denken so,
Sam«, sagt sie leise zu ihrem Hund. »Da kann man nichts
machen.«

Mit ihrem Anwalt Dr. Grüner hatte Henni wohl auch nicht gesprochen. Der Mann machte an den Verhandlungstagen einen überforderten, geradezu hilflosen Eindruck. Hennis Schweigen und dann auch noch diese Zeugen mit ihren ganz eigenen Erinnerungen … Die Teilwahrheiten, die Erinnerungslücken und die kleinen Ausschmückungen, mit denen sie sich interessant machten. »Hörensagen« war der einzige Einspruch, den Dr. Grüner immer wieder machte. Zu Anfang rief er sein: »Einspruch! Hörensagen!« noch mit lauter Stimme, aber von Verhandlungstag zu Verhandlungstag wurde der Einspruch kraftloser.

Wenn die Zeugen sprachen, saß Henni mit hocherhobenem Kopf da, manchmal mit einem leisen Staunen im Blick. Kein Groll. Keine Empörung. Sie saß da wie eine Zuschauerin in einer Theateraufführung.

Elsa zieht ihren rechten Hausschuh wieder an und hinkt mit dem Becher zum Fenster. »Wenn nicht ein Wunder geschieht, dann werden sie Henni verurteilen«, flüstert sie zum Fenster hinaus.

Die Leute im Dorf hatten es schon getan. Wenn sie freitags im Lebensmittelladen bei Marion Pfaff ihre Besorgungen machte, wurde davon gesprochen. Eine, die hier aufgewachsen war, hatte so was getan. Das passte nicht in ihre beschauliche, kleine Welt. Die Marion hielt mit ihrer Meinung nicht hinterm Berg und sagte jedem, der es hören wollte: »Anfällig für Dummheiten war die ja schon als Kind, und dann, als junges Mädchen … Na ja, man weiß ja, wo die anschließend war. Schlechte Gesellschaft, da weiß man doch, wo so was hinführt!« Das hatte etwas Beruhigendes. Das sagte, dass dieses Dorf *so eine* nicht hervorgebracht hatte.

Elsa sieht zu Sam. »Verlogenes Pack, alle miteinander. Erst haben sie sie gut gebrauchen können, haben an ihrem Wagemut und ihrer Unerschrockenheit gut verdient. Und dann … Dass sie nicht genug gekriegt hätte, haben sie später behauptet, dabei wussten sie alle, warum sie immer wieder über das Plateau gegangen ist.«

Und davon würde sie Jürgen Loose erzählen. Von der Henni, die im Gericht nicht sichtbar war. Der junge Mann hatte jeden Tag im Gericht gesessen und war wie sie nachmittags zu Fuß zurück zum Bahnhof gegangen. Auf dem Weg hatte er sie angesprochen. »Jürgen Loose«, hatte er sich vorgestellt und gefragt, ob sie eine Bekannte von Henriette Bernhard sei. Sie war wortlos weitergegangen, und er war neben ihr geblieben und hatte geredet. Dass er Jurastudent sei mit Schwerpunkt Strafrecht und dass er den Prozess zu Studienzwecken besuche. Dass der Verteidiger keine gute Figur mache, es aber mit seiner Mandantin auch nicht leicht habe. Er sprach von Verteidigungsstrategie und lauter juristischem Zeug. Angeberisch hatte er geklungen.

»Frau Bernhard ist ja wirklich keine einfache Person. Ich meine, sie lässt ihren Anwalt im Regen stehen. Wieso sagt sie nicht, warum sie es getan hat? Wahrscheinlich könnte er mildernde Umstände geltend machen.«

Da war Elsa böse geworden. »Aha! Und woher wissen Sie so genau, dass sie es getan hat?«

Der Loose hatte einen roten Kopf bekommen und verlegen gestammelt: »Ehrlich gesagt, ich habe da inzwischen auch meine Zweifel.«

Dieses Zugeständnis hatte aufrichtig geklungen, und sie war stehen geblieben. »Woher soll ich wissen, dass Sie nicht von einer dieser Zeitungen sind?«

Aus seiner Umhängetasche kramte er einen Studentenausweis hervor und reichte ihn ihr. Einundzwanzig Jahre war er alt. Seither waren sie den Weg vom Landgericht zum Bahnhof gemeinsam gegangen. Seine angeberischen Fachausdrücke hatte er bald weggepackt, und Elsa meinte, dahinter einen jungen Mann zu erkennen, der sich aufrichtig für die Wahrheit interessierte.

Gestern hatte sie die Einladung ausgesprochen, und heute Nachmittag würde Jürgen Loose sie besuchen. Vielleicht war das eine Dummheit, aber im Prozess wurde ein Bild von Henni gezeichnet, das mit der wahren Henni nichts gemein hatte. Sie würde ihm erzählen, wie Henni wirklich war oder, besser, wie sie gewesen war.

Elsa blickt über ihren großen Garten. Das Laub der Obstbäume hat einen braungelben Teppich auf die Wiese gelegt. Im Gemüsegarten hat sie die abgeernteten Beete schon umgegraben. Der Rosenkohl und der Grünkohl stehen noch. Damit muss sie noch warten, die brauchen Frost. Aber die letzten beiden Kartoffelreihen sollte sie ausgraben, bevor die Nächte kalt werden.

Sie sieht über die Beete und die Straße hinweg, betrachtet die Ruine schräg gegenüber. Die graue Fassade mit den hohläugigen Fenstern ohne Glas und den großflächigen Rußspuren darüber, die bis zum eingefallenen Dach reichen. Die Haustür ist mit Brettern vernagelt. An der Straße steht jetzt ein »Betreten verboten«-Schild. Das Gelände ist verwildert, das Unkraut hat sich unter der Buchenhecke bis zur Straße ausgesät. Das Haus und der Garten sind schon seit Langem in diesem erbärmlichen Zustand, nicht erst seit dem Feuer. Hennis Vater hatte sich zuletzt um nichts mehr gekümmert.

Elsa stellt den leeren Becher in den Spülstein. »Komm, Sam. Das Wetter bleibt trocken, und die Kartoffeln müssen aus der Erde. Bis der junge Mann kommt, ist noch Zeit.«

Augenblicklich steht der Hund neben ihr und wedelt freudig mit dem Schwanz.

KAPITEL 2

VELDA, 1945

Henni Schöning war zwölf, als der Krieg endlich vorbei war. Velda war lange verschont geblieben, nur im Frühjahr 1940, als Belgien besetzt wurde, rückte er für kurze Zeit nah heran. Für einige Tage hörte man das Grollen der Flugzeuge, die das Dorf überflogen. Dann kehrte wieder Ruhe ein.

Henni besuchte die Dorfschule und gehörte ohne Anstrengung zu den Klassenbesten. Ihr fielen die Dinge zu, und der neue Lehrer, der im Herbst 1945 Fräulein Guster ablöste, rügte sie am letzten Schultag in der sechsten Klasse, weil sie am Tag zuvor wieder mal geschwänzt hatte. Zu jener Zeit hörte man ihr unvergleichliches Lachen, das sie wie eine frische Windböe über den kleinen Schulhof schickte, nur noch selten.

Der Lehrer sagte: »Henni, du hast so viele Gaben, aber du weißt sie nicht zu schätzen. Es ist eine Schande, wie du deine Talente vergeudest!«

Sekundenlang saß sie mit gesenktem Kopf da. Sie, die als vorlaut galt, die auf alles immer sofort eine Antwort hatte, blieb ganz still. Dann sprang sie auf und lief hinaus. Niemand sollte sie weinen sehen.

Hennis Eltern waren einfache Leute. Ihr Vater, Herbert Schöning, arbeitete als Uhrmachermeister bei Juwelier Franzen in Monschau. Er war ein schmächtiger, gottesfürchtiger Mann, der seine Kinder mit Strenge erzog. Bis Anfang 1943 stufte das Militär ihn als untauglich ein, aber dann wurden seine ruhigen Hände, die es gewohnt waren, Millimeterarbeit zu verrichten, gebraucht. Nach einem sechswöchigen Lehrgang wurde er einem Bombenentschärfungskommando zugeteilt.

Seine Frau Maria blieb mit den vier Kindern Henni, Johanna, Matthias und Fried zurück, und dann kam im Winter 1944 der Krieg mit Macht in die Eifel. Die Ardennenoffensive mit den Schlachten im Hürtgenwald wollte kein Ende nehmen. Dörfer wurden geräumt, gerieten in Stellungskämpfe und wurden völlig zerstört. Es gab Hunderte ziviler Opfer. Nach der Zerstörung der Bahnstation und einiger Wohnhäuser am Südende von Velda wurde die Evakuierung angeordnet, und die Dörfler machten sich mit Handwagen und Ochsenkarren auf den Weg. Maria Schöning und fünf weitere Familien waren geblieben. Gerlinde Kopisch, die mit dem fünfjährigen Wilhelm und der neunjährigen Magdalena einige Häuser weiter wohnte, hatte keinen Keller. Die beiden Frauen verbrachten mit ihren Kindern Tage und Nächte in dem kleinen Vorratskeller des Schöning-Hauses.

Das schlichte Fachwerkhaus lag am Nordende des Dorfes. Es hatte drei Zimmer, eine Wohnküche und ein hölzernes Klohäuschen neben dem Hühnerstall. Garten und Haus waren von einer hohen Buchenhecke umgeben. Tag und

Nacht donnerten Kampfflugzeuge über das Dorf hinweg, und das Stakkato der Artillerie hallte über die Hügel und schien von allen Seiten zu kommen. Die beiden Frauen saßen dann mit den Kindern in dem kleinen Vorratskeller zwischen Kartoffelkiste und dem Regal mit Einmachgläsern, und die Gläser zitterten diesen klirrenden Ton über ihre Köpfe hinweg, wann immer das Brodeln des Krieges das Haus erschütterte. Sie pressten ihre Kinder an sich und beteten inständig, dass sie verschont blieben. Nur die elfjährige Henni setzte sich ein Stück abseits und sagte mit tröstlicher Gewissheit in der Stimme: »Mama, uns passiert nichts. Ich weiß das!«

Als die Schlachten endlich geschlagen waren, hatten die ersten stillen Nächte etwas Unheimliches. Die beiden Frauen misstrauten der Ruhe, und in der Sorge, das Donnern und Grollen könnte wieder einsetzen, während sie und die Kinder schliefen, wachten sie noch nächtelang in der Küche. Dann kamen die fremden Soldaten, und nach und nach kehrten auch die Dorfbewohner zurück. Wie durch ein Wunder war das Dorf bis auf die Bahnstation und fünf Häuser verschont geblieben.

Werner Kopisch kehrte als Erster heim. Maria lebte noch einige Wochen in Ungewissheit, aber dann wurde auch Herbert Schöning aus englischer Kriegsgefangenschaft entlassen. »Wir haben Glück im Unglück gehabt«, sagte sie zu ihren Kindern, »vergesst das nie!«

In fast allen Häusern im Dorf herrschte Trauer um gefallene oder vermisste Ehemänner, Brüder oder Söhne, und es war ungewiss, wie es unter der Besatzung weitergehen würde. Aber es war endlich Frieden.

Maria Schöning, sieben Jahre jünger als ihr Mann, war bei einer Tante in Gerolstein aufgewachsen. Mit sechzehn ging sie als Haushaltshilfe bei Juwelier Franzen in Stellung, wo Herbert Schöning in der Werkstatt arbeitete. Maria war siebzehn, als er um ihre Hand anhielt. Es war keine Liebesheirat gewesen, aber sie waren sich zugetan, und über die Jahre war daraus ein vertrauensvolles Miteinander geworden. In den ersten Jahren hatten sie in Monschau in einer Zweizimmerwohnung gewohnt. Dann starb Herberts Vater, der schon seit einigen Jahren Witwer gewesen war, und Herbert erbte das kleine Haus in Velda. Als sie 1935 umzogen, war Henni zwei Jahre alt und Maria mit den Zwillingen Matthias und Johanna schwanger. Der Nachzügler Fried war fünf Jahre später zur Welt gekommen.

In den ersten Tagen nach der Rückkehr ihres Mannes aus der Kriegsgefangenschaft war Maria ganz mit ihrer Freude darüber beschäftigt, ihre Familie wieder vollständig zu wissen. Sie nahm es zunächst nicht wahr, aber bald musste sie sich eingestehen, dass ihr Mann sich verändert hatte.

Erst Wochen später erzählte er ihr, dass es schon wenige Tage nach seiner Gefangennahme begonnen hatte. Er war morgens aufgewacht und hatte am ganzen Körper gezittert, als sei diese unglaubliche Anspannung, mit der er seine Angst monatelang beherrscht hatte, plötzlich aus seinem Körper gewichen. Arme und Beine hatten unkontrolliert vibriert, und er war von Weinkrämpfen geschüttelt worden. Ein Kontrollverlust, der erst Stunden später nach und nach abebbte. Noch Tage danach hatte er auf seiner Pritsche gelegen, weil sein Herz immer wieder den Rhythmus verlor und einfach nicht zur Ruhe kam. Dann war es endlich vorbei gewesen. Nur das Zittern in seinen Händen, das war geblieben.

Herbert Schöning war jetzt ein Uhrmachermeister, der seine Hände nicht ruhig halten konnte. Er versuchte es, kehrte an seinen alten Arbeitsplatz bei Juwelier Franzen in Monschau zurück, stemmte sich mit Macht gegen das Zittern und bandagierte seine Handgelenke, bis sie schmerzten, weil er meinte, die Unruhe ginge von dort aus. Er nähte sich lederne Manschetten, die Gelenke und Handflächen fest umschlossen. Nichts half. Juwelier Franzen zeigte zunächst Verständnis, aber nach einigen Wochen musste er ihn entlassen.

»Herbert, es tut mir leid, und ich sehe ja, wie du dich bemühst. Aber du brauchst eine Stunde für eine Reparatur, die du früher in fünf Minuten erledigt hast. Vielleicht solltest du dich erst einmal richtig erholen.«

»Sind nur die Nerven, Herr Franzen, das geht sicher bald vorbei«, hatte Schöning einzuwenden versucht.

Franzen war an der Tür stehen geblieben. »Wenn es vorbei ist, kannst du gerne wiederkommen.«

Drei Wochen war er zu Hause geblieben. Maria hatte ihm Tee aus Melisse und Johanniskraut gekocht, aber sobald er sich an eine Arbeit machte, die Präzision verlangte, war das Zittern wieder da.

»Ich werde es nicht mehr los«, hatte er zu Maria gesagt. »Wenn ich konzentriert arbeite, ist plötzlich diese Angst da. Diese Angst, dass ich den kleinsten Fehler mit meinem Leben bezahlen werde.« Er hatte sich mit den Knöcheln gegen die Schläfe geschlagen. »Ich weiß, dass das nicht stimmt! Hier oben weiß ich es. Aber meine Hände ... meine Hände wissen das nicht.«

Er fand eine Anstellung als Hilfsarbeiter in einer Baufirma, war der schweren körperlichen Arbeit aber nicht gewachsen.

»Schöning, das ist keine Arbeit für Sie. Das halten Sie nicht lange durch«, hatte der Maurer, dem er zuarbeitete, schon am zweiten Tag gesagt. Nach vierzehn Tagen musste er einsehen, dass der Mann recht hatte. Er hatte nicht die Kraft, sich einen Zementsack mit Schwung auf die Schultern zu hieven, wie die anderen es taten.

Kurz danach hatte es dann begonnen.

Die Schönings waren gläubige Katholiken, weshalb die Familie regelmäßig die Sonntagsgottesdienste besuchte, aber jetzt wandte Herbert Schöning sich ganz seinem Glauben zu. Er ging täglich in die Kirche und verbrachte dort Stunden im Gebet. Zu Hause las er in der Bibel, schien seine Frau und die Kinder kaum noch wahrzunehmen und bemühte sich auch nicht um eine neue Arbeit. Oft saß er einfach am Küchentisch und starrte vor sich hin. Henni verstand nicht, was vor sich ging, und Maria musste sie immer wieder ermahnen, geduldig zu sein. »Dein Vater braucht Zeit«, sagte sie, wenn Henni schimpfte und meinte, dass er doch wenigstens bei der Gartenarbeit helfen könne.

Zum Eklat kam es Ende Oktober 1945. Es war bereits bitterkalt. Velda bekam von der Besatzungsverwaltung die Genehmigung, das Totholz aus dem zwei Kilometer entfernten Wald zu holen, damit sie den Winter über heizen konnten. Maria machte sich mit ihren Kindern und der schweren Holzschubkarre auf den Weg. Eine zehn Meter lange Tanne und eine acht Meter hohe, mit Granatsplittern gespickte Fichte, die mitsamt dem Wurzelwerk umgefallen waren, wurden ihnen zugeteilt. Sie mussten die Bäume entasten, den Stamm und die Äste in Stücke teilen und sie dann mit der Schubkarre nach Hause transportieren. Mit einer Bügelsäge und einem Fuchsschwanz sägten sie die Äste ab und brachten sie mühselig auf Maß. Anschließend schoben sie das Holz mit der Schubkarre über Stock und Stein bis zur Straße und dann den weiten Weg nach Hause. Schon am ersten Abend hatten sie aufgeplatzte Blasen an den Händen.

Auch die Kopischs mühten sich mit ihrem Holz ab. Werner Kopisch kam Maria immer wieder zu Hilfe, wenn die stumpfe Bügelsäge sich so im Holz verkantet hatte, dass es weder ein Vor noch ein Zurück gab.

Sie hätten sich wohl noch tagelang so quälen müssen, wäre nicht Bauer Kämper, der sein Holz mit seinen beiden erwachsenen Söhnen schon nach Hause gebracht hatte, am dritten Tag mit seinem Pferdewagen gekommen. Er hatte eine Zweimann-Schrotsäge dabei, schob Maria und die Kinder beiseite und machte sich an die Arbeit. Zusammen mit Kopisch sägte er deren Holz und das der Schönings in lange Stücke.

»Werft es auf den Pferdewagen. Ich schieb das bei mir über die Kreissäge und bring es euch vorbei«, sagte er knapp.

Als sie fertig waren und Maria sich bei Kämper und Kopisch bedankte, fuhr Kämper sich mit seiner schwieligen Hand durchs Gesicht. »Schon gut, Maria, hab ich gerne gemacht. Aber deinem Mann kannst du ausrichten, dass er ein fauler Hund ist und seine Beterei keine warme Stube macht!«

Maria senkte beschämt den Blick, doch für Henni hatte

Kämpers Bemerkung etwas Befreiendes. Endlich hatte einer gesagt, was sie seit Wochen dachte.

Zu Hause verlor Maria kein Wort darüber. Am Abendbrottisch holte Herbert Schöning – wie er es inzwischen vor jeder Mahlzeit tat – die Bibel hervor und begann daraus vorzulesen. Die dünne Kartoffelsuppe, die Maria bereits auf die Teller verteilt hatte, drohte endgültig kalt zu werden. Da nahm der kleine Fried seinen Löffel auf und begann zu essen, ohne das erlösende Amen und das Kreuzzeichen abzuwarten. Der Vater sah auf, nahm ihm den Löffel aus der Hand und sagte: »Du gehst auf der Stelle ins Bett.«

Maria versuchte einen schwachen Einwand. »Aber Herbert, das kannst du nicht tun.«

Noch bevor er antworten konnte, nahm Henni ihren Löffel und reichte ihn Fried. Mit unterdrücktem Zorn in der Stimme sagte sie: »Wir essen jetzt! Die Suppe wird kalt, und wir sind hungrig von der Arbeit. *Du* hast ja nicht gearbeitet.«

Sekundenlang war es totenstill. Henni sah ihren Vater herausfordernd an. Herbert Schöning holte aus und schlug ihr mit der flachen Hand ins Gesicht. Hennis Wange brannte. Sie schluckte ihre Tränen, senkte kurz den Kopf, hob ihn dann wieder und stieß trotzig hervor: »Bauer Kämper hat gesagt, wir sollen dir ausrichten, dass man mit Beten keine Stube warm kriegt.«

Herbert Schöning stand auf und verließ ohne ein weiteres Wort das Haus.

Später würde Henni sagen, dass es dieser Abend gewesen sei. Dass sich an diesem Abend alles verändert habe. »Es war nicht der Streit und auch nicht die Ohrfeige. Aber als er Stunden später heimkam und lediglich sagte: ›Ich habe für dich gebetet‹, da wusste ich, dass wir auf ihn nicht mehr zählen konnten.«

Vielleicht hatte auch Maria Schöning es an diesem Abend verstanden, vielleicht auch erst in den Wochen danach, aber im Januar 1946 suchte sie sich Arbeit. Sie fand eine Anstellung als Aushilfe in der Gaststätte »Zum Eifelblick« in Monschau. Mit der Arbeit hielt sie die Familie über Wasser. Der Wirt zeigte sich großzügig. Zusätzlich zu ihrem Wochenlohn durfte sie regelmäßig das übrig gebliebene Essen vom Vortag mitnehmen, was einem zusätzlichen Verdienst gleichkam.

Immer öfter nahm Maria Henni zur Unterstützung mit in die Gaststätte. Sie verließen um sechs Uhr morgens das Haus. Die Zwillinge Johanna und Matthias sorgten dafür, dass sie und Fried pünktlich in die Schule kamen, denn der Vater war bereits in der Frühmesse. Maria hätte ihrer Tochter gern die letzten anderthalb Schuljahre gelassen, aber ohne Henni konnte sie bis zum Mittag die anfallenden Arbeiten in Gaststube und Küche kaum schaffen.

In diesem ersten Nachkriegswinter stapften sie in der Dunkelheit durch den Schnee, hatten nasse Füße und waren völlig durchgefroren, wenn sie Monschau erreichten. Sie heizten den Ofen in der Küche an, spülten das Geschirr und die Töpfe vom Vorabend, putzten Küche und Gaststube, schälten Kartoffeln und Gemüse. Nach getaner Arbeit traten sie den beschwerlichen Weg zurück an.

Herbert Schöning war kaum noch zu Hause. Er übernahm gegen ein kleines Entgelt die Aufgaben eines Küsters, bereitete die Kirche für die Gottesdienste vor, kümmerte sich um die Kerzen und den Blumenschmuck, räumte die Wege im Kirchhof und läutete die Glocken.

Das Familienleben entspannte sich. Der Vater saß jetzt nicht mehr stundenlang am Küchentisch und stierte vor sich hin, und seit der Auseinandersetzung mit Henni las er vor den Mahlzeiten nicht mehr aus der Bibel vor. Wie früher sprachen sie gemeinsam ein kurzes Dankgebet, und Maria und Henni nahmen hin, dass sie dafür verantwortlich waren.

Aber dann kam der April 1947.

KAPITEL 3

LÜTTICH, FRÜHJAHR 1970

Es war einer dieser Tage, die zwischen Winter und Frühjahr liegen und sich nicht entscheiden. Das Licht versprach Frühling, aber die Luft hielt noch an der winterli-
chen Kälte fest. Thomas Reuter packte die Kohlestifte,
Kreiden und seine Staffelei zusammen. Heute hatte er nur
zwei Porträts von Marktbesuchern angefertigt, aber die
Kohlezeichnung der St.-Bartholomäus-Kirche und das
Landschaftsaquarell – ein Tal in der Wallonie – hatten Käu-
fer gefunden. Mit sechshundert belgischen Franc Umsatz
war das kein guter Tag. Hier, auf dem sonntäglichen La
Batte, zwischen den Marktständen am Quai de Maestricht,
war sein Stammplatz. Mit dem Anfertigen von Porträts
machte er die besten Umsätze, aber heute hatte er nach dem
zweiten Bild das Schild mit der Aufschrift »Porträt in 15
Minuten für 170 BF« abgehängt. Er war unzufrieden. Die
beiden Zeichnungen waren nicht gut geworden, weil er un-
konzentriert war, mit den Gedanken immerzu bei diesem
Anruf vom Vorabend.

»Es wird eine Anhörung geben, Thomas, eine gerichtliche Anhörung. Am neunten April. Wir brauchen dich als Zeugen. Du musst kommen und aussagen«, hatte Fried gesagt.

Drei Sätze. Und alles, was er jahrelang so weit wie möglich von sich ferngehalten hatte, war wieder da gewesen.

Am liebsten hätte er in den Hörer gerufen: »Bitte, Fried, ich will von alldem nichts mehr wissen. Ich ertrage es nicht. Lass mir mein kleines, einfaches Leben. Lass mir meinen mühsam erkämpften Abstand.«

Er lud die Staffelei, die Mappe mit den Bildern und die Schatulle mit den Malutensilien auf den Fahrradanhänger, den er aus Brettern und Rädern von einem Kinderfahrrad zusammengebaut hatte.

Seit neun Jahren wohnte er im Stadtteil Outremeuse in der Rue de la Commune in einem alten Backsteinhaus. Die Maas wurde hier zweiarmig, und Outremeuse war eine Insel mitten in der Stadt. Die kleine Wohnung lag im zweiten Stock. Eine Kammer, in der er schlief, ein schmales Bad und ein Zimmer, aus dem er eine Art Atelier mit Küchenecke gemacht hatte. Die hohen Decken und die beiden großen Fenster, die nach Westen und Süden gingen, sorgten für gleichbleibend gutes Tageslicht. Die Miete konnte er sich auch leisten. Jedenfalls meistens. In den Wintermonaten gingen die Geschäfte nicht so gut, und wenn er knapp bei Kasse war, drückte seine Vermieterin, die im Erdgeschoss wohnte, schon mal ein Auge zu. »Na ja, im Sommer geht es sicher wieder besser«, sagte sie dann, und manchmal nahm sie sogar ein Bild anstelle von Bargeld. Hier war er zur Ruhe gekommen, hatte einen Platz gefunden, an dem er sich sicher fühlte.

Er radelte über die Pont Maghin. Am Abend zuvor war

er dabei gewesen, anhand einer alten Skizze eine großformatige Kreidezeichnung der Burg Franchimont anzufertigen. Es war schon spät, und als das Telefon auf der Fensterbank klingelte, durchzuckte ihn das erste Läuten wie ein Stromschlag. Er hatte mit der Kreide in der Hand unbeweglich vor der Staffelei gestanden und gewartet. Er bekam selten Anrufe und um diese Zeit eigentlich nie. Sechs Mal ließ er es klingeln, darauf hoffend, dass es gleich aufhören würde. Dann nahm den Hörer ab, und Fried sagte ohne Einleitung: »Henni hat es geschafft. Es wird wegen Matthias eine Anhörung im Amtsgericht Aachen geben. Du musst kommen und aussagen.«

Er brachte kein Wort heraus, und Fried hatte längst aufgelegt, als er immer noch mit dem Hörer in der Hand am Fenster stand.

Unfähig, sich zu bewegen, lauschte er dem gleichmäßig sich wiederholenden Ton des Telefons, der anzeigte, dass am anderen Ende niemand mehr war, und in seinem Kopf tat sich wieder dieses Loch auf, das er so gut kannte. Dieses Loch, in das jeder Gedanke hineinfiel, lange bevor er ihn zu fassen bekam.

Er legte den Hörer auf die Gabel und ging im Zimmer mehrere Male auf und ab. Dann hielt er es nicht mehr aus, nahm seinen Parka und rannte den Hausflur hinunter, immer drei Stufen auf einmal nehmend. Er musste raus, musste durch die nachtstille Stadt laufen und spüren, dass er frei war. Dass er gehen konnte, wohin er wollte. Aber die alten Bilder blieben nicht zurück, verfolgten ihn durch die Straßen. Kinderbilder, von denen er gemeint hatte, dass er sie längst aus seinem Gedächtnis gelöscht hatte.

Die Stadt schlief. Die Häuser standen lückenlos aneinandergereiht, trugen die Wärme des Tages noch in sich und schützten ihn auf seinem nächtlichen Streifzug durch das Viertel. Er kannte sich aus in den schmalen Straßen und Gassen, wusste schon von Weitem, dass es die kleine Schneiderei war, in der jetzt noch Licht brannte, und dass das einzige Auto, das ihm um diese Zeit entgegenkam, der Lieferwagen des Gemüsehändlers aus der Rue de la Commune war. Wie immer hatte auch Jean-Paul sein Café in der Rue de la Loi noch geöffnet, obwohl er schon seit Stunden keine Gäste mehr hatte. In manchen Nächten ging Thomas hinein und spielte mit dem Alten, der nie zu schlafen schien, eine Partie Backgammon. Heute nicht. Heute hob er die Hand zu einem kurzen Gruß und ging mit großen Schritten vorbei. Er musste in Bewegung bleiben. Er lief den Bildern davon und brachte doch keinen Meter zwischen sich und die Vergangenheit.

Mit vier Jahren war er in das katholische Kinderheim gekommen. Die ersten Jahre dort waren wie ausgelöscht, aber in dieser Zeit hatten sie ihm beigebracht, dass er das Allerletzte war. Ein dummer Nichtsnutz, den seine Mutter weggegeben hatte, weil sie ihn nicht ertragen konnte. Eine Mutter, die eine Sünderin gewesen war, denn es gab keinen Vater. Selbst so eine hatte nichts von ihm wissen wollen.

Gleich zu Schulbeginn zeigte sich, dass stimmte, was sie behauptet hatten: Er war dumm. Die ersten Schuljahre waren eine einzige Katastrophe. Nicht dass er im Unterricht nicht mitgekommen wäre. Er konnte im Rechnen folgen, konnte schreiben und lesen, aber wenn er an die Tafel musste oder eine Arbeit geschrieben wurde, war seine Angst, einen Fehler zu machen, so groß, dass er kein Wort herausund keines zu Papier brachte. Nach dem dritten Jahr waren sich die Schwestern und die Lehrer einig, dass für ihn nur die Sonderschule in Betracht kam.

Er schlug sich mit dem Handballen gegen die Stirn. Er musste diese Bilder loswerden, durfte diesen Stimmen, die in ihm aufstiegen, keinen Platz geben.

»Du bist dumm, Thomas. Das ist auch nicht verwunderlich, wenn man weiß, wo du herkommst. Trotzdem geben wir uns Mühe, auch aus einem wie dir einen halbwegs anständigen Menschen zu machen. Das ist nicht leicht für uns, das kannst du mir glauben.«

Genau das hatte Schwester Angelika immer wieder gesagt. Und er hatte es geglaubt.

Nach dem Unterricht verbrachte er jeden Nachmittag – manchmal alleine, manchmal mit wechselnden anderen Kindern – im Speisesaal. Immer saß eine der Schwestern mit einem Stickrahmen am Kopfende des Tisches und stach mit feiner Nadel in das Leinen, während er zu lernen versuchte. Hunderte von Nachmittagen. Die Zeit waberte durch den Saal und wollte nicht vergehen. Die Stille ängstigte ihn. Nein, nicht die Stille. Die Geräusche! Das Knarzen seines Stuhls. Ein Räuspern. Das Umblättern einer Buchseite. Alles hallte wider, echote durch den Saal und zog die Stunden ins Endlose. Er ersehnte und fürchtete den Ton der Handglocke, die die Schwester läutete, um das Ende der Lernzeit zu verkünden. Er fürchtete ihn, weil er anschließend zu Schwester Angelika ins Büro musste. Nach ihrem »Herein« ließ sie ihn minutenlang vor ihrem Schreibtisch stehen, während sie Schriftliches erledigte. Unter dem schwarzen Schleier trug sie das weiße, gestärkte Kopfgebinde, das Stirn, Wangen und Kinn fest umschloss und in einem großen Kragen über Schultern und Brust auf dem schwarzen Kleid auslief. Eine große, dürre Frau mit eingeschnürtem, unbeweglichem Gesicht. Wenn sie endlich aufsah, lag in ihrem Blick diese Verachtung, die ihn schrumpfen ließ. Sein Mund wurde trocken, und sobald sie anfing, ihn abzufragen, tat sich dieses Loch in seinem Kopf auf, durch das alles, was er sich hatte merken wollen, wieder herausfiel. »Antworte!«, verlangte sie immer wieder, aber da war selbst ihre Frage schon durch das Loch gefallen. Manchmal schüttelte sie nur enttäuscht den Kopf und schickte ihn fort, an anderen Tagen jedoch schlug sie ihn mit dem hölzernen Lineal auf Rücken und Po und rief dabei immer wieder: »Denk nach! Denk nach!« Wenn sie endlich aufhörte und er weinend dastand, sagte sie fast sanft: »Ich habe das nicht gerne getan, Thomas, das kannst du mir glauben. Aber ich kann nicht hinnehmen, dass du dir nicht die geringste Mühe gibst. Verstehst du das?«

Dann wischte er sich mit dem Handrücken die Augen und flüsterte: »Ja, Schwester Angelika, das verstehe ich.«

Seine Wanderung kreuz und quer durch den Stadtteil führte ihn – wie so oft – an den Fluss. Die Nacht war hier kühler, und er schloss die Knöpfe seines Parkas und zog die Kapuze über. Die Laternen der Pont des Arches spiegelten sich auf dem Wasser. Das Licht ergab sich nicht der Fließkraft des Flusses, hielt beständig seine Position.

Wenn er doch auch so wäre. Wenn er doch auch diese Kraft der Lichtleichtigkeit besäße und standhalten könnte, während die Vergangenheit wie Wasser unter ihm hinweggespült würde.

KAPITEL 4

VELDA, HERBST 1970

Elsa stößt die Spatengabel am Rand des Kartoffellaubs tief in die Erde und hebt den Boden mit den Knollen an. Die Kartoffeln haben eine schöne, gleichmäßige Größe. Eine gute Ernte wird das werden. Sam liegt auf dem schmalen Weg aus Betonplatten, der den Gemüsegarten in zwei Hälften teilt. Der Himmel ist bedeckt, und der Wind, der hier beständig übers Land weht, hat aufgefrischt und gedreht. Seit gestern kommt er aus Nordost. Kein gutes Zeichen. Da ist die erste Kälte nicht mehr weit. Auch die Bäume sind in Eile, werfen ihr Laub säckeweise ab, Elsa spürt den nahenden Winter in den Knochen.

Flüchtige Gedanken, die sich dazwischendrängen, während sie ihre Erinnerungen an Henni sortiert. Was aus all den Jahren war wichtig? Was soll sie Jürgen Loose erzählen?

Nachbarskinder waren sie gewesen, hatten zusammen die kleine Dorfschule besucht. Die Schule gab es schon lange nicht mehr, die Kirche nutzte sie jetzt als Gemeindehaus. Damals gab es vier Klassenzimmer, und die vier Lehrerinnen unterrichteten je zwei Jahrgänge. Das erste und zweite Schuljahr übernahm Fräulein Lemm, das dritte und vierte Frau Kollmann, das fünf und sechste …

Sie sieht zu Sam hinüber. »Das war die mit der dicken Brille. Ihre Augen sahen damit übergroß aus. Fräulein Guster.«

Ach herrje. Da ging es schon los. Sie würde sich mit diesem unwichtigen Kleinkram aufhalten.

Elsa bückt sich, hebt das Kartoffelgrün an und schüttelt Knollen und Erde ab.

Vom ersten Tag an war sie den Schulweg mit Henni gegangen und hatte neben ihr in der Bank gesessen. Henni war eine gute Schülerin, und sie teilte ihr Wissen mit Elsa, was ihr immer wieder Ermahnungen einbrachte. Außerhalb der Schule hatten sie nicht viel miteinander zu tun. Henni war eigenbrötlerisch und trieb sich gerne alleine im Hohen Venn herum. Sie liebte das Hochmoor und ging trotz des elterlichen Verbots immer wieder hinauf. Elsa hatte nie verstanden, was Henni dort suchte.

In der vierten Klasse gab Frau Kollmann Henni ständig Sonderaufgaben, und vor den Osterferien sagte sie: »Henni, ich möchte mit deinen Eltern reden. Du solltest im nächsten Jahr aufs Gymnasium nach Monschau gehen.« Henni hatte sich gefreut und auf dem Heimweg nur noch davon gesprochen. Dass ihr Vater ihr jetzt vielleicht ein Fahrrad kaufen würde, damit sie mit ihm zusammen morgens nach Monschau fahren konnte. Aufgeregt malte sie sich ihre kommende Schulzeit auf dem Gymnasium aus und bemerkte nicht, dass Elsa weinte.

Elsa stützt sich auf ihre Spatengabel und schnaubt. Sam spitzt die Ohren. »So war das. Und als die Henni gesehen

35

hat, dass ich weine, da hat sie den Arm um mich gelegt und gesagt, ich sei ihre beste Freundin, und das würde auch so bleiben. Wie blauäugig wir damals waren …«

Herr Schöning war von der Idee, seine Tochter auf ein Gymnasium zu schicken, nicht angetan, hatte aber versprochen, es sich zu überlegen. Aber dann war wenige Tage später der Einberufungsbescheid gekommen, und damit hatte die Familie andere Sorgen gehabt. Henni war die Älteste der vier Kinder, und Herbert Schöning entschied, dass sie in seiner Abwesenheit zu Hause gebraucht werde. Wenn er in ein paar Wochen wieder zurück sei, könne man den Schulwechsel immer noch angehen. Als Henni Elsa davon erzählte, hatte sie gesagt: »Das tut mir so leid für dich!«, aber eigentlich hatte sie sich gefreut. Auch Henni nahm es gelassen, denn Frau Kollmann hatte ihr gesagt, dass sie auch zum nächsten Schuljahr noch wechseln könnte.

Elsa zieht den Eimer zu sich heran, sammelt die Kartoffeln auf und wirft sie hinein. »Mit zehn Jahren ist man noch dumm. Da ahnt man nicht, wie es kommen kann. Da denkt man nicht darüber nach, dass es anders werden könnte, als es Eltern und Lehrer gesagt haben.«

Vater Schöning war nicht nach ein paar Wochen zurückgekehrt. Stattdessen kam der Krieg und biss sich in der Eifel fest. Elsas Vater wurde dem Volkssturm zugeteilt, und in der Schule lernten sie jetzt, unter den Schulbänken Schutz zu suchen, Wassereimerketten zu bilden und Sirenensignale zu unterscheiden. Sie lernten, dass weder Lehrer noch Eltern wussten, wie der nächste Tag aussehen würde, und sie lernten, mit ihrer täglichen Angst zu leben. Nur Henni, so schien es, spürte keine Angst. Einmal hatten die Sirenen sie auf ihrem Schulweg überrascht, und sie waren in den Straßengraben gesprungen. Das offene Feld, die schnurgerade Straße – sie wussten, dass sie von den Flugzeugen aus gut zu sehen waren. Henni, ihre Geschwister Johanna und Matthias und sie, Elsa, hatten nebeneinander gelegen. Johanna weinte, und Henni sagte: »Du musst keine Angst haben, Johanna. Wir sterben nicht. Das verspreche ich dir.« Natürlich war das ein unsinniges Versprechen gewesen, aber sie sagte das mit solch einer Überzeugung, dass Johanna aufhörte zu weinen und alle sich beruhigten. Als es vorbei war und sie aus dem Graben krochen, schickte Henni ihr sattes Lachen den Flugzeugen hinterher, als habe sie eine Schlacht gewonnen.

So war Henni gewesen. Überheblich, könnte man meinen, aber das stimmte nicht. Henni streute solche Sätze wie einen Schutzzauber aus. Jahre später hatte sie zu Elsa gesagt: »Wenn man zweifelt, ist die Verzweiflung nicht mehr weit. Und dann ist man verloren.« Da hatte ihr Schutzzauber schon an Wirkung eingebüßt, und ihre optimistische Lebenskraft brach sich nur noch selten Bahn.

Elsa sticht ihre Spatengabel in die Erde, trägt den Eimer zum Plattenweg und schüttet die Kartoffeln in einen Sack. Sam steht auf, streckt sich und stellt sich neben sie. »Ja, ja, ich weiß, dass ich die vollen Säcke nicht in den Keller tragen kann. Aber wenn der Jürgen Loose kommt, werde ich den bitten, mir zu helfen.«

Als Velda im Herbst 1944 evakuiert wurde, war Elsa mit ihren Eltern zu Verwandten nach Gerolstein gegangen. Alle sollten das Dorf verlassen. In dem ganzen Durcheinander hatte sie Henni ihre neue Adresse gegeben.

»Ich weiß noch nicht, wo wir hingehen«, hatte Henni gesagt. Dass sie geblieben waren, erfuhr Elsa erst, als sie nach Kriegsende ins Dorf zurückkamen und sie sich wiedersahen.

Als Hennis Vater zurückkehrte, hätte alles gut werden können, aber Herbert Schöning hatte sich verändert. Im Dorf wurde über ihn getuschelt. Zunächst galt er als verschroben. »Der hat da Schaden genommen«, sagten sie. Die einen tippten sich dabei an die Stirn, die anderen auf die Brust. Später dann fielen die Urteile härter aus. Ein fauler Hund sei er, der sich auf den Knochen seiner Frau und Kinder ausruhen würde. Henni verteidigte ihren Vater nach außen, ließ nichts auf ihn kommen, aber manchmal, wenn sie mit Elsa alleine war, brach ihr Zorn auf ihn durch. Da war ihr Traum vom Gymnasium schon lange geplatzt, und selbst die Dorfschule besuchte sie nicht mehr regelmäßig, ging stattdessen mit ihrer Mutter in Monschau arbeiten. Tagsüber sahen sich Elsa und Henni kaum noch, aber abends trafen sie sich regelmäßig. In dieser Zeit bekam Elsa ihren Klumpschuh. Das Gehen auf der erhöhten Sohle musste sie erst lernen, und Henni begleitete sie und spornte sie an. Elsas Körper hatte sich aufs Hinken eingestellt, aber nach und nach wurde es weniger, und ein halbes Jahr später hatte sie sich an den Schuh gewöhnt, und die Gehschwäche fiel kaum noch auf. Nur der erhöhte Schuh war deutlich zu sehen. Auf einem dieser Spaziergänge war Elsa in Tränen ausgebrochen.

»Ich werde niemals tanzen gehen, und kein Mann wird eine mit so einem Klumpfuß heiraten.«

Aber Henni hatte nur den Kopf geschüttelt und mit dieser Gewissheit in der Stimme gesagt: »Elsa, du wirst einen guten Mann finden und lange vor mir verheiratet sein. Glaub mir. Ich weiß das!«

Wie ein Pfand hatte Elsa die Sätze mit sich getragen, und einige Jahre später war es auch tatsächlich so gekommen.

Von der Straße ruft jemand: »Hallo? Frau Brennecke?« Sam springt auf und läuft bellend zum Gartentor. Jürgen Loose. Da ist er schon. Sie hat getrödelt, ist mit ihren Gedanken woanders gewesen und hat die Zeit vergessen. Zwei Säcke mit Kartoffeln sind gefüllt. Die letzten Pflanzen können stehen bleiben. Die kann sie morgen noch ausgraben und anschließend das Kartoffellaub verbrennen. Wie gut, dass sie am Abend zuvor schon den Marmorkuchen gebacken hat.

Jürgen Loose kommt mit der Umhängetasche und einem Blumenstrauß in der Hand ans Gartentor.

Sam knurrt.

»Sam, lass das!«, sagt Elsa zu dem Hund. »Kommen Sie ruhig herein, der gibt nur an.«

Blumen! Die hat sie seit Jahren nicht mehr bekommen. Und ausgerechnet jetzt hat sie schmutzige Hände und steht in Gummistiefeln, dem fadenscheinigen Gartenkittel und der alten Strickjacke da. Was soll der von ihr denken?

»Bitte entschuldigen Sie«, sagt er und reicht ihr die Blumen. »Ich bin zu früh, aber ich wusste nicht, ob ich es sofort finden würde, und habe einen Bus eher genommen.« Erleichtert nimmt sie den Strauß entgegen und bedankt sich. Er ist zu früh. Es ist nicht ihre Schuld, dass sie ihn in diesem Aufzug empfängt.

»Kann ich behilflich sein?«, fragt er, und sie lächelt.

»Ehrlich gesagt, habe ich gehofft, dass Sie mir die Kartoffelsäcke in den Keller tragen.«

Während er die Säcke zur Kartoffelkiste in den Keller schafft, bringt sie Eimer und Spatengabel in den Schuppen, hängt die Strickjacke und den Gartenkittel an den Haken und tauscht die Gummistiefel gegen die Pantoffeln ein. Sie wäscht sich die Hände am Außenwasserhahn und trägt die Blumen ins Haus. Aus dem Schrank holt sie den Krug mit dem Zwiebelmuster, gibt den Strauß hinein und stellt ihn auf den Küchentisch. Orange, gelbe und rote Dahlien. Sie deckt den Tisch mit dem guten Geschirr, schneidet den Kuchen und stellt die Thermoskanne mit dem Kaffee dazu.

»Wo bleibt der denn? Die zwei Säcke, das kann doch nicht so lange dauern«, flüstert sie und sieht zum Fenster hinaus. Sie entdeckt ihn auf der anderen Straßenseite. Jürgen Loose steht vor der Ruine des Schöning-Hauses und fotografiert.

KAPITEL 5

VELDA, 1947

Der 18. April 1947 war einer der letzten Tage der Osterferien. Als Henni sich mit ihrer Mutter auf den Weg
machte, glitzerte der Morgentau im ersten Licht. Es versprach, ein sonniger Tag zu werden. Maria Schöning litt seit
einigen Tagen unter Bauchschmerzen, und auf ihrem Weg
hinunter nach Monschau blieb sie plötzlich stehen, presste
die Hände auf den Leib und schnappte nach Luft. Henni
hatte sie schon mehrmals gebeten, zu einem Arzt zu gehen.
Als der Schmerz vorbei war und Maria zu Atem kam und
wieder gehen konnte, gab sie dem Bitten ihrer Tochter
nach.

»Gleich nach der Arbeit, Henni. Du gehst nach Hause
und ich zu einem Arzt. Versprochen.«

Nach dem Spülen und Aufräumen putzte Henni die
Gaststube, als sie aus der Küche einen unterdrückten
Schmerzschrei und ein Poltern hörte. Sie lief in die Küche.
Maria lag zwischen Schüsseln und Gemüse zusammenge-
krümmt auf dem Boden. Henni strich ihr über das schmerz-
verzerrte Gesicht. Es war heiß.

»Mama, du hast Fieber! Du musst jetzt endlich zu einem Arzt.«

Maria stöhnte, zog ihre Tochter zu sich heran und sagte: »Henni, hol Herrn Wolter und … du musst dich um deine Geschwister kümmern.« Wieder krümmte sie sich vor Schmerzen.

Henni lief den Flur entlang und stolperte die Treppen hinauf. Die Wohnung der Wirtsleute Wolter lag über der Gaststätte. Sie hämmerte gegen die Tür und rief: »Herr Wolter, meine Mutter! Sie hat Schmerzen. Sie kann nicht aufstehen!«

Die Bilder danach haben sich eingebrannt. Die Mutter bewusstlos und Wolter, der ihr sanft gegen die Wangen schlug. Wolter, der zur Treppe lief und seiner Frau zurief: »Greta, schnell. Ruf einen Krankenwagen!« Wolter, der die Mutter hochhob und in der Gaststube auf eine Bank legte. Dieses Warten! Sie, Henni, auf den Knien neben der Bank, die Hand der Mutter haltend, die nicht aufwachen wollte. Endlich das Martinshorn, das immer lauter wurde, der gellende Ton, der sich mit ihrer Angst vermischte. Die Sanitäter, die die Mutter auf eine Trage legten und sie in den Krankenwagen schoben. Wieder das Martinshorn, leiser werdend, bis sich der Ton in der Ferne auflöste und sie mit ihrer Angst zurückließ. Wie in Trance war sie zu ihrem Putzeimer gegangen und hatte den Aufnehmer ins Wasser getaucht, um die Gaststube fertig zu putzen. Wolter hatte ihn ihr aus der Hand genommen und gesagt: »Henni, lauf nach Hause und gib deinem Vater Bescheid.« Daran erinnerte sie sich genau, weil ihr der Vorschlag so unsinnig vorgekommen war. Weil sie gedacht hatte: *Der wird in die Kirche rennen und beten.*

»Ich gehe ins Hospital«, hatte sie geantwortet, »vielleicht geht es Mama schon besser.«

Eine Nonne brachte ihr eine Tasse Tee, während sie auf dem Flur saß und wartete. Ihre Mutter wurde operiert, aber was sie hatte, wollte man ihr nicht sagen. »Glaub mir Kind, die Ärzte tun, was in ihrer Macht steht. Aber ihre Möglichkeiten sind endlich.«

Das klang unheilvoll, und Henni hielt mit der ihr eigenen Entschiedenheit dagegen: »Aber Mama wird gesund. Ich weiß das!« Und gleichzeitig dachte sie zum ersten Mal das Undenkbare. *Was, wenn Mama stirbt?* Immer wieder ging sie den Gang entlang, schritt die unzähligen Türen ab und versuchte, dem Gedanken zu entkommen. So etwas durfte sie nicht denken. An der Stirnseite des Flurs blieb sie am Fenster stehen, blickte über die Stadt hinweg zur Burg und weiter über die bewaldeten Hügel. Alles lag unter einem strahlend blauen Himmel. »An so einem Tag stirbt man nicht«, flüsterte sie sich Mut zu, »an so einem Tag niemals!«

Wie lange sie alleine gewartet hatte, wusste sie nicht mehr. Irgendwann war ihr Vater gekommen. Wolter hatte Pastor Lenkes angerufen, der als Einziger in Velda ein Telefon besaß, und der hatte Herbert Schöning informiert. Ihr Vater weinte. Er strich ihr mit zitternder Hand über den Kopf und sagte leise: »Eure Mutter ist jetzt bei Gott!«

Sie hielt den Atem an. Wie konnte er so etwas sagen?

»Sie wird operiert«, entgegnete sie unsicher und trotzig zugleich.

Er griff in seine Tasche, holte das grün karierte, sorgsam zusammengelegte Taschentuch hervor, fasste es an einer Ecke und schüttelte es mit einem kurzen Ruck auseinander. Dann schnäuzte er sich.

Das Taschentuch hatte die Mutter am Tag zuvor gebügelt und gefaltet. Sie sah es vor sich. Sah die flinken Hände der Mutter mit den aufliegenden bläulichen Adern auf den Handrücken, wie sie die geglätteten Wäschestücke akkurat aufeinanderlegten.

Ihr Vater schüttelte den Kopf. »Die Ärzte konnten nichts mehr für sie tun, Henni. Wir müssen jetzt sehr stark sein und für sie beten.«

Der Boden wankte. »Das ist nicht wahr«, flüsterte sie, »du lügst.«

Aber dann schüttelte auch die Nonne sacht den Kopf.

Auf dem Weg nach Hause war sie neben dem Vater gegangen. Das hatte sich falsch angefühlt. Er anstelle der Mutter. Sie gingen schweigend. Auf diesem Weg verstand sie Schritt für Schritt, dass es wahr war, dass die Mutter nicht mehr zurückkommen würde.

Zu Hause warteten Johanna, Matthias und Fried in der Küche. Erst mit ihnen hatte sie endlich geweint.

Die hohlen Tage danach. Die Nachbarn kamen und gingen, und der Pfarrer kümmerte sich um die Formalitäten der Beerdigung. Ihr Vater war ganz mit seinem Kummer und dem Beten für die Seele der Mutter beschäftigt. Nur zum Abendessen und Schlafen kam er nach Hause. Frau Wittler und ihre Tochter Elsa von gegenüber kamen täglich. Frau Wittler war es, bei der Henni Trost fand, und von ihr erfuhr sie auch, dass ihre Mutter an einer Eileiterschwangerschaft gestorben war. »Wenn sie eher zu einem Arzt gegangen wäre, dann hätte man noch was tun können. Aber so … ihr Körper war schon ganz vergiftet«, sagte sie.

Zur Beerdigung waren entfernte Verwandte gekommen.

Henni kannte sie kaum. Eine Cousine der Mutter war einige Male auf Besuch da gewesen, die anderen hatte sie noch nie gesehen.

Auf der Trauerfeier sprach der Pastor von Gottes Willen und dass Marias Tod eine weitere, schwere Prüfung für ihren Mann sei. Und dann sagte er: »Es wäre sicher Marias letzter Wunsch gewesen, dass wir für ihre Kinder ein neues Zuhause finden, und es ist unsere christliche Pflicht, ihr diesen Wunsch zu erfüllen.«

Die ersten Töne der Orgel irrten durch die Kirche, und Henni meinte sich verhört zu haben. Die Trauergäste erhoben sich und stimmten »Tut mir auf die schöne Pforte« an. Sie stand neben Fried, hielt seine Hand und blickte ungläubig zu ihrem Vater, der inbrünstig sang: »… hier ist Gottes Angesicht, hier ist lauter Trost und Licht …« Als die Orgel verstummte, beugte Henni sich ungeachtet der Feierlichkeit vor und flüsterte beunruhigt: »Papa! Papa, wieso sollen wir ›ein neues Zuhause finden‹? Was meint der Pastor damit?«

Doch ihr Vater warf ihr bloß einen strafenden Blick zu und legte seinen Zeigefinger an die Lippen.

Als sie in einer Reihe mit Fried, Johanna und Matthias hinter dem Sarg die Kirche verließ, wuchs unter ihrer Trauer dieser unglaubliche Verdacht. Immer wieder meinte sie die Mutter zu hören. »Du musst dich um deine Geschwister kümmern, Henni!« Sie hielten sich an den Händen, während ihr Vater gramgebeugt vor ihnen ging. Henni hatte die ganze Zeremonie tränenlos überstanden, aber als sie die Schüppe nahm und die Erde mit diesem hohlen Klopfen auf den Sargdeckel aufschlug, weinte sie. Sie weinte um die Mutter. Sie weinte, weil sie ahnte, was der Pfarrer gemeint hatte. Sie weinte, weil sie die Hilflosigkeit, die in ihr tobte, nicht ertrug.

Das Trauermahl fand zu Hause statt. Es waren nur die engsten Verwandten und der Pastor geladen, mehr Platz bot die Wohnküche nicht. Erich Wolter, der Wirt vom »Eifelblick«, hatte am Tag zuvor einen Schinken und echten Bohnenkaffee vorbeigebracht. Er verabschiedete sich auf dem Friedhof und sagte leise: »Henni, wenn was ist … du kannst jederzeit vorbeikommen.«

In der Küche bediente sie mit Frau Wittler die Gäste. Ihr Vater schien völlig teilnahmslos, saß zwischen den Trauergästen und starrte wie blind vor sich hin. Später stand er mit dem Pastor und den Verwandten draußen. Sie redeten miteinander, und Henni ahnte, was vor sich ging.

Als die Verwandten sich verabschiedet hatten, schickte der Vater Johanna, Matthias und Fried aus der Küche. Henni und Frau Wittler spülten das Geschirr. Herbert Schöning und Pastor Lenkes saßen am Tisch und baten Henni dazu. Es war der Pastor, der sprach.

»Henni, jetzt, wo es Gottes Wille war, eure Mutter zu sich zu nehmen, müssen wir überlegen, wie es mit dir und deinen Geschwistern weitergehen soll. Wir haben mit euren Verwandten gesprochen. Deine Tante hat sich bereit erklärt, dich aufzunehmen, aber sie hat keinen Platz für vier Kinder. Wir müssen jetzt für Matthias, Johanna und Fried eine andere Lösung finden.«

Der Vater sah sie nicht an, saß dabei, als sei er taub und stumm.

Und dann war sie plötzlich da, diese ungeahnte Kraft des Zorns. Sie sprang auf. Ihr Stuhl fiel krachend zu Boden. »Du bist jämmerlich!«, schrie sie ihren Vater an. »Du hast

Mama im Stich gelassen, und jetzt willst du uns auch noch loswerden! Ich habe Mama versprochen, dass ich mich um Matthias, Johanna und Fried kümmere, und ich gehe nicht zur Tante! Wir bleiben hier. Alle vier. Ich kann weiter im ›Eifelblick‹ arbeiten und für sie sorgen, so wie Mama das getan hat. *Du* hast uns in den letzten zwei Jahren nämlich nicht ernährt. Das war Mama. Du bist an allem schuld. Mama würde noch leben, wenn du dich gekümmert hättest.«

Da hatte er den Kopf gehoben, sie ungläubig angesehen und kraftlos gesagt: »Ich entscheide, was zu tun ist, und du gehst nächste Woche zu deiner Tante.«

Ihre Wut trieb sie weiter. »Das werde ich nicht«, fauchte sie. Dann wandte sie sich an Pastor Lenkes. Hohn lag in ihrer Stimme: »Es war nicht Gottes Wille, dass Mama stirbt. Sie hat sich zu Tode geschuftet, weil Sie meinem Vater für seine Arbeit nur ein Almosen geben. Vielleicht kann er ja ganz in Ihre Kirche ziehen, dann ist er uns endlich los! Aber wir bleiben hier!« Tränen liefen ihr übers Gesicht.

Lenkes stand auf. Mit Empörung in der Stimme sagte er: »Du gehst zu weit! Es steht dir nicht zu, so zu reden! Ich will es deiner Trauer zurechnen, dass du dich dermaßen versündigst, aber ich erwarte eine Entschuldigung.«

Da mischte sich Frau Wittler, die die ganze Zeit über am Spülbecken gestanden hatte, ein. »Herbert, ich versteh dich nicht«, sagte sie zu Hennis Vater. »Wieso kannst du dich nicht um deine Kinder kümmern? Die Henni ist bald mit der Schule fertig. Sie ist fleißig und wird den Haushalt schon regeln. Ich kann ihr in der ersten Zeit zur Hand gehen.« Ganz ruhig wandte sie sich an Pastor Lenkes. »Die Henni hat schon recht. Wenn Sie ihn anständig für seine

47

Arbeit in der Kirche und auf dem Kirchhof bezahlen würden, dann hätte die Familie ein Auskommen. In den Nachbargemeinden gibt es doch auch ordentlich bezahlte Küster. Warum geht das hier nicht? Im Dorf wird man nicht viel Verständnis dafür haben, dass die Kinder wegmüssen, weil ihr Vater keinen gerechten Lohn für seine Arbeit bekommt.«

Wortlos und mit hochrotem Kopf verließ Pastor Lenkes das Haus. Die Tür fiel krachend hinter ihm zu.

KAPITEL 6

VELDA, HERBST 1970

Vom Küchenfenster aus sieht Elsa zu, wie Jürgen Loose die Ruine umrundet und fotografiert.

Sie wendet sich ab, dreht den Wasserhahn auf und füllt Sams Schale. »Was will der denn mit den Fotos?«, fragt sie den Hund. Kurz darauf klopft Jürgen Loose an die Küchentür, und sie ruft: »Kommen Sie nur herein!«

Er sieht sich um. Sein Blick bleibt am gedeckten Tisch hängen. »Sie haben Kuchen gebacken. Das wäre doch nicht nötig gewesen.«

Elsa überhört die Artigkeit. »Warum haben Sie das Schöning-Haus fotografiert? Was wollen Sie mit den Bildern?«

Eine kleine Pause entsteht. »Ich wollte … ich war jetzt an allen Verhandlungstagen im Landgericht und habe eine Unmenge an Notizen gemacht, und dann kam mir die Idee, meinen Professor zu fragen, ob ich über den Prozess meine Semesterarbeit schreiben kann. Wenn ich genug Hintergrundmaterial zusammenbekomme, könnte ich eine andere Verteidigungsstrategie ausarbeiten und der von Dr. Grüner gegenüberstellen. Die Fotos, Zeitungsartikel und solche Sachen brauche ich nur für mich.«

Elsa verschränkt die Arme vor der Brust. »Und das, was ich Ihnen erzähle, das wollen Sie da auch reinschreiben?«

Er nickt. »Ja, zum Teil. Für meine Verteidigung brauche ich Hennis Vergangenheit.« Er schluckt. »Sie müssen sich da keine Sorgen machen. Die Arbeit liest bloß mein Professor, und wenn's hochkommt, werfen in den nächsten Jahren vielleicht noch ein oder zwei Studenten einen Blick hinein.« Er zieht seinen Parka aus. Über dem Hemd mit dem großen Kragen trägt er einen Pullunder mit Rautenmuster, so wie das bei den jungen Leuten heute modern ist. Das dunkelbraune Haar ist etwas zu lang. Hinten verschwindet es im Kragen, vorne hat er es zurückgekämmt.

Elsa lässt die Arme sinken und presst die Lippen aufeinander. Sie fühlt sich übertölpelt. Andererseits … Was sie zu erzählen hat, wird Henni nicht schaden. Warum also nicht?

Sie schenkt Kaffee ein, und Jürgen Loose setzt sich auf die Eckbank. Während sie den Kuchen essen, erzählt Elsa von den Anfängen, der gemeinsamen Schulzeit und vom Tod der Maria Schöning. Jürgen hat einen Ringhefter neben seinen Teller gelegt und macht sich Notizen. Immer wieder schweift sie ab, verheddert sich in unwichtigen Kleinigkeiten. Wenn sie es merkt, hält sie kurz inne und sagt: »Aber das ist wohl nicht wichtig.« Jürgen Loose lächelt dann dieses höfliche Lächeln, das ihre Bemerkung bestätigt.

Draußen dämmert es, und Elsa steht auf, schaltet das Licht ein und sagt: »Der Tod ihrer Mutter war schon schlimm genug, aber dann wollte der Vater die vier Kinder auch noch weggeben.«

Loose sieht von seinem Heft auf. »Aber das hat er nicht getan.«

Elsa stutzt einen Moment. Woher weiß der das?

»Oder doch?«, schiebt er eilig hinterher, und Elsa schüttelt den Kopf.

»Nein, aber dass die vier geblieben sind, das war Hennis Verdienst. Und ein bisschen auch das von meiner Mutter.«

An die Tage und Wochen nach Maria Schönings Beerdigung kann sie sich noch gut erinnern.

»Hennis Mutter hatte sie gebeten, sich um die Geschwister zu kümmern. Das war das Letzte, was sie zu ihrer Tochter gesagt hatte. Und dann erfuhr Henni auf der Beerdigung vom Pastor, dass ihr Vater schon beschlossen hatte, sie alle vier wegzugeben. Da war die Mutter noch nicht mal unter der Erde. Sie hat ihren Vater und sogar den Pastor beschimpft, hat gesagt, dass sie für die anderen drei sorgen wird. Da war sie vierzehn und hat sicher nicht gewusst, was sie sich da auf ihre Schultern lädt.« Elsa hebt den Kopf und fügt nicht ohne Stolz hinzu: »Meine Mutter hat sie sehr unterstützt. Grete Wittler, so hieß sie.« Sie beäugt das Papier, will sehen, ob er den Namen aufschreibt. »Wittler mit zwei t«, sagt sie mit Bestimmtheit, und Jürgen Loose sieht kurz auf und notiert den Namen.

»Meine Mutter hat mit den Leuten im Dorf gesprochen, hat gesagt, dass die Kinder bleiben können, wenn der Pastor den Herbert Schöning als Küster einstellt. Schließlich erledigte der alle Arbeiten eines Küsters, bekam dafür aber nur ein Taschengeld. Da war was los im Dorf! Ob die Kinder zu Hause oder in einem Heim besser aufgehoben waren, da gingen die Meinungen ja auseinander, aber dass der Pastor den Schöning ausnutzte, das meinten alle. Wenn einer arbeitet, dann muss er dafür ordentlich bezahlt werden. Das ist nur recht, da waren sich alle einig.«

Elsas Blick wandert zum Fenster hinaus. Die Erinnerungen an jene Tage lassen sie lächeln.

»Und dann kam die Henni mit dem Brief. Die hatte sich nach dem Streit nicht lange mit dem Pastor aufgehalten, sondern gleich am nächsten Tag an den Bischofssitz in Aachen geschrieben. So war sie, die Henni! Setzte sich einfach über alles hinweg. Sie hatte angefragt, warum es in Velda keine Küsterstelle gibt wie in den anderen Dörfern. Und die Antwort war dann ein echter Skandal. ›Sehr geehrte Frau Schöning‹ hat obendrüber gestanden. Die wussten ja nicht, dass die Henni erst vierzehn war. Und dann stand da, dass es für Velda sehr wohl eine Küsterstelle gibt. Den Brief hat Henni meiner Mutter gezeigt, und die ist am nächsten Tag mit einigen anderen zu Pastor Lenkes gegangen. Der hat getobt vor Wut. Hat Henni eine Querulantin genannt, die nie gelernt hat, sich an Regeln zu halten. Sich über seinen Kopf hinweg an den Bischof zu wenden sei eine unverschämte Frechheit, und daran könnte man sehen, wie verwahrlost sie sei und wie sehr ihr Zucht und Ordnung fehlt. Es sei seine Sache, wie er die Pfarrei führt. Der Bauer Kämper war dabei, und meine Mutter hat erzählt, dass der dem Pastor an den Kragen wollte.«

Elsa schiebt ihren Kuchenteller beiseite, beugt sich vor und senkt verschwörerisch die Stimme. »Der Kämper hat gesagt, wenn der Schöning nicht sofort ordentlich eingestellt wird, dann sorgt er dafür, dass der Klingelbeutel zukünftig leer bleibt.«

Elsa lehnt sich zurück und klopft mit den Knöcheln auf den Tisch. »Der Bauer Kämper, der hatte was zu sagen im

Dorf, und das hat auch der Lenkes gewusst. Jedenfalls bekam Herbert Schöning im Monat darauf die Anstellung als Küster und damit einen regelmäßigen Verdienst. Das war nicht viel, aber dass die Kinder wegsollten, das war damit erst mal vom Tisch.«

Jürgen Loose sieht von seinen Notizen auf. Auf dem Küchenschrank steht der weiße, runde Wecker, und der zeigt kurz vor sieben. »Oh, so spät schon! Der letzte Bus geht in fünf Minuten.« Er steckt Hefter und Stift in seine Tasche und steht auf. »Frau Brennecke, darf ich morgen wiederkommen?«

Elsa überlegt, ob ihr das recht ist, doch da gibt es noch so einiges, was sie ihm gern erzählen würde.

Er zieht seine Jacke an und sagt: »In einer der Zeitungen hat gestanden, dass Henni schon als Jugendliche kriminell war. Mir wäre wichtig …«

»Kriminell!« Elsa spuckt das Wort aus. »Dass ich nicht lache. Dann waren alle, die hier an der Grenze gewohnt haben, kriminell.« Sie öffnet die Küchentür. »Kommen Sie morgen um drei«, sagt sie und sieht zu, wie Sam Jürgen Loose bis zum Gartentor hinterherläuft.

KAPITEL 7

LÜTTICH, FRÜHJAHR 1970

Gegen fünf Uhr morgens war er wieder zu Hause. Er zog den Parka und die Schuhe aus, legte sich aufs Bett und schlief erschöpft ein. Es war dieser unruhige Schlaf, der an der Oberfläche bleibt und keine Erholung bringt.

Um zehn stand er auf, wusch sich und kochte Kaffee. Anschließend schob er die Malutensilien auf dem Tisch zusammen und bestrich zwei Scheiben Baguette mit Marmelade. Er musste eine Entscheidung treffen. Das Bilderkarussell in seinem Kopf war in den Hintergrund gerückt, aber Fried würde seinen Anruf erwarten. In der Nacht am Wasser hatte er sich entschieden abzusagen, hatte sich die Worte zurechtgelegt. »Fried, ich schaffe das nicht. Mein Leben gerät allein bei dem Gedanken daran aus den Fugen. Bitte verlange das nicht von mir.« Der Entschluss hatte ihn beruhigt, aber jetzt musste er zum Telefon greifen und die Worte tatsächlich aussprechen. Fried würde es hinnehmen, das wusste er. »Ist okay«, würde er sagen, aber er, Thomas, würde die Enttäuschung heraushören.

Dabei hatte er Fried alles zu verdanken, und der hatte

noch nie eine Gegenleistung verlangt. Es war das erste Mal, dass Fried ihn um Hilfe bat, und da konnte er doch nicht …

Er aß die Marmeladenbrote ohne Appetit. Sein Blick wanderte immer wieder zum Telefon auf der Fensterbank. Vielleicht musste er sich nicht gleich entscheiden. Die Anhörung sollte in einer Woche sein. Er könnte Fried um Bedenkzeit bitten. Ein oder zwei Tage. Auf der anderen Seite … Es ging ja gar nicht um ihn, sondern um Matthias. Wahrscheinlich sollte er nur sagen, was sich damals, in jenen wenigen Wintertagen, zugetragen hatte. Das war doch nicht zu viel verlangt. Das könnte er schaffen.

Er spülte seine Tasse und den Frühstücksteller ab, ließ sich Zeit damit und stellte sich anschließend an die Staffelei. Vielleicht sollte er eines dieser abstrakten, großformatigen Bilder malen, die er nicht verkaufte, sondern nur für sich anfertigte. Das hatte er schon lange nicht mehr gemacht. Die Arbeit an diesen Bildern war immer wie ein Ventil gewesen. Die Anspannung in seinem Körper hatte nachgelassen, und er war ruhiger geworden.

Aber jetzt musste er erst einmal Fried anrufen.

Ohne Fried wäre er vor vierzehn Jahren nicht aus dem Heim abgehauen. Immer wieder hatte der davon gesprochen, und Thomas hatte ihm gerne zugehört. Ein schöner Traum war das gewesen. Und dann, im Sommer 1956, hatte Fried beim Abspülen einen Teller fallen lassen. Den ganzen Nachmittag musste er in der Küchenecke knien und laut beten. Das »Vaterunser«, das »Gegrüßet seist du Maria«, das Große Glaubensbekenntnis und das Schuldbekenntnis. Thomas hatte solche Strafen auch durchgemacht. Die Knie schmerzten nach kurzer Zeit, die Unterschenkel und Füße wurden taub. Die Konzentration ließ nach, und wenn man ins Stocken geriet oder sich verhaspelte, hieß es: »Alles noch einmal von vorne!« Das Aufstehen danach war eine weitere Tortur. Man sackte weg, weil die Beine einen nicht trugen. Dann lag man wie ein hilfloser Käfer auf dem Boden, ehe wieder Leben in die Beine kam und man endlich aufstehen konnte. An jenem Abend war Fried im Schlafsaal an Thomas' Bett gekommen und hatte gesagt: »Morgen hauen wir ab.«

Zur Schule brachen alle Kinder gemeinsam auf, und auf halbem Weg bogen die ab, die zur Hilfsschule mussten. Fried ging neben Thomas, hielt ihn immer wieder am Arm zurück, bis sie die Letzten waren. Kurz bevor sich die beiden Schülergruppen trennten, nahm Fried Thomas' Hand und zog ihn hinter die Hecke eines Vorgartens. Als die anderen außer Sicht waren, rannten sie zum Bahnhof und sprangen in den nächstbesten Zug. Wohin der fuhr, wussten sie nicht. Wochenlang trieben sie sich herum, hielten sich mit Klauen und kleinen Gelegenheitsarbeiten über Wasser, schliefen in Parks und Abrisshäusern. Immer wieder bestiegen sie Züge, versteckten sich in den Toiletten, gingen den Schaffnern aus dem Weg und verließen die Waggons, wenn es brenzlig wurde. Sie wollten nach Italien. Eigentlich war das Matthias' Plan gewesen. »Italien ist weit weg, liegt am Meer, und dort ist es immer warm. Da findet uns niemand!«, hatte Frieds großer Bruder gesagt. In schwierigen Situationen hatten sie stets besprochen, was Matthias wohl tun würde.

Aber dann waren sie in Nürnberg aufgegriffen worden. Fried hatte ihm das Versprechen abgenommen, niemals seinen Namen zu nennen und nicht zu verraten, woher sie kamen. Auf der Polizeiwache hatten sie ihnen gedroht, und die Fürsorgerin versuchte es mit freundlichem Zureden, aber sie hatten durchgehalten. Kein Wort war über ihre Lippen gekommen. Und es hatte geklappt. Sie wurden in einer Lehrlingsherberge untergebracht, bis geklärt war, woher sie kamen. Wochenlang hatten sie mit der Angst vor Entdeckung gelebt. Sie wurden Peter und Paul genannt, und alle gingen ganz selbstverständlich davon aus, dass sie Brüder waren. »Jetzt bist du mein kleiner Bruder Paul«, hatte Fried gesagt und den Arm um seine Schultern gelegt.

Fried kam in die Lehrlingsgruppe der Schreiner, und ihn steckte man zu den Gärtnern. Eine gute Zeit war das gewesen. Sie bewohnten mit zwei anderen Lehrlingen ein Vierbettzimmer, gingen ihrer Arbeit nach und bekamen ein kleines Entgelt, mit dem sie an den Wochenenden Nürnberg erkundeten.

An einem dieser Abende hatten sie Martin Leupart kennengelernt. Er war um die fünfzig, saß auf einem Mauervorsprung am Markt und machte Skizzen. Sie setzten sich neben ihn, sahen ihm zu und kamen ins Gespräch. Fried wollte bald weiter, aber er, Thomas, konnte sich nicht sattsehen, verfolgte fasziniert, wie die Frauenkirche und der Marktplatz mit erst groben und dann immer feiner werdenden Linien auf dem Papier Gestalt annahmen. Gleich am nächsten Tag kaufte er seinen ersten Skizzenblock und Bleistifte und versuchte sich an der Fassade der Lehrlingsherberge. Abends ging er mit Stiften und Block in die Altstadt, immer auf der Suche nach Martin. Nach vierzehn Tagen traf er ihn endlich wieder. Ganz verlegen zeigte er ihm seine diversen Versuche von der Fassade des Lehrlingsheims.

»Nicht schlecht für den Anfang«, hatte Martin gesagt

und von Perspektive und Skizzenaufbau gesprochen. »Wenn du willst, bringe ich dir bei, wie so was geht.«

Von da an verbrachte er seine freien Sonntage bei Martin. Der bewohnte am Stadtrand ein geräumiges Haus und nannte das große Arbeitszimmer »Atelier«. Es gab Kreiden, Kohlestifte, Aquarell- und Ölfarben, verschiedenste Papiere und Leinwände.

Von Martin hatte er gelernt, wovon er heute lebte. »Junge, du hast Talent!«, »Junge, du hast ein gutes Auge«, »Junge, du hast ein Gefühl für Farben«. Immer wieder hatte Martin solche Sätze zu ihm gesagt, und nach und nach hatte er ihm geglaubt. Etwas ganz Neues war da in ihm gewachsen. Dieses Gefühl, etwas zu können. Auch Fried war begeistert von seinen Bildern, und als er es wagte, sie in der Herberge und der Gärtnerei zu zeigen und der Herbergsvater ihm sogar ein Aquarell des Lehrlingsheims abkaufte, da war er zum ersten Mal in seinem Leben richtig stolz gewesen.

Acht Monate vergingen, und sie hatten sich beide in ihrem neuen Leben als die Brüder Peter und Paul eingerichtet, hatten sich sicher gefühlt. Aber dann wurden sie im April 1957 morgens in das Büro des Herbergsvaters gerufen. Die Fürsorgerin stand am Fenster und sprach sie mit Fried Schöning und Thomas Reuter an, kaum dass sie den Raum betreten hatten. Es war wie ein Schlag in die Magengrube gewesen. Ihm war übel geworden, und er hatte die Tränen nicht halten können.

Fried legte tröstend den Arm um ihn und sagte: »Bitte, schicken sie uns nicht zurück.«

Der Herbergsvater war ihnen beigesprungen. Dass sie gute, fleißige Lehrlinge seien, keinen Ärger machten und es doch unsinnig sei, die angefangenen Ausbildungen abzu-brechen.

Über eine Stunde saßen sie in dem Büro. Die Fürsorgerin sah kein Problem für ihn, Thomas. Das ließe sich regeln, weil für ihn das Jugendamt der Stadt Trier zuständig war, das sicher keine Einwände hatte. Bei Fried sah das anders aus. Da gab es den Vater, und der musste den Aufenthalts-ort seines Sohnes bestimmen.

Gut drei Wochen lebten sie in Ungewissheit. In dieser Zeit schrieben die Fürsorgerin, der Herbergsvater und auch Fried einen Brief an Herbert Schöning.

»Wenn du zurückmusst, komme ich mit«, hatte Thomas kleinlaut gesagt, aber Fried lehnte das rundweg ab.

»Bist du verrückt? Das wirst du nicht tun! Wenn du das hier freiwillig aufgibst, dann ist es aus mit unserer Freund-schaft. Um mich musst du dir jedenfalls keine Sorgen ma-chen, ich haue da sowieso wieder ab.« Seine Antwort sollte lässig klingen, aber Thomas hatte den ängstlichen Unterton herausgehört.

Und dann war die Antwort gekommen. Der Vater willig-te ein. Er schrieb: »Schwester Angelika hat mir mitgeteilt, dass sie dich nicht zurücknehmen wird, dass du dich nie in die Gemeinschaft eingefügt hast und sie dich aufgibt. Das ist bitter für mich. Wenn du also im fernen Nürnberg blei-ben willst, so sei es drum. Ich habe alles getan, um dich auf den rechten Weg zu bringen. Da auch die Fürsorgerin und der Leiter des Lehrlingsheims deinen Wunsch befürworten, werde ich dem nicht im Wege stehen.«

Sie hatten sich benommen wie junge Hunde, waren sich in die Arme gefallen, waren über den Boden gerollt und hatten das Bangen der letzten Wochen, das in ihren Kehlen festsaß, herausgeschrien. Fried rannte später den langen Flur entlang, klopfte an alle Türen und rief immer wieder: »Ich kann bleiben! Ich kann bleiben!«, während Thomas sich auf sein Bett setzte und vor Erleichterung weinte.

Wieder blickte Thomas Reuter zum Telefon. Seit er nach Lüttich gegangen war, sahen sie sich nur noch sehr selten, aber die Vertrautheit war geblieben, und wenn sie telefonierten, redeten sie miteinander, als wäre seit ihrer letzten Begegnung kein Tag vergangen.

Fried hatte ihn mitgenommen. Für Fried wäre es sicher leichter gewesen, alleine fortzulaufen, aber er hatte damals entschieden, ihn mitzunehmen, und ihn damit gerettet. Nachdem sie abgehauen waren, hatten sie nie wieder über die Zeit im Kinderheim gesprochen. Nicht dass sie das verabredet hätten, es war eher eine stille Übereinkunft, dass sie beide diesen Teil ihrer Geschichte vergessen wollten. Aber Verschweigen brachte nicht zwangsläufig Vergessen mit sich, das hatte er inzwischen gelernt. Wirklich vergessen hatte er nie.

Thomas spannte eine Leinwand auf einen anderthalb mal zwei Meter großen Rahmen und hängte sie an die Wand. Dann ging er zum Telefon und wählte die Nürnberger Nummer.

KAPITEL 8

VELDA, 1947

Der Streit mit ihrem Vater und dem Pastor hatte ihr zugesetzt. Sie räumte mit Frau Wittler die Küche auf und wischte sich mit dem Ärmel immer wieder über die Augen. Frau Wittler sagte ab und an etwas Tröstendes. »Jetzt weine doch nicht, Henni. Da ist doch das letzte Wort noch nicht gesprochen«, oder: »Das wird schon wieder. Dein Vater überlegt sich das sicher noch mal.« Henni nickte dann stumm, kämpfte mit dem Chaos in ihrem Innern und wusste nicht, ob ihre Tränen der Trauer, der Wut oder ihrer Ohnmacht geschuldet waren. Herbert Schöning hatte noch zu ihr gesagt: »Glaubst du, mir fällt die Entscheidung leicht? Aber ich habe keine Arbeit, und du wirst gehorchen.« Dann hatte er das Haus verlassen.

Henni trocknete die Teller ab und stapelte sie auf dem Küchentisch. Es war das gute Geschirr mit dem Goldrand, das Mama nur zu Ostern und Weihnachten und nur mit der blütenweißen, gestärkten Tischdecke hergenommen hatte. Vor vierzehn Tagen erst war der Tisch so gedeckt gewesen. Am Abend vorher hatten sie der Reihe nach in der Zinkwanne in der Küche gebadet. »Wenn ihr euch nicht gründlich wascht, sehe ich das an der Tischdecke«, hatte Mama sie geneckt.

Sich mit solchen Gedanken zu beschäftigen machte sie ruhiger. Sie musste doch irgendwas tun können. Es stimmte nicht, dass ihr Vater keine Arbeit hatte, er bekam bloß nicht genügend Geld dafür, und das, was er tat, war »nicht offiziell«. Das hatte Mama gesagt.

»Wer bestimmt eigentlich, ob es einen Küster gibt? Macht das alleine der Pastor?«, fragte sie Frau Wittler.

Die zuckte mit den Schultern. »Nein, das glaub ich nicht. Wahrscheinlich wird das beim Bischof in Aachen entschieden.«

Am späten Abend, Matthias und Fried schliefen nebenan, und sie teilte sich eine Kammer mit Johanna, stand sie leise auf, trennte mithilfe ihres Lineals säuberlich ein Blatt aus einem ihrer Schulhefte und benutzte die Fensterbank als Tisch. In ihrer schönsten Schrift schrieb sie: »Sehr geehrter Herr Bischof«. Sie musste noch zwei weitere Blätter aus ihrem Heft reißen, weil sie sich einmal verschrieb und beim zweiten Mal eine Formulierung nicht gelungen war und unhöflich klang. Es wurde ein kurzer, sachlicher Brief, in dem sie anfragte, warum es in den umliegenden Gemeinden Küsterstellen gab, nur in Velda nicht. Als sie endlich zufrieden war und unterschrieb, zeigte der Wecker auf dem Stuhl neben ihrem Bett halb zwei.

Am nächsten Morgen, der Vater war zur Frühmesse, schickte sie ihre Geschwister zur Schule und machte sich auf den Weg nach Monschau. Auf der Poststelle kaufte sie einen Briefumschlag und bat um die Adresse des Bischofs in Aachen. Die Frau am Schalter fragte überrascht nach, blätterte dann aber in einem dicken Adressbuch und erklärte schließlich, dass es »Bischöfliches Generalvikariat Aachen« heißen musste.

Henni beschriftete den Umschlag, bezahlte eine Briefmarke und machte sich auf den Weg zum »Eifelblick«. Sie wollte Herrn Wolter fragen, ob sie die Arbeit ihrer Mutter übernehmen könne. Alleine würde sie natürlich länger brauchen, aber wenn sie einen geringeren Stundenlohn verlangte, ließe er sich vielleicht darauf ein.

Das Lokal war noch geschlossen. Ganz automatisch überquerte Henni den Hinterhof und nahm den Kücheneingang, wie sie es auch mit ihrer Mutter getan hatte. Im Hof stand ein großes schwarzes Auto. Sie ging durch die Küche und weiter in Richtung Gaststube. Die Tür zum Lokal stand ein kleines Stück auf. Henni blieb stehen. Wolter sprach mit zwei Männern, und sie wollte lieber abwarten, bis sie mit ihm allein reden konnte. Vorsichtig lugte sie durch den Spalt. Die Männer saßen an dem großen runden Stammtisch. Auf dem Boden standen vier Säcke. Es roch nach Bohnenkaffee. Einer der Männer schob Erich Wolter ein dickes Bündel Geldscheine über den Tisch zu, und der zählte es, indem er das eine Ende des Bündels geschickt zwischen Zeigefinger und Daumen aufblätterte. Henni schluckte. Kaffeeschmuggler! Auch in Velda gab es einige, die nachts die grüne Grenze nach Belgien überquerten, dort Bohnenkaffee einkauften und ihn auf der deutschen Seite mit gutem Gewinn verkauften. Sie gingen die Höckerlinie entlang und durch die Wälder bis Eupen. Andere nahmen die Route längs der Vennbahngleise. Die führte durch deutsches Gebiet, stand aber unter belgischer Verwaltung. Wenn die Ware über die Grenze gebracht war, wurde sie auf deutscher Seite an Zwischenhändler verkauft, und von dort aus ging sie an die Schwarzmarkthändler in Köln und ins Ruhrgebiet. War Wolter einer dieser Zwischenhändler? Mit zwei Kilo Kaffee – so hieß es – konnte man den Tageslohn eines Arbeiters verdienen.

Henni hörte, wie die Männer sich verabschiedeten. Das Auto im Hof! Sie würden durch die Küche gehen. Eilig lief sie zum Ausgang. Die Türklinke rutschte ihr aus der Hand, und die Tür fiel krachend ins Schloss. Erschrocken rannte sie zur Straße.

Als das Auto zehn Minuten später vom Hof fuhr, ging sie durch die Küche direkt in die Gaststube. Sie war aufgeregt. Während sie auf der Straße gewartet hatte, war sie sich immer sicherer geworden, dass die kleine Episode in der Gaststube ein Zeichen war.

Wolter stand hinter der Theke. Er freute sich, sie zu sehen. »Henni, was kann ich für dich tun?«

Sie schluckte und trat von einem Bein auf das andere. Die Frage, ob sie die Arbeit ihrer Mutter übernehmen könne, kam ihr gar nicht mehr in den Sinn. Einen Tageslohn mit ein bisschen Kaffee! Sie nahm allen Mut zusammen, atmete tief durch und sagte: »Herr Wolter, ich … ich könnte Kaffee holen.«

Wolter kniff die Augen zusammen und sah sie aus schmalen Schlitzen eindringlich an. »Dann warst du das vorhin an der Küchentür, stimmt's? Du hast gelauscht!« Er sagte das mit leisem Vorwurf, und als sie rot wurde und nickte, lachte er kurz auf und schüttelte den Kopf. Dann wurde er ernst. »Dein Vater würde das nie erlauben, Henni, das weißt du doch.«

Sie hörte nur heraus, dass das kein glattes Nein war, und

beeilte sich zu versichern: »Aber dem sag ich das doch nicht!«

Wieder lachte Wolter ein kurzes Lachen, dann wurde er ernst. »Der wird das schon merken, denn die Kolonnen gehen nachts. Die Sorge, dass dir dabei was passiert, kann der jetzt nicht auch noch gebrauchen.«

Da brach es aus ihr heraus. »Er will, dass ich zur Tante gehe, und Matthias, Johanna und Fried sollen in ein Heim. Er sagt, er kann uns nicht ernähren.«

Wolter sah sie ungläubig an. »Das kann der doch nicht ernst meinen?«, fragte er leise, und dann polterte er los: »Der soll sich gefälligst eine Arbeit suchen. Es gibt doch genug zu tun!«

Henni schluckte. »Ja, aber ich mein doch nur … Wenn ich Geld verdiene, bis er was gefunden hat, dann müssten wir nicht weg.«

Wolter schnaubte und trommelte mit den Fingern auf die Theke. Dann nickte er endlich. »Ich rede mit einem der Kolonnenführer.« In der Küche packte er einen Wirsing, zwei Zwiebeln und ein Stück Speck in einen Beutel. »Nimm das mit und komm morgen Mittag wieder. Dann kann ich dir sagen, ob sie dich mitnehmen.«

Auf dem Weg zurück nach Velda war sie zufrieden mit sich. Viele im Dorf schmuggelten, und alle wussten davon. Einmal hatte sie ihre Mutter vorsichtig gefragt, ob sie nicht auch mitgehen sollten. »Das ist unredlich, und darum würde dein Vater das niemals erlauben«, hatte Maria Schöning geantwortet.

Während sie die Wege zwischen den Feldern entlangschlenderte, die sie früher mit ihrer Mutter gegangen war, wurde sie sich mit jedem Schritt sicherer, dass die mit ihrer

Entscheidung einverstanden wäre. Sie hatte Henni gebeten, sich um ihre Geschwister zu kümmern, und genau das tat sie jetzt. »Ich halte mein Versprechen«, flüsterte sie entschlossen und beschleunigte ihren Schritt.

Zu Hause kochte sie aus dem Wirsing und einigen Kartoffeln einen Eintopf und tat auch etwas von dem Speck dazu. Der Vater kam nicht zum Essen, was ihr nur recht war. Ganz selbstverständlich setzte sie sich am Tisch auf den Platz der Mutter. Die Stimmung war gedrückt. Die Zwillinge Matthias und Johanna aßen mit gesenkten Köpfen schweigend weiter, als Fried mit einem Mal zu weinen anfing.

»Auf dem Schulhof haben sie gesagt, dass wir in ein Heim müssen, weil die Mama nicht wiederkommt.« Die Tränen kullerten ihm über die Wangen. Auch Johanna wischte sich verstohlen die Augen, und Matthias presste die Lippen fest aufeinander.

»Nein, das stimmt nicht!«, widersprach Henni entschieden. »Ich gehe nicht zur Tante, und ihr müsst nicht in ein Heim. Wir bleiben alle hier, das verspreche ich euch!« Vielleicht war sie sich in dem Moment gar nicht so sicher gewesen, wie ihre Worte geklungen hatten, aber die erleichterten, vertrauensvollen Blicke ihrer Geschwister sagten ihr, dass sie diese Zusicherung einlösen musste. Und sie würde sie einlösen, ganz bestimmt.

Als der Vater am Nachmittag nach Hause kam, war Henni im Garten und pflanzte Blumenkohl-, Kohlrabi- und Rotkohlsetzlinge. Frau Wittler hatte sie in ihrem Frühbeet vorgezogen und einige davon vorbeigebracht. Johanna, Matthias und Fried saßen in der Küche und machten Hausaufgaben. Henni war gerade dabei, die Pflanzreihen mit reichlich Wasser zu versorgen, als Matthias herausgelaufen kam.

»Henni, komm schnell! Der Papa sagt, dass wir unsere Sachen packen sollen.«

Sie ließ die Gießkanne fallen und rannte in die Küche. Herbert Schöning stand mit hängenden Armen da. Henni roch es sofort. Er hatte getrunken, was nur sehr selten vorkam. Mit glasigen Augen sah er sie an.

»Henni, du musst jetzt vernünftig sein. Ihr könnt nicht hierbleiben. Daran führt kein Weg vorbei. Aber ich hab eine gute Nachricht. Pastor Lenkes hat ein Heim gefunden, wo ihr alle zusammenbleiben könnt.« Verlegen fuhr er sich mit der Linken über den Kopf. »Ich mein, wenn du nicht zur Tante willst, dann kannst du mit deinen Geschwistern zusammenbleiben. Das willst du doch, oder?« Als sie nicht reagierte, hob er hilflos die Schultern. »Ich … ich weiß keine andere Lösung.«

Henni spürte, wie Mitleid in ihr aufstieg, und gleichzeitig konnte sie seine Schicksalsergebenheit kaum ertragen. »Aber ich weiß eine andere Lösung«, versuchte sie es in versöhnlichem Ton. »Ich meine, wir können doch wenigstens versuchen, hier zurechtzukommen.« Sie zögerte, aber sie konnte den Vorwurf, der ihr auf der Zunge lag, einfach nicht herunterschlucken. Mit ruhiger Stimme fragte sie: »Warum hast du es denn so eilig, uns fortzuschicken? Mama wäre damit nicht einverstanden. Sie würde wollen, dass wir es wenigstens versuchen!« Ganz darauf bauend, dass Wolter ihr am nächsten Tag eine positive Antwort geben würde, redete sie weiter: »Ich war heute im ›Eifelblick‹, und Herr Wolter gibt mir Arbeit. Und außerdem bin ich doch bald fertig mit der Schule.«

Herbert Schöning setzte sich an den Tisch und betrachtete seine Kinder mit glasigem Blick. Dann endlich nickte er. »Versuchen wir es. Aber wenn sich zeigt, dass wir nicht zurechtkommen, dann … dann seid ihr in einem Heim besser aufgehoben.«

Henni atmete tief durch und lächelte ihre Geschwister an. Sie hatten Zeit gewonnen, und die würde sie nutzen.

KAPITEL 9

VELDA, HERBST 1970

Frühnebel wabern noch auf den Feldern, sammeln sich in den Senken und unter den Hecken, die die Felder parzellieren. Elsa hebt die restlichen Kartoffeln aus der Erde, trägt sie Eimer für Eimer in den Keller und füllt sie dort in einen Sack. Anschließend sammelt sie das Kartoffelkraut auf der Ackermitte. Zwei, drei Tage muss es noch trocknen, ehe sie es anzünden kann. In der kommenden Nacht wird es vielleicht schon den ersten Frost geben, aber Regen ist nicht zu erwarten. Das kann sie riechen, und in ihrer Hüfte spürt sie es auch.

Als sie die Gartenarbeit beendet, die Spatengabel in den Schuppen stellt und Gartenkittel und Strickjacke an den Haken hängt, haben die Nebel sich längst aufgelöst. Am Eingang zur Küche tauscht sie die Gummistiefel gegen Pantoffeln. Sam läuft voraus, stellt sich vor seinen Fressnapf und sieht sie erwartungsvoll an.

»Du hattest doch schon«, sagt sie tadelnd und tätschelt seinen Kopf. »Wenn ich zurück bin, gibt es was Feines.« Die Uhr zeigt kurz nach elf. Sie sieht an sich hinunter.

Der knielange Rock und der hellblaue Pullover sind sauber geblieben. Der Rasierspiegel ihres Mannes hängt über dem Spülbecken neben dem Fenster. Ihr dichtes braunes Haar ist stufig geschnitten, und die ersten grauen Fäden darin sind nicht mehr zu übersehen. Im nächsten Jahr wird sie achtunddreißig. Durch die Arbeit im Garten hat sie einen frischen Teint, aber an den Augen zeigen sich immer mehr kleine Fältchen. Im Flur zieht sie die beige Popeline-Jacke über, wechselt die Schuhe und legt das Portemonnaie in die Einkaufstasche. Sam lässt sie im Garten zurück.

Am Dorfplatz geht sie zuerst in die Bäckerei Pfaff. Die haben vergrößert und ein Lebensmittelgeschäft mit Selbstbedienung angebaut. Nur Brot und Käse werden noch von Hand verpackt und über die Ladentheke gereicht. In die Metzgerei Blonski auf der anderen Seite des Platzes muss sie auch. Der Blonski hat heute Schlachttag, und sie kann Fleischabfälle für Sam abholen.

Marion Pfaff steht hinter der Brottheke. Die Tageszeitung liegt aufgeschlagen vor ihr, und sie unterhält sich mit zwei jungen Frauen. Elsa kennt die beiden nicht. In den letzten Jahren ist Velda an den Rändern gewachsen. Drei neue Straßen mit Einfamilienhäusern sind jetzt da, wo früher Ackerland war. Sie grüßt kurz und legt Dosenmilch, Öl und Hefe in ihre Einkaufstasche. Die Pfaff spricht wieder mal über Henni.

»Die Zeitung schreibt, dass die das Urteil frühestens in zwei Wochen bekannt geben. Da fragt man sich, wozu die so lange brauchen. Bei zweifachem Mord gibt es doch wohl nichts zu überlegen!«

Die beiden Kundinnen nicken zustimmend. »Den eigenen Vater! So was kann man nicht verstehen«, sagt die eine, und Marion Pfaff schüttelt betrübt den Kopf.

»Schlimm! Und dabei … mein Mann hat die ja schon als Kind gekannt. Der ist vier Jahre älter, aber die waren in derselben Schule. Mein Mann sagt, die ist damals schon nicht ohne gewesen. Die Lehrer hatten ihre liebe Mühe mit ihr. Der Vater, der war eine Seele von Mensch. Sehr gläubig! Aber mit der Henni ist der einfach nicht fertiggeworden.«

Elsa schnaubt. Sie nimmt noch eine Tüte Zucker aus dem Regal und stellt sich hinter die beiden Frauen. »Weißt du, Marion, ich erinnere mich, dass dein Mann in der Schule auch kein Musterknabe war. Und außerdem, der sollte mal lieber erzählen, dass er und viele andere im Dorf nicht so lange und so gut vom Kaffeeschmuggel gelebt hätten, wenn die Henni nicht gewesen wär.«

Marion Pfaff schluckt und zieht die Lippen schmal. »Das war eine andere Zeit, Elsa, das weißt du genau.«

»Ja, ja. Das mit den anderen Zeiten hört man ja immer, wenn die Vergangenheit einem nicht so gut in den Kram passt!«

Die beiden jungen Frauen treten zur Seite, und Elsa legt ihren Einkauf auf die Theke.

»Brauchst du sonst noch was?«, fragt Marion Pfaff schnippisch.

»Ja, ein Graubrot.«

Die Pfaff schreibt die Preise für die Lebensmittel mit Bleistift untereinander auf einen Bogen Packpapier, rechnet zusammen und wickelt dann das Brot darin ein. Elsa zählt das Geld auf die Theke und verlässt grußlos den Laden.

In der Metzgerei hat Gert Blonski schon ein paar Knochen und Fleischabfälle für sie zurechtgestellt. »Ich hab für den Sam gut was an den Knochen gelassen«, begrüßt er Elsa und hebt eine Papiertüte über die Theke.

Sie kauft noch hundert Gramm Aufschnitt. Er soll ja nicht denken, sie wolle nur die Hundeknochen geschenkt haben.

»Wie geht es Henni?«, fragt er, wie er es jede Woche tut, seit er weiß, dass sie den Prozess verfolgt.

Dem Bronski gibt sie gerne Auskunft. Der meint es ehrlich und quatscht kein dummes Zeug wie die Pfaff. Der war damals auch einer von den Kaffeeschmugglern, aber der macht keinen Hehl daraus, muss sich die Dinge nicht schönreden. Als sie die Metzgerei verlässt, biegt ein Mann am anderen Ende des Platzes, neben der Dorfschänke, in die Berggasse ein. Für einen Moment meint sie, Jürgen Loose zu erkennen, dann verwirft sie den Gedanken. Die grünen Parkas wurden von vielen getragen, und Loose würde erst in vier Stunden kommen.

Auf dem Heimweg denkt sie an den elften April zurück. Gut sechs Monate ist das jetzt her. Es war ein Samstag und einer der ersten Frühlingstage. Krokusse und Tulpen leuchteten in den Vorgärten, und auf den Obstwiesen lag Weiß und Rosa in der Luft. Wie heute war sie damals einkaufen gewesen. Sie weiß sogar noch, was sie in ihrem Einkaufsnetz nach Hause getragen hatte: vier Scheiben Käse, ein Kilo Mehl und die fünf Eier, die Marion Pfaff in Zeitungspapier zu einer kleinen Stange gewickelt hatte. Vor ihrem Gartentor war sie kurz stehen geblieben und hatte zum Schöning-Haus hinübergesehen. Lange Zeit hatte Dorothea Claus sich um den Garten gekümmert. Die wohnte mit ihren drei Kindern im Dorf und war eine von den Vertriebenen, die geblieben waren. Sie hatte Gemüse angebaut und die Obstbäume abgeerntet, aber seit einem Jahr blieb sie weg, und das Grundstück verkam. Das Haus war schon lange in schlechtem Zustand gewesen. Herbert Schöning hatte sich nie gekümmert. Die Fenster waren blind vor Schmutz, und im Vorgarten hatte das Unkraut die Rabatten erstickt, die Dorothea so sorgfältig angelegt hatte. Der Schöning war schon in Rente, ging aber immer noch täglich zur Kirche und aß dann im Pfarrhaus zu Mittag. An jenem elften April jedoch stand er an der Haustür, und als sie grüßte, hob er kurz die Hand, sagte aber nichts.

Am frühen Abend, als sie die Wäsche draußen auf die Leine hängte, sah sie ihn noch einmal. Im Unterhemd stand er am geöffneten Fenster und blickte in ihre Richtung. Sie hob die Hand zum Gruß, aber der Schöning schien sie gar nicht wahrzunehmen. Die Fenster öffnete er selten, und sie hatte gedacht: Gut, dass der wenigstens mal lüftet, aber was überziehen sollte der sich, bei den Temperaturen.

Wie immer war sie früh zu Bett gegangen, das Schlafzimmerfenster auf Kippe gestellt, die Gardinen offen. Als sie aufwachte, tanzte rötliches Licht an der Zimmerdecke, und sie dachte verschlafen, dass das ein prachtvoller Sonnenaufgang war. Dann sah sie zum Wecker auf der Nachtkonsole. Halb zwei. Im selben Moment roch sie es. Qualm. Feuer! Sie sprang aus dem Bett und sah, dass das Schöning-Haus brannte. Flammen schlugen aus den Fenstern, Glas splitterte. Sie warf sich ihren rosa Morgenmantel aus gestepptem Acryl über und lief in Pantoffeln hinaus. Die beiden Häuser lagen etwas außerhalb von Velda. Sie musste ins Dorf, dort hatten einige ein Telefon.

Elsa humpelte die Straße entlang, als ihr auch schon die ersten Dorfbewohner mit dem Löschhandwagen entgegenkamen. Bald darauf hörte sie Sirenen, und die Feuerwehr aus Monschau traf ein, doch da sackte bereits ein Teil des Daches ein. Die Balken jammerten und quietschten, bevor sie nachgaben, die Dachpfannen gerieten ins Rutschen, und eine Funkenfontäne stob in die Höhe. Flammen loderten über den First hinaus in den nächtlichen Himmel und setzten eine Hitze frei, die sie zurückwanken ließ.

Inzwischen war das ganze Dorf auf den Beinen. Einige hatten sich nur schnell einen Mantel über Nachthemd oder Schlafanzug geworfen, andere hatte sich erst angezogen. Elsa ging zwischen den Leuten umher und fragte immer wieder: »Habt ihr Herbert Schöning gesehen? Hat einer den Schöning gesehen?« Sie lief zu einem der Feuerwehrmänner. »Der Schöning, der ist nicht hier. Ich glaub, der ist da noch drin.« Schon als sie es aussprach, wusste sie, was das bedeutete.

»Da ist nichts mehr zu machen«, sagte der Mann.

Elsa öffnet das Gartentor, hinter dem Sam sie freudig schwanzwedelnd erwartet. »Ja, ja, du weißt genau, was ich hier habe«, flüstert sie und schiebt den Hund mit dem Bein zur Seite. Dann greift sie in die Metzgertüte und wirft ihm einen der Knochen zu, den er hocherhobenen Hauptes hinter den Schuppen trägt. »Glaub ja nicht, dass ich dir gleich noch einen gebe, wenn du den jetzt vergräbst!«, ruft sie hinter ihm her. Dann geht sie in die Küche und packt ihre Einkäufe aus.

Die Schöning-Ruine konnte die Feuerwehr erst am Sonntagnachmittag betreten, und dabei hatten sie ihn gefunden. Der Schöning hatte geraucht und war mit einer brennenden Zigarette eingeschlafen, da war sich Elsa ganz sicher gewesen. Bis am Montagmorgen zwei Polizisten in Zivil vor ihrer Tür standen und wissen wollten, ob sie vor dem Brand etwas gesehen oder gehört hatte. Wahrheitsgemäß gab sie an, dass sie früh zu Bett gegangen und gegen halb zwei vom Feuer geweckt worden war.

»Die Tochter«, fragte der jüngere der beiden Polizisten und blätterte in einem kleinen Block. »Die jetzige Frau Henni Bernhard, die war nicht hier?«

Elsa hatte mit den Schultern gezuckt und gesagt: »Nein. Die geht manchmal hier zum Friedhof, aber dieses Wochenende war die nicht da.«

»Woher wissen Sie das?« Die Frage klang scharf und lauernd, und Elsa war zusammengezuckt.

»Weil sie hinterher zu Besuch kommt«, antwortete sie ruhig.

»Zu Ihnen? Nicht zu ihrem Vater?« Er zeigte auf die Ruine.

Sie verstand nicht, was die Fragen sollten. »Bei mir gibt es Kaffee und Kuchen«, erwiderte sie mit einer Spur Ironie.

Der Jüngere öffnete den Mund, aber der Alte fasste ihn am Arm und sagte freundlich: »Frau Brennecke, wir müssen davon ausgehen, dass es sich um Brandstiftung handelt.«

Ganz schwindelig war ihr da geworden, und in ihrem Kopf ging es drunter und drüber: Angezündet! Wer machte denn so was? Und warum fragten die nach Henni? Die glaubten doch wohl nicht …?

»Sie glauben doch wohl nicht, dass die Henni ihr Elternhaus angezündet hat? Das ist Quatsch! Das würde sie nie im Leben tun«, empörte sie sich.

»Kennen Sie den Sohn? Fried Schöning.«

Elsa nickte. »Na ja, als Kind habe ich den gekannt. Aber das ist fast zwanzig Jahre her. Der lebt jetzt in Nürnberg.«

Der Ältere nickte. »Sie haben also weder Henni Bernhard noch Fried Schöning in den letzten Tagen hier gesehen, und am Tag vor dem Feuer ist Ihnen auch nichts aufgefallen?«, vergewisserte er sich.

»Richtig.«

»Aber Sie wissen schon, dass es am Donnerstag auf dem Amtsgericht Aachen eine Anhörung in der Sache Matthias Schöning gegeben hat?«

Sie hatte stumm den Kopf geschüttelt. Nein, davon hatte sie nichts gewusst.

KAPITEL 10

LÜTTICH, FRÜHJAHR 1970

Fünf Mal hörte er den Ton, der das Telefonläuten im fernen Nürnberg anzeigte. Sein Blick verlor sich im Cremeweiß der vorbereiteten leeren Leinwand, und er hoffte schon, dass Fried nicht da sein würde. Dann wurde abgehoben.

»Brigitte Schöning« meldete sich Frieds Frau am anderen Ende der Leitung.

»Hallo, Brigitte, hier ist Thomas. Kann ich Fried sprechen?«

»Thomas, gut, dass du zurückrufst. Fried wartet schon auf deinen Anruf. Wie geht es dir?«

Mit belegter Stimme log er: »Gut.«

Für einen Moment war es still in der Leitung. Brigitte wartete. Dann räusperte sie sich und sagte: »Er ist in der Werkstatt. Ich hol ihn mal.«

Brigitte war Frieds große Liebe. Ihr Vater war Schreinermeister, und Fried hatte im letzten Teil der Ausbildung in seiner Werkstatt gearbeitet. Schon nach einer Woche gab es für ihn nur noch ein Thema: Brigitte!

Sie war keine Schönheit, aber sie strahlte eine geradezu überbordende Lebensfreude aus, eine Energie, die Fried vom ersten Tag an mitgerissen hatte. Nicht dass Thomas sie nicht mochte, aber damals hatte ihn Frieds Liebe zu ihr aus der Bahn geworfen. Sie waren beide auch vorher mit Mädchen ausgegangen, und Fried war immer mal verliebt gewesen, aber mit Brigitte war es anders, das hatte Thomas sofort gespürt. Fried leuchtete geradezu, wenn er von ihr sprach, und lange bevor von Verlobung die Rede war, hatte Thomas gewusst, dass ihre Freundschaft nicht mehr an erster Stelle stehen würde.

Das hatte ihm Angst gemacht. Eine Zukunft ohne Fried, darüber hatte er noch nie nachgedacht. Nächtelang lag er wach und grübelte. Seine Arbeit in der Gärtnerei litt nicht darunter, aber die Malerei tat es.

Martin nahm ihn eines Tages beiseite und fragte: »Junge, was ist los mit dir? Irgendwas stimmt doch nicht, das sehe ich an deinen Arbeiten. Deine Bilder sind flach, die Linien ohne Schwung. So was bringt jeder Hobbymaler zustande.« Als Thomas schwieg, wurde er ärgerlich. »Ja, hast du denn alles verlernt, was ich dir beigebracht habe?«

Da hatte Thomas von Fried und Brigitte erzählt und den Tränen nahe gesagt: »Ich weiß nicht, was ich machen soll ohne Fried.«

Martin hatte über seinen grauen Haarkranz gestrichen und mit diesen kleinen Kopfbewegungen genickt, wie er es immer tat, wenn er über ein Problem nachdachte. Er schwieg lange. Die beiden Worte »ohne Fried« hingen im Raum, blähten sich in der Stille auf und pressten Thomas' Brustkorb zusammen.

»Die Dinge bleiben nie, wie sie sind, Thomas«, sagte der

Alte endlich. »Wenn es uns gut geht und wir uns eingerichtet haben, fürchten wir Veränderungen. Es ist nur so – dem Lauf der Dinge ist es egal, was wir fürchten oder wünschen.« Dann hatte er ihm auf die Schultern geklopft und gesagt: »Du hast keinen Grund, dich um die Zukunft zu sorgen. Du bist jung und mit Talent gesegnet. Du wirst deinen Platz finden, da bin ich mir ganz sicher.«

Den Telefonhörer in der Hand, starrte Thomas die leere Leinwand an und wartete darauf, dass Fried sich am anderen Ende meldete. Warum fiel ihm das Gespräch mit Martin gerade jetzt ein? Weil er sich »eingerichtet« hatte? Weil er spürte, dass die nächsten Tage alles verändern würden?

»Thomas?«, fragte Fried. Er war gelaufen, war außer Atem. »Wie hast du dich entschieden?«

»Wann ist die Anhörung?«, fragte er zurück und hörte, wie Fried aufatmete.

»Danke, Thomas! Ich weiß, dass das nicht leicht für dich ist und … du weißt, dass du das nicht tun musst.«

»Schon gut«, antwortete Thomas eilig und kämpfte dagegen an, doch noch einen Rückzieher zu machen.

»Die Anhörung ist am neunten April um vierzehn Uhr im Amtsgericht Aachen. Sehen wir uns dort?« Noch einmal hielt Fried ihm mit dieser Frage ein Hintertürchen auf.

»Ja. Ich werde da sein!«

Bevor Fried auflegte, sagte er noch: »Bis Aachen ist es für dich ja nicht weit.«

Als Thomas den breiten Pinsel in die rote Ölfarbe tunkte und sie mit großen Bewegungen auf die Leinwand auftrug, dachte er: Doch, Fried! Für mich ist der Weg weit. Nicht an Kilometern, aber ich muss all die Jahre zurückreisen, um an den Ort zu gelangen, an den ich nie wieder wollte.

Wieder tauchte er den Pinsel ein. Das dickflüssig glänzende Rot vor Augen, machte er sich auf den Weg, suchte nach den Bildern, die er tief in sich vergraben hatte. Das große rote Backsteinhaus aus der Gründerzeit auf dem weitläufigen Gelände. Rundherum die hohe Hecke mit dem großen, eisernen Tor an der Straße, das mit einem langen, schwarzen Schlüssel aufgeschlossen wurde. Die breite Steintreppe mit den hohen Stufen, die zum Hauseingang führte und die er in den ersten Jahren mit seinen kurzen Beinchen kaum bewältigen konnte. Die Eingangshalle, lichtlos und kalt. An der rechten Seite, in einer Nische mit Rundbogen, die steinerne Muttergottes mit dem Kind auf dem Arm. Gegenüber ein Jesus mit Dornenkrone am Kreuz. Beides riesig groß. Viele hohe, schwere Türen, die zu allen Seiten von der Halle abgingen. Dahinter lagen der Speisesaal, die Küche, das Büro von Schwester Angelika und die Waschräume. Unter der Treppe aus dunkel glänzendem Holz, die hinauf in die Schlafsäle und die privaten Zimmer der Schwestern führte, befand sich die Tür zum Keller.

Vierzig Kinder waren sie gewesen, und er zählte mit seinen vier Jahren zu den jüngsten. Seine früheste Erinnerung war, dass alle ihn »Hampelmann« nannten, weil er im Sitzen seinen Oberkörper hin und her schaukelte. Die Bewegung hatte ihn beruhigt – selbst daran erinnerte er sich jetzt –, aber sie war verboten.

Im Speisesaal gab es vier lange Tische mit je zehn Kindern, am Kopfende saß eine der Schwestern oder eine der Hilfskräfte. Die aßen nicht mit, führten nur die Aufsicht: Für sie gab es später ein anderes Essen. Abgesehen von den Dankgebeten vor und nach dem Essen, war es verboten zu sprechen. Damit er nicht schaukelte, nahmen sie ihm fast jede Möglichkeit, sich zu setzen. Die Mahlzeiten musste er am Tisch stehend zu sich nehmen.

»Das gewöhnen wir dir schon ab, du Hampelmann«, sagte Gertrud, die Erzieherin, die für seinen Tisch zuständig war. Wenn er weinte, nahm sie ihm den Teller weg, ging mit ihm hinauf in den Schlafsaal, zog ihm die Hose runter und schlug auf ihn ein. Sie legte ihn übers Knie. So nannte sie das. »Wenn du nicht gehorchst, leg ich dich übers Knie, dass du es nie mehr vergisst!« Anschließend musste er sich ins Bett legen und durfte erst aufstehen, wenn sie ihn holte. Stundenlang lag er weinend im Bett, und oft holte sie ihn erst, wenn er in den Waschraum musste, um sich für die Nacht fertig zu machen. Diese Verlorenheit. Dieses Nichtbegreifen, was er falsch machte, was falsch an ihm war.

Thomas Reuter nimmt einen Spachtel und kratzt erst dünne, dann immer breitere Linien in die Farbe. Ein Irrgarten in grellem Rot. Nur eine Linie – so scheint es – führt über den unteren Rand der Leinwand hinaus. Dieses haltlose Fallen. Ins Bodenlose.

Wie lange es dauerte, bis seine »Schaukelei« endlich ein Ende hatte, wusste er nicht mehr. Immer wieder hatte er zu Schwester Angelika, der Heimleiterin, gemusst. Die schlug ihn nicht, redete aber endlos auf ihn ein. Dass sein Schaukeln krank sei. Ob sie ihn in ein Irrenhaus bringen solle? Da gehöre er nämlich hin, wenn er das nicht lassen könne. Was für ein Glück er habe, dass sie sich die Mühe machten, ihm das abzugewöhnen. Und dass alle nur sein Bestes wollten und er undankbar und dumm sei.

Irgendwann hatte er am Esstisch einen Stuhl bekommen. Direkt an der Ecke neben der Tischaufsicht. Er schaukelte nicht mehr, saß so steif auf seinem Stuhl, dass Nacken, Schultern und Rücken schmerzten. Wie ein dressiertes Hündchen tat er alles, was von ihm verlangt wurde. Wenn Schwester Angelika in den Speisesaal kam, stellte sie ihren Erziehungserfolg zur Schau. Es traf nicht immer ihn, aber wenn sie seinen Namen aufrief, musste er aufstehen, und sie fragte: »Willst du noch immer schaukeln?«, und er antwortete: »Nein, Schwester Angelika. Ich mache das nie wieder. Ich will lieber hierbleiben.« Dann lächelte sie ihn an, und manchmal strich sie ihm sogar über den Kopf. Und er war dankbar. Dankbar für diese kleine freundliche Zuwendung. Und vielleicht hatte er auch damals schon gewusst, dass es ihm im Vergleich zu anderen Kindern noch ganz gut erging. Denn da gab es ja diesen Keller. Und obwohl niemand darüber sprach, wusste er schon früh, dass er alles tun musste, damit sie ihn niemals durch die Tür unter der Treppe schickten.

Erschöpft stellte er Farbe, Pinsel und Spachtel zurück, setzte sich an den Tisch und betrachtete das Bild aus der Ferne. Der Anfang war gemacht. Erst jetzt bemerkte er, dass seine Brust- und Rückenmuskeln völlig verkrampft, seine Hände und Arme eiskalt waren. Es war sein Körper, der sich erinnerte. Und dann setzte ganz automatisch diese Bewegung ein, und er schaukelte mit dem Oberkörper vor und zurück.

KAPITEL 11

VELDA, 1947/48

Am nächsten Tag ging Henni erst zur Schule, dann machte sie sich von dort aus auf den Weg nach Monschau. Die Wirtin arbeitete in der Küche, und sie sprachen kurz miteinander. »Deine Mutter fehlt hier an allen Ecken. Die Neue geht um elf und lässt die halbe Arbeit liegen«, beschwerte sich Greta Wolter.

»Ich wollte zu Ihrem Mann«, sagte Henni und trat von einem Bein auf das andere. Weite Teile des Weges war sie gerannt, und dabei hatte sie immer wieder ihre Zauberformel gemurmelt: »Sie werden mich mitnehmen. Ganz bestimmt. Ich weiß es! Ich weiß es ganz genau!«

In der Gaststube saßen bereits einige Gäste. Wolter stand hinter dem Tresen und lächelte sie an. »Henni, warte kurz im Hof, ich komme gleich.«

Sie verabschiedete sich von Frau Wolter und lehnte sich draußen an die Hauswand neben das Küchenfenster. Es war ein strahlender Frühlingstag. Sie hielt ihr Gesicht der Sonne entgegen und dachte: Er hat gelächelt. Er hat gute Nachrichten, sonst hätte er nicht gelächelt.

Wolter kam heraus, steckte sich eine Zigarette an und sagte: »Heute um sieben Uhr an der Höckerlinie, hinter den Feldern von Bauer Kämper.« Am liebsten hätte sie ihn umarmt. »Du gehst in der Kindergruppe vorweg.«

Sie nickte vorsichtig, wusste aber nicht, was das zu bedeuten hatte. »Und der Kaffee? Ich meine ... hol ich denn keinen Kaffee?«

Wolter lachte. »Doch, natürlich. Aber es läuft so: Zuerst geht ihr Kinder über die Grenze. Einer von den jungen Männern wird euch führen. Wenn ihr ohne Schwierigkeiten rüberkommt, folgen die Erwachsenen. Auf einem Hof auf der belgischen Seite nehmt ihr den Kaffee auf.« Er musterte sie von oben bis unten. »Hin und zurück sind das gute fünfzehn Kilometer. Was meinst du? Kannst du auf dem Rückweg zehn Pfund über sieben Kilometer tragen?«

»Ja. Ja, natürlich.« Henni nickte eifrig.

»Gut. Auf dem Weg zurück geht ihr Kinder wieder voraus. Wenn Zöllner auftauchen, dann lauft ihr auseinander. Aber keine Heldentaten, Henni. Wenn sie hinter dir her sind, dann lässt du den Kaffee fallen und bleibst stehen. Hast du verstanden?«

Henni schluckte und sah ihn mit großen Augen an. »Aber ...«

»Kein Aber«, unterbrach er sie. »Während die Zöllner mit euch beschäftigt sind, gehen die Erwachsenen mit ihrem Kaffee über die Grenze. Euch wird nichts passieren. Die Zöllner nehmen euch mit und beschlagnahmen den Kaffee. Sie werden viele Fragen stellen, aber du schweigst, sagst kein Wort. Hast du das verstanden?« Wieder nickte sie. »Nach zwei oder drei Stunden lassen sie euch laufen, schließlich seid ihr Kinder.« Als er ihr enttäuschtes Gesicht sah, lachte er sein kurzes Lachen. »Keine Sorge, das Geld für den verlorenen Kaffee bekommt ihr trotzdem. Das übernehmen die Erwachsenen und ich. Außerdem passiert es nur sehr selten, dass sie euch erwischen. Es werden immer wieder neue Wege ausgekundschaftet, aber es ist wichtig, dass sich alle an die Regeln halten, verstehst du?«

Henni atmete durch. Ja, das verstand sie. Und sie war beeindruckt, wie gut organisiert das alles war.

Wolter drückte ihr eine kleine Dose in die Hand. »Das sind Feuersteine für Feuerzeuge. Dafür kannst du zehn Pfund Kaffee verlangen.«

Henni starrte die Dose an. »Danke«, flüsterte sie.

»Schon gut. Du meldest dich um sieben an der Höckerlinie bei Leo Kämper. Der wird euch heute führen.«

»Der Sohn von Bauer Kämper?«, fragte sie überrascht.

»Ja.« Wolter grinste. »Aus eurem Dorf sind einige dabei.«

Auf dem Rückweg dachte sie darüber nach, dass sieben Uhr eine gute Zeit war. Bis zur Höckerlinie brauchte sie höchstens zehn Minuten, und der Vater ging abends um halb sieben noch einmal zur Kirche, um sie abzuschließen.

Zu Hause weihte sie Matthias und Johanna in ihren Plan ein. Die beiden sollten mit Fried um halb acht zu Bett gehen. Wenn der Vater nach Hause kam, würde er nicht mal bemerken, dass sie nicht da war.

Pünktlich zur verabredeten Zeit fand sie sich am Treffpunkt ein und staunte nicht schlecht, wen sie alles kannte. Vater und Sohn Pfaff, Vater und Sohn Blonski, die beiden Kämper-Söhne, Werner Kopisch und noch einige andere aus Velda waren da.

Leo Kämper kam auf sie zu und begrüßte sie. »Wolter hat

dir die Regeln erklärt?«, fragte er, und als Henni nickte, sagte er: »Ich führe euch, und du hörst auf mein Kommando, verstanden?«

Es begann zu dämmern, als die Kindergruppe sich auf den Weg machte. Die Erwachsenen und die älteren Jugendlichen blieben zurück. Henni zählte fünfzehn Kinder. Die jüngsten waren zehn oder elf Jahre alt. Auf den ersten Kilometern kam es ihr wie ein Schulausflug vor. Die Kinder redeten und scherzten miteinander, während sie in Richtung Süden am Waldrand entlanggingen. Bald war das letzte Tageslicht verschwunden, und es zeigte sich ein fast klarer Nachthimmel. Nur ab und an schoben sich Wolken vor den zunehmenden Mond. Als sie in den Fichtenwald einbogen, hob Leo die Hand und sagte: »Ab jetzt gilt es.« Augenblicklich waren alle still. Unter den hohen Fichten war es stockdunkel, dann flammten mehrere Taschenlampen auf. Leo wartete. Kurz irrten die Lichter hin und her, doch schließlich standen die Kinder so, dass die Lampen in der Gruppe gleichmäßig verteilt waren. Lautlos und schnell ging das vor sich, als werde die Gruppe von einer unsichtbaren Hand sortiert. Gert Blonski, der in der Schule eine Klasse unter Henni war, stellte sich zu ihr und lächelte sie schief an. Sie blieben nicht auf den Wegen, sondern gingen über den weichen Boden aus Fichtennadeln. In der Ferne bellte ein Hund. Henni sah, dass weit vor ihnen immer wieder ein Licht aufleuchtete. Das musste Leo sein, der den Weg auskundschaftete.

Als sie in der Nähe der Grenze waren, machte Gert sie auf alte Bunkerreste und Schützengräben aufmerksam. »Merk dir die genau. Das sind gute Verstecke.«

Dann hörte sie weit vor sich den lang gezogenen Ruf eines Waldkäuzchens. Schlagartig erloschen sämtliche Taschenlampen, und die Kinder gingen in die Hocke.

»Jetzt geht es rüber«, flüsterte Gert. »Wenn Leo zweimal hintereinander ruft, ist die Luft rein.«

Drei, vielleicht vier Minuten vergingen, dann war das »Paauuuh« eines Käuzchens zweimal zu hören. Die Kinder standen auf und setzten sich in Bewegung. Ganz ohne Eile, aber so lautlos wie möglich tapsten sie durch die Dunkelheit auf den Zaun zu. Zwei hoben den Maschendraht an, und die anderen krabbelten darunter hindurch. Auf der belgischen Seite gingen sie noch einige Zeit im Dunkeln weiter, dann kamen sie auf eine Lichtung, von der ein breiter Weg abging, und die Taschenlampen flammten wieder auf.

Eine halbe Stunde später kamen sie an einen Bauernhof, wo sie bereits erwartet wurden, und kurz darauf trafen auch die Erwachsenen ein. Sie mussten die ganze Zeit nicht weit hinter der Kindergruppe gewesen sein. Henni war beeindruckt, denn sie hatte sie nicht ein einziges Mal bemerkt.

In der Remise stand eine Marktwaage mit Gewichten. Die Kinder legten ihre Währungen auf den Tisch. Einen Silberlöffel, eine Madonnenfigur, einen Ring, einen Fotoapparat und vieles andere. Immer wieder wurde um den Preis in Pfunden gefeilscht. Herr Pfaff stand neben dem Tisch und schrieb die ausgehandelten Mengen auf. Dann wog die Bäuerin Kaffeebohnen ab, kippte sie in die Rucksäcke oder Stoffschläuche, die die Kinder sich wie dicke Gürtel um die Hüften banden. Henni hatte nichts dergleichen dabei.

Als sie an der Reihe war, legte sie die Dose mit den Feuersteinen auf den Tisch und sagte: »Zehn Pfund.« Die Bäuerin versuchte sie herunterhandeln und bot acht an, aber

Henni blieb eisern. Sie nahm die Feuersteine vom Tisch und wiederholte: »Zehn, sonst nehme ich sie wieder mit.«

Die Frau wog zehn Pfund ab und hielt ihr die Waagschale hin.

»Hast du keinen Rucksack oder Schlauch?«, fragte Leo. Als sie den Kopf schüttelte, reichte er ihr einen Jutesack.

Es dauerte noch einige Zeit, bis alle Geschäfte abgeschlossen waren, und es war bereits nach zehn, als sie sich auf den Rückweg machten.

Wieder hörten sie kurz vor der Grenze Leos Käuzchenruf und gingen in Deckung. Sie warteten auf die nächsten beiden Rufe, aber sie kamen nicht.

»Was ist?«, fragte Henni, und Gert legte den Zeigefinger an seine Lippen.

»Erst wenn Leo zweimal ruft, ist die Luft rein«, flüsterte er.

Auf einmal hörten sie näher kommende Motorengeräusche, und gut zweihundert Meter vor ihnen tauchten Scheinwerfer auf. Das Auto hielt, fuhr einige Male vor und zurück und blieb schließlich so stehen, dass die Scheinwerfer das Unterholz in ihre Richtung ausleuchteten. Sie hörten Türenschlagen und sahen zwei Zöllner auf dem Waldweg auf und ab gehen. Die Männer rauchten. Das Auto stand vielleicht zehn Minuten dort, aber Henni kam es vor wie eine Ewigkeit. Sie hatte die nächtliche Kälte unterschätzt, trug nur ihre Strickjacke und fror erbärmlich. Dann endlich stiegen die Männer ein, und der Wagen verschwand in Richtung Osten. Kurz darauf ertönte der doppelte Vogelruf, und wie auf dem Hinweg gingen sie zügig bis zum Zaun und krabbelten darunter hindurch.

Die anderen Kinder hatten die Hände frei und konnten

sich ganz auf den stockdunklen Weg konzentrieren, aber Henni musste den unhandlichen Sack oben zuhalten. Mit jedem Schritt wurden die zehn Pfund schwerer. Sie hievte den Sack von einer Schulter auf die andere, stolperte über Wurzeln, und zweimal fiel sie sogar hin. Als die Taschenlampen endlich wieder eingeschaltet wurden, stand Leo neben ihr.

»Gib schon her, Henni. Ich trag dir den Kaffee. Aber beim nächsten Mal denkst du an einen Rucksack.«

In Velda kehrten sie nicht zum Treffpunkt zurück, sondern sammelten sich in einer verfallenen Scheune, die außerhalb des Dorfes lag. Wolter wartete dort bereits mit seinem Chrysler. Der Kaffee wurde in große Säcke gefüllt und in den Wagen geladen. Herr Pfaff las die Liste vor, die er auf dem Hof in Belgien angefertigt hatte, und Wolter zahlte aus. Henni rechnete damit, dass er bei ihr einen Preis für die Feuersteine abziehen würde, aber das tat er nicht.

In dieser einen Nacht hatte Henni mehr verdient als ihre Mutter in einer ganzen Woche, und als Leo ihr sagte: »Übermorgen, gleiche Zeit, gleicher Treffpunkt«, da strahlte sie ihn dankbar an.

Es ging auf ein Uhr zu, als sie zu Hause ankam. Alles war dunkel. Sie schlich ins Zimmer und fiel ins Bett. Ihr letzter Gedanke war: Morgen kauf ich einen Rucksack, dann schlief sie erschöpft und selig ein.

Zwei weitere Schmuggeltouren hatte sie hinter sich, als ein Brief aus Aachen kam. Da hatte sie an ihre Anfrage beim Bischof schon gar nicht mehr gedacht. Blütenweißes, festes Papier mit einem breiten Briefkopf und darunter nur wenige Zeilen, die sie gleich mehrere Male las. »Sehr geehrte

Frau Schöning«, stand da. Man bedankte sich für ihr Schreiben, und was dann folgte, ließ Henni vor Entrüstung zittern. »… teilen wir Ihnen mit, dass im Etat für Velda eine Küsterstelle enthalten ist. Bitte wenden Sie sich diesbezüglich an Pastor Lenkes. Hochachtungsvoll …«

Sie ließ das feine weiße Papier sinken und wusste eine Weile nicht, wohin mit ihrer Empörung. Schließlich schrubbte sie den Küchenboden, um sich zu beruhigen und nachzudenken.

Am Nachmittag kam Frau Wittler vorbei, wie sie es dreimal in der Woche tat, um Henni zur Hand zu gehen. An diesem Donnerstag wollten sie die Wäsche machen, aber nachdem Henni ihr den Brief gezeigt hatte, sagte sie wutschnaubend: »Das ist ja wohl die Höhe! Das soll der erklären«, und verließ das Haus.

Dass sie zusammen mit Herrn Kopisch und Bauer Kämper zum Pfarramt gegangen war und Pastor Lenkes zur Rede gestellt hatte, erfuhr Henni am nächsten Tag von ihrem Vater. Er schlug ihr ins Gesicht, setzte sich an den Küchentisch und sagte mit müder Stimme: »Eine Schande bist du. Eine unverschämte, gottlose Göre. Du gehst morgen zum Pastor und wirst dich entschuldigen.« Ihre Wangen brannten, aber das eigentliche Feuer war der Zorn, der in ihrem Innern loderte.

»Aber er hat doch gelogen. Er hat gesagt, dass Velda keine Küsterstelle hat!«, rief sie.

»Das geht dich nichts an. Das ist die Entscheidung des Pastors. Das Kirchendach ist undicht. Wir brauchen das Geld für die Reparatur.«

Für einen Augenblick lauschte sie sprachlos diesem »Wir« nach. Dieses »Wir«, das nicht ihn und sie und die

Geschwister meinte, sondern ihn und die Kirche. Ihn und den Pastor.

»Du wirst dich entschuldigen«, beharrte er. »Und wenn nicht, dann ist es wohl das Beste, ich überlasse deine Erziehung anderen Leuten.«

Es war dieser Moment, der ihren letzten Rest Respekt vor ihm auffraß, und sie verstand, dass sie mit ihren Geschwistern allein war. Jahre später würde sie sagen: »Ich habe nicht erkannt, dass er ohne Lebenskraft, ohne eigenen Antrieb war, und dass die täglichen Pflichten in der Kirche sein einziger Halt waren.«

Frau Wittler kam am nächsten Tag und erzählte, was sich am Tag zuvor im Pfarrhaus abgespielt hatte. Dass Lenkes Henni eine »verwahrloste Querulantin« genannt hatte, die dringend eine führende, strenge Hand brauche. Bauer Kämper war ganz nah an den Pastor herangetreten und hatte ihn vor die Wahl gestellt, den Schöning entweder ordentlich zu bezahlen oder sich darauf gefasst zu machen, in Zukunft in einen leeren Klingelbeutel zu blicken.

Henni machte sich Vorwürfe. Sie hätte den Brief verbrennen und die Sache auf sich beruhen lassen sollen. Ausgerechnet jetzt, wo sie gutes Geld verdienen und alles gut werden konnte, hatte sie den Pastor gegen sich aufgebracht. Immer wieder überlegte sie, ob sie sich nicht doch entschuldigen sollte, aber da gab es diesen Stolz in ihr, der das einfach nicht zuließ.

Schon in der folgenden Woche wurde Herbert Schöning als Küster eingestellt. Ihr Vater erwähnte es zu Hause nicht, sie erfuhr es von Frau Wittler. Der Pastor sprach Henni nicht auf den Brief an, und ihr Vater beharrte nicht weiter darauf, dass sie sich entschuldigen müsse. Die Geschichte schien endgültig vom Tisch zu sein. Die Familie hatte jetzt ganz offiziell ein kleines, aber festes Einkommen, und Herbert Schöning übergab Henni am Monatsanfang einen Teil des Geldes für den Haushalt. Dass fünf Menschen davon nicht leben konnten, schien er nicht zu begreifen, und Henni sprach ihn auch nicht darauf an. Mit ihren nächtlichen Nebenverdiensten zwei- bis dreimal die Woche kamen sie sehr gut zurecht. Die Schule besuchte sie wieder regelmäßig, und mit Frau Wittlers Unterstützung führte sie einen ordentlichen Haushalt.

Dass der Brief nicht vergessen war und sie nun in Pastor Lenkes einen Feind hatte, der warten konnte, ahnte sie zu jener Zeit noch nicht.

KAPITEL 12

VELDA, HERBST 1970

Jürgen Loose ist pünktlich. Elsa hat eine der guten Tischdecken aufgelegt und für zwei eingedeckt. Als er an der Garderobe steht und sie ihn von hinten in seinem Parka sieht, fällt ihr der junge Mann wieder ein, der in die Berggasse gegangen war.

»Kann es sein, dass ich Sie heute Morgen im Dorf gesehen habe?«

Er dreht sich um. »Ja. Ich habe mich umgesehen, wollte mir ein Bild vom Dorf machen.« Er hängt den Parka auf. »Früher«, sagt er, »ich meine, als die neue Siedlung noch nicht da war, da war Velda ja wirklich nur ein Flecken.«

Elsa ist zufrieden mit seiner Erklärung. »Knapp dreihundert Einwohner waren das damals, und jetzt sind es fast doppelt so viele.«

Bevor Jürgen Loose seinen Hefter hervorholt, isst er zwei Stücke Kuchen mit gutem Appetit. Dann sagt er: »Im Gericht war die Rede davon, dass Henni zu einer Schmugglerbande gehörte, sogar eine der Anführerinnen war. Wissen Sie …?«

»Anführerin! So ein Quatsch. Die haben doch keine Ahnung, wie das damals war.« Sie lacht ein kurzes, abfälliges Lachen. »Als die Henni und ich im Sommer 1947 mit der Schule fertig waren, da bin ich in die Tuchfabrik nach Monschau, und wir haben uns nur noch selten gesehen. Henni ging dreimal in der Woche abends in den ›Eifelblick‹ und hat da als Küchenhilfe gearbeitet. So hat sie es jedenfalls ihrem Vater und meiner Mutter gesagt. Zu Hause führte sie den Haushalt, kümmerte sich um den Garten und um ihre Geschwister. Und das machte sie gut. Das mussten selbst die eingestehen, die vorher geunkt hatten, das könne niemals gut gehen. Und das mit dem Schmuggel … Wer damals alles über die Grenze ging, das wussten nur die Schmuggler ganz genau. Aber natürlich gab es Gerüchte. Schließlich konnte man ja sehen, welche Familien trotz der schlechten Zeiten gut zurechtkamen. Sie müssen wissen, es wohnten ja nicht nur die Schmuggler im Dorf, sondern auch zwei Zollbeamte. Der Gruska war damals um die fünfzig und Witwer, und der Merk, der war ein junger Mann. Der war mit seiner Frau und dem Kind erst einige Monate zuvor hergezogen.« Sie lehnt sich auf ihrem Stuhl zurück. »Manchmal wurde jemand erwischt, aber meistens war es eines der Kinder. Denen passierte ja nichts. Erst wenn sie zum dritten Mal auf der Polizeiwache landeten, kamen sie ins Fürsorgeheim. Meine Mutter hatte schon früh den Verdacht, dass auch Henni zu den Schmugglern gehörte. Der Herbert Schöning bekam ja nur einen kleinen Lohn, und trotzdem gab es dort immer reichlich und gut zu essen. Henni hat sogar uns manchmal ein Stück Speck oder gute Butter geschenkt. Angeblich hatte sie die Sachen von Wolter, dem Wirt vom ›Eifelblick‹, bekommen. Dass sie an diesen Abenden gar nicht im ›Eifelblick‹ in der Küche stand, sondern über die Grenze ging, das hat sie mir erst kurz vor Weihnachten 1947 erzählt.«

Elsa schenkt Kaffee nach. Jürgen Loose hat aufgehört, sich Notizen zu machen, und sieht sie erwartungsvoll an. Sie rührt in ihrem Kaffee, versucht, diese Nacht vom neunzehnten auf den zwanzigsten Dezember chronologisch zu erzählen.

»Ende 1947 lief alles aus dem Ruder«, sagt sie leise und legt den Löffel auf die Untertasse. »Es gab immer mehr gut ausgerüstete Banden aus Aachen, Köln und dem Ruhrgebiet. Die gingen nicht mit Rucksäcken los wie die Dörfler, die fuhren mit gepanzerten Autos und Lkws rüber und schmuggelten alles, was auf den Schwarzmärkten Geld brachte. Die Wagen hatte extra verstärkte Rahmen und Stoßstangen, durchbrachen an den Grenzübergängen einfach die Schranken, und die Fahrer lieferten sich Schießereien mit den Zöllnern. Ein richtiger Straßenkrieg war das an der Grenze. Dann gab es auf beiden Seiten Tote, und danach war alles anders. Der Zoll griff jetzt durch und ging mit aller Härte gegen den Schmuggel vor. Auch gegen die Dörfler, die zu Fuß unterwegs waren. Der neunzehnte Dezember war ein Freitag. Am Nachmittag hatte es wieder geschneit, und es war bitterkalt. Henni hat später erzählt, dass schon in den Wochen davor immer weniger mitgegangen waren. Nicht nur wegen der Kälte blieben viele zu Hause, sondern auch, weil der Zoll auf belgischer und deutscher Seite immer häufiger Patrouillen durchführte und die Zöllner jetzt oft Hunde dabeihatten. An dem Abend waren sie fünf Kinder und sieben Erwachsene.« Elsa streicht die cremefarbene Leinentischdecke mit der hellblauen Kreuzstichstickerei am Tischrand glatt. »Der Hinweg, der hatte problemlos geklappt. Sie waren durchgefroren, aber ohne Zwischenfälle auf dem belgischen Hof angekommen. Die Bäuerin hatte sogar heißen Tee ausgeschenkt und ihnen erlaubt, sich im Haus am Ofen aufzuwärmen. Auch auf dem Rückweg verlief zunächst alles reibungslos. Sie waren durch den Schnee unter dem Zaun gerobbt und schon weit hinter der Grenze, als plötzlich Scheinwerfer von mehreren Autos aufflammten. Ich kann es nur so sagen, wie Henni es mir später erzählt hat. Alles passierte wohl gleichzeitig. Hunde bellten, Zöllner riefen: ›Stehen bleiben! Bleiben Sie stehen!‹, und alle rannten auseinander. Mindestens zwanzig Zöllner mit Hunden standen in den Lichtkegeln. Wie verabredet warfen die Kinder ihre Rucksäcke ab, liefen ein Stück von ihrer Schmugglerware weg und blieben dann stehen. Aber die Erwachsenenkolonne war so dicht hinter ihnen, dass auch sie von dem Scheinwerferlicht erfasst wurde.« Elsa scheint ganz in die Betrachtung der kunstvoll gestickten hellblauen Blüten auf der Tischdecke vertieft zu sein.

»Sie müssen verstehen, die sind nicht wegen des Kaffees weggelaufen. Auf den hätten sie verzichtet. Aber die Männer mussten mit zwei bis sechs Monaten Haft rechnen, und das bedeutete, dass in den Familien der Ernährer ausfiel.« Sie schüttelt bedächtig den Kopf. »Hat doch keiner geglaubt, dass die wegen ein paar Pfund Kaffee schießen.« Nach einer kurzen Weile schaut sie auf und sieht Jürgen Loose an. »Dem Werner Kopisch, dem haben die einfach in den Rücken geschossen. Noch in der gleichen Nacht ging es wie ein Lauffeuer durchs Dorf. Der Kopisch tot, Leo Kämper und der Metzger Blonski, der Vater vom Gert, verhaftet! Der Dorfplatz war voller Menschen, und wenn es nicht einige Vernünftige gegeben hätte …« Sie schnaubt und macht eine wegwerfende Handbewegung. »Ich glaube, die waren kurz davor, den Gruska und den Merk aus ihren Wohnungen zu holen und ihnen was anzutun.«

Jürgen Loose ist leichenblass. Als er zu seiner Tasse Kaffee greift, zittern seine Hände.

»Was ist mit Ihnen?«, fragt Elsa besorgt. »Geht es Ihnen nicht gut?«

Jürgen atmet tief durch. »Nein, nein … ich … schrecklich. Ich meine, das muss eine schreckliche Nacht gewesen sein.«

Elsa nickt. »Ja, das war es.«

»Und Henni?«, fragt er weiter.

»Die wurde verhört und dann mit den anderen Kindern in den frühen Morgenstunden nach Hause geschickt. Die Kinder waren ja nur Beifang. Ihr Vater hat nie erfahren, dass sie schon damals dazugehört hat.« Elsa macht eine kleine Pause. »Im Dorf war die Stimmung nach dieser Nacht eine andere. Bisher hatte man mit den beiden Zöllnern friedlich zusammengelebt, hatte in der Dorfschänke miteinander ein Bier getrunken und manchmal sogar – als ginge es um ein Katz-und-Maus-Spiel – über den Schmuggel geflachst. Aber das war jetzt vorbei.«

Jürgen Loose hat wieder Farbe im Gesicht. Elsa stellt die Kuchenteller zusammen. »Möchten Sie vielleicht ein Glas Wasser?«, fragt sie.

»Ja gerne« antwortet er mechanisch. Dann fragt er: »Aber diesen Kopisch, den hatten doch nicht die beiden Zöllner aus dem Dorf erschossen, oder?«

Elsa steht am Spülbecken und füllt ein Glas Wasser.

»Nein. Aber das spielte keine Rolle. Die wollten ihre Wut loswerden, und Gruska und Merk gehörten in deren Augen zu denen, die Schuld hatten. Monatelang ging ein richtiger Riss durchs Dorf, und einmal kam es im Gasthaus sogar zu einer Schlägerei. Man war sich nicht einig – es gab die, für die die Zöllner schuld waren, und es gab die, die der Meinung waren, dass die Schmuggler Kriminelle waren, die mit so was hätten rechnen müssen.« Sie humpelt zum Tisch zurück, stellt ihm das Wasser hin und setzt sich wieder. »Es hieß, dass die Zollbeamten die Anweisung hatten, einem Flüchtigen nur auf die Beine zu schießen. Dass die Kugel den Kopisch im Rücken getroffen hatte, sei passiert, weil der sich geduckt habe. Aber so mancher war der Meinung, dass diese angeblichen tödlichen Unfälle keine waren, zumal sie sich häuften. Jedenfalls war danach für die Dörfler erst einmal Schluss mit dem Schmuggel. Der Henni hat der Schreck noch wochenlang in den Knochen gesessen. In der Zeit trafen wir uns wieder öfter, und sie hat mir davon erzählt. Eine Zeit lang hat sie versucht, mit dem kleinen Lohn ihres Vaters zurechtzukommen, aber es reichte hinten und vorne nicht. Als Ende Februar die letzten eingemachten Vorräte aus ihrem Garten zur Neige gingen, sprach sie zum ersten Mal davon, übers Vennplateau zu gehen. Ich weiß noch, dass ich ihr gesagt habe, dass sie verrückt ist. ›Niemand geht bei Dunkelheit übers Hochmoor, Henni. Jeder kennt die Geschichten von denen, die für immer dageblieben sind!‹, habe ich gesagt. ›Dann geh ich eben am Tag‹, hat sie geantwortet. Einen richtigen Streit hatten wir deswegen.«

Jürgen Loose klopft mit seinem Stift unruhig auf das Papier. »Aber sie ist trotzdem gegangen, oder?«

Elsa nickt und sieht zur Uhr. »Ihr Bus. Sie müssen sich auf den Weg machen, sonst ist der weg.«

»Nein, nein, wir haben Zeit«, beschwichtigt er. »Ich habe mir ein Auto von einem Freund geliehen. Ich wollte ... ich meine, wenn es Ihnen nichts ausmacht, würde ich gerne noch bleiben.«

KAPITEL 13

LÜTTICH, FRÜHJAHR 1970

Nachdem er am Tag zuvor mit dem Bild nicht hatte weitermachen können, war er zu Jean-Paul ins Café gegangen. Es waren noch andere Gäste da gewesen, und er hatte sich an einen Ecktisch gesetzt und einen Rotwein getrunken. Als der letzte Gast gezahlt hatte, stellte Jean-Paul das Backgammonspiel auf den Tresen und reihte die schwarzen und weißen Steine auf. Er schenkte zwei Gläser Rotwein ein, stellte sie neben das Spielbrett und nickte Thomas zu. Schweigend würfelten sie aus, wer beginnen durfte, und Jean-Paul drehte das Brett mit den Steinen zurecht. *»Vous commencez«,* sagte er, und Thomas dachte daran, wie sehr er in dieser Sprache inzwischen zu Hause war. Als er vor neun Jahren hergekommen war, hatte er sie begierig aufgesogen. Neue Wörter für sein neues Leben.

Mit dem Ende der Ausbildung mussten Fried und er die Lehrlingsherberge verlassen. Für Fried waren die Weichen gestellt. Er verlobte sich mit Brigitte und arbeitete weiter in der Schreinerei ihres Vaters. Thomas hatte noch gut ein Jahr als Geselle in einer Gärtnerei gearbeitet und von seinem Lohn so viel wie möglich zurückgelegt. Er wollte nach Paris. Martin hatte dort einige Jahre gelebt und oft davon erzählt. Im Sommer 1961 packte er seine Sachen. Der Abschied schmerzte. Fried fühlte sich immer noch für ihn verantwortlich und konnte es kaum ertragen, ihn nicht mehr in seiner Nähe zu wissen. Er beschwor ihn, sich wöchentlich zu melden und sofort zurückzukommen, wenn er in Schwierigkeiten geraten sollte.

»Ich hol dich ab, egal wo du bist«, versprach er eindringlich, und Thomas hatte gewusst, dass er sich darauf verlassen konnte.

Martin hingegen unterstützte ihn in seinem Vorhaben. »Ah, das Küken ist jetzt flügge«, rief er lachend. »Ich werde dich sehr vermissen, aber du hast eine gute Entscheidung getroffen!«

Er war nicht bis Paris gekommen. Er hatte sich Zeit gelassen, hatte einige Tage in Straßburg und dann in Metz verbracht. In Metz entdeckte er auf einem Markt einen Händler, der Zeichnungen und Aquarelle verkaufte, und da hatte er zum ersten Mal gedacht, dass er das mit seinen Bildern auch mal versuchen könnte. Am nächsten Tag sprach er den Händler an und hatte Glück. Der Mann konnte etwas Deutsch und erzählte bereitwillig. Er war auf vielen Märkten unterwegs und fand, dass die Geschäfte in Metz nicht gut liefen. »Lüttich«, sagte er, »du musst nach Lüttich gehen, wenn du gute Geschäfte machen willst.«

Eine Woche später stand Thomas zum ersten Mal auf dem La Batte, dem großen Wochenmarkt entlang des linken Maas-Ufers. Er packte probehalber sechs seiner Bilder aus und legte sie zwischen zwei Marktständen auf das Pflaster. Kurz darauf kam ein Polizist und forderte etwas von ihm, was er nicht verstand. Als der Mann immer lauter wurde, sammelte er eingeschüchtert seine Bilder ein, doch dann kam die Frau vom Brotstand neben ihm dazu. Sie zeigte ein Papier vor, redete auf den Polizisten ein und schritt schimpfend ihren Tisch mit den Broten ab und den Platz, auf dem seine Bilder gelegen hatten. Der Polizist war weitergegangen, und Thomas hatte erst sehr viel später verstanden, dass sie dem Beamten erklärt hatte, er würde seine Bilder auf einem Platz anbieten, der zu ihrem Stand gehörte, womit die Gebühr bereits bezahlt sei. Loretta hieß sie, und er kaufte bis heute sein Brot bei ihr. An jenem Tag hatte er seine Bilder schon am Mittag alle verkauft und beschlossen, fürs Erste in Lüttich zu bleiben.

Inzwischen war er hier zu Hause, hatte seinen eigenen Platz, für den er Gebühren bezahlte, und stand mit den Markthändlern auf Du und Du. Sie nannten ihn »Thomas le peintre«, und er gehörte dazu.

Sie spielten schweigend. Jean-Paul war nicht redselig, und wenn sie spielten, gab es nur das Spiel. Dabei ging es nicht ums Gewinnen oder Verlieren, es ging um die konzentrierte Stille, die alles ausschloss. In der nur das Kullern der Würfel auf dem filzbespannten Spielbrett zählte und das gedämpfte Toktoktok, wenn sie die Steine setzten. Die Kühlung unter dem Tresen schaltete sich regelmäßig ein und begleitete ihr Spiel minutenlang mit leisem Brummen. Thomas überließ sich ganz den Würfeln. Kein Wille und keine Anstrengung waren nötig. Die Würfel entschieden über Sieg oder Niederlage, einzig durch geschicktes Setzen konnte man ein wenig Einfluss nehmen.

Sie waren bereits im vierten Spiel, und Thomas hatte gesetzt. Der Alte schnalzte mit der Zunge und sagte: »Ich sehe, du hast heute Freude am Risiko.« Er nahm die Rotweinflasche und schenkte nach, während Thomas das Spiel betrachtete. Zwei seiner Steine standen kurz vor dem Ziel einzeln und konnten geschlagen werden. Jean-Paul nahm einen Schluck Wein. »*Mon ami*, gestern bist du wie ein Getriebener hier vorbeigelaufen, und heute spielst du, als hättest du deinen Kopf zu Hause gelassen.« Er fragte nicht: »Was ist los?« Das tat er nie. Er nahm die Würfel auf und spielte weiter. Gegen zwei Uhr war Thomas nach Hause gegangen und hatte wohl auch wegen der vier Gläser Wein tief und fest geschlafen.

Als er am nächsten Morgen wieder vor seinem Bild stand, meinte er, in dem ungleichmäßigen Rot am oberen Rand die Konturen eines Auges zu erkennen. Mit feinem Pinsel malte er es lebendig. Ein Auge, das wachsam alles beobachtete.

Nichts war ihnen entgangen, nicht der kleinste Regelverstoß. Beim Essen, während der Schularbeiten, im Waschraum und im Schlafsaal herrschte Redeverbot. Nur auf dem Schulweg, in den Pausen und in der Spielzeit am Nachmittag durften sie sprechen. Bei unerlaubtem Reden wurde die nächste Mahlzeit gestrichen, bei Wiederholung musste man aus dem Schrank im Flur die Weidenrute holen und sie der Schwester oder der Erzieherin mit den Worten: »Ich habe unerlaubt gesprochen« übergeben. Manchmal schlugen sie auf die Handinnenflächen, aber meistens musste man vor allen Kindern die Hose herunterziehen und sich vorbeugen.

Er nahm ein helles Grün zur Hand, und wie von selbst

entstand eine kleine Mädchenfigur. Das Gesicht halb abgewandt, schien sie das Bild über den linken Rand zu verlassen.

Regine! Regine hatte er vergessen. Dabei war sie es, die – bevor Matthias und Fried gekommen waren – freundlich zu ihm gewesen war. Sie hatte zu den Großen gehört, war schon dreizehn oder vierzehn Jahre alt gewesen. »Tommi« hatte sie ihn genannt und dabei gelächelt, und in der Spielzeit sprach sie mit ihm. Sie war aus Schlesien und kannte eigene, fremde Wörter. Die Gertrud nannte sie flüsternd »die ahle Gacke«.

Er trat einen Schritt zurück und betrachtete die kleine grüne Figur genauer. Da war was gewesen mit Regine. So wie er all die Jahre über diesen Teil seiner Geschichte ausgeblendet hatte, versuchte er jetzt, sich zu erinnern. Bruchstücke aus Bildern, Tönen, Gerüchen und Empfindungen, die er sortieren musste. Und da war sie wieder, jene furchtbare Nacht.

Regine hatte Essen gestohlen. Was genau, wusste er nicht mehr. Sie hatte es unter ihrer Bettdecke versteckt, aber Gertrud, die Erzieherin, hatte es gefunden und Regine am Ohr auf den Flur hinausgezerrt. Alle hörten sie es. Gertruds Raserei und Regines flehendes Schreien. Sein Herz flatterte, und vor lauter Angst nässte er ein, spürte, wie es heiß und feucht in seinem Bett wurde. Dann war es still. Von einer Sekunde zur nächsten hatte Regine aufgehört zu schreien. Er hörte noch Schritte, halblaute aufgeregte Stimmen und Türenschlagen. Starr vor Angst blieb er die ganze Nacht über in seinem Urin liegen, wusste ja, was einem Bettnässer passierte. Am nächsten Morgen entdeckten sie es. Schwester Eleonora wusch ihn untenherum mit eiskaltem Wasser und einer Bürste. »Damit fängst du mir nicht an«, schimpfte sie, »das gewöhn ich dir jetzt gleich wieder ab.« Während die anderen frühstückten, musste er, die nasse Schlafanzughose mit ausgestreckten Armen vor sich haltend, im Garten stehen. »Wenn sie trocken ist, kannst du reinkommen«, hatte Eleonora gesagt. Die anderen waren längst zur Schule gegangen, als er immer noch dastand. Hatte er geweint? Er wusste es nicht mehr. Irgendwann war die Schwester gekommen, hatte die Hose befühlt und sie ihm abgenommen. »Komm rein und verschwinde in dein Bett«, sagte sie, »ich hoffe, das war dir eine Lehre!« Damals war er fünf, und an dem Tag, da war was … da war noch was anderes gewesen.

Er legte den Pinsel beiseite, versuchte, sich zu konzentrieren und die immer nur kurz aufblitzenden Bilder in die richtige Reihenfolge zu bringen. Sein Magen verkrampfte, ihm wurde übel. Er ging zur Küchenzeile und setzte Wasser auf. Er brauchte einen Tee. Einen Kamillentee. Gegen die Übelkeit.

Da war noch was gewesen …

Er stellte sich ans Fenster und wartete darauf, dass das Wasser anfing zu kochen. Über den Dächern standen weiße Kumuluswolken vor einem blauen Himmel.

Regine! »Du kleiner Plotsch«, hatte sie ihn lachend genannt und den Arm um ihn gelegt. Und … ja, er erinnerte sich. So wie jetzt hier, hatte er an jenem Tag am Fenster des Schlafsaals gestanden. Auf dem Flur hatte er die aufgeregten Stimmen von Schwester Angelika, Gertrud und Schwester Eleonora gehört. Was war dann gewesen? Nichts! Er hatte Regine nie wiedergesehen. Schon kurze Zeit später hatte ein neues Kind in ihrem Bett gelegen.

Hatte er nach Regine gefragt? Nein. Das hatte er sich nicht getraut. Das hatte sich niemand getraut.

Er nahm den Kessel vom Herd und goss das kochende Wasser in die Teekanne. Die Magenschmerzen hatten bereits nachgelassen, aber die Unruhe war noch da. Und jetzt brachte sie etwas anderes mit sich, etwas, das er kaum zulassen konnte. Wut!

Er stellte den Kessel zurück, lief im Zimmer auf und ab und spürte, wie sich seine Hände zu Fäusten ballten. Dieser Zorn, diese hämmernde Kraft! Er musste raus. Er nahm seine Jacke, hängte im Hof den Anhänger vom Fahrrad ab und fuhr los. Erst am Abend und gute hundert Kilometer später kehrte er nach Hause zurück. Es war keine Flucht gewesen, im Gegenteil. Er war fest entschlossen, nach Aachen zu der Anhörung zu fahren. Er würde von den Zuständen im Kinderheim berichten, würde aussagen, was man Matthias angetan hatte, und er würde fragen. Fragen, was mit Regine passiert war.

KAPITEL 14

VELDA, 1948

Monatelang ging Henni auf ihre nächtlichen Schmugglertouren, während ihr Vater sie in der Küche im »Eifelblick« wähnte. Oft ließ sie sich ihren Kaffeeerlös von Wolter in Lebensmitteln auszahlen, brachte Mehl, Zucker, Eier, Kartoffeln und manchmal sogar gute Butter nach Hause. Tagsüber kümmerte sie sich so gut sie konnte um den Haushalt, den Garten und die Geschwister. Sie machte das gut, und im Dorf war man voller Anerkennung. Die lobenden Bemerkungen bekam auch Herbert Schöning zu hören, und Pastor Lenkes, der noch lange versuchte, Hennis Vater davon zu überzeugen, dass seine Kinder in einem Heim besser aufgehoben wären, sprach nicht mehr davon. Frau Wittler kam weiterhin dreimal in der Woche vorbei und ging Henni zur Hand. Im Spätsommer verbrachten sie ganze Nachmittage mit dem Einlegen und Einwecken von Obst und Gemüse. Oft kam Elsa nach ihrer Arbeit dazu. Man hörte die drei scherzen, und Hennis sattes Lachen, das lange nicht mehr zu hören gewesen war, hallte durch den Garten.

In dieser Zeit schien sich alles zum Guten zu wenden. Sie kamen zurecht. Herbert Schöning ging seiner Arbeit als Küster nach und übergab Henni am Monatsanfang seinen Lohn. Er aß beim Pfarrer zu Mittag. »Ein Esser weniger hier am Tisch, das spart Geld«, sagte er und lebte neben seinen Kindern her, streifte deren Alltag nur beim gemeinsamen Abendessen. Dann fragte er nach, ob alles gut sei, und die Kinder bestätigten es wie aus einem Mund. Henni dachte manchmal, dass er ihr doch wenigstens bei der Gartenarbeit helfen könnte, aber sie wagte es nicht, das einzufordern. Zu groß war die Sorge, er käme womöglich zu dem Schluss, dass sie ihren Aufgaben nicht gewachsen sei.

Im Herbst überließ sie ihren Gewinn von mehreren Schmuggeltouren Leo Kämper und bekam dafür eine Anhängerladung Holz für den Winter. Als der Vater sie am Abend misstrauisch fragte: »Wie hast du das ganze Holz bezahlt?«, war sie auf die Frage nicht vorbereitet, hatte nicht erwartet, dass er es bemerken würde.

»Es ist noch nicht bezahlt«, log sie eilig, »ich kann jeden Monat eine kleine Rate abstottern.«

Dass alle Kinder auch warme Winterschuhe besaßen und Johanna und Fried Wintermäntel, fiel ihm zum Glück nicht auf.

Henni kochte mit Frau Wittler Rosenkohl ein, als die sie direkt darauf ansprach.

»Henni, gehst du schmuggeln?« Als Henni zögerte, sagte sie: »Ich denk mir das schon eine ganze Weile. Und jetzt das Holz, die Winterschuhe und die Mäntel. Keine Sorge, ich sag nichts. Ich will nur … Kind, du weißt, wie gefährlich das in letzter Zeit geworden ist.«

Henni atmete erleichtert auf. »Die erwischen uns nicht«,

flüsterte sie und schob ihren gesprochenen Talisman hinterher. »Ich weiß das!«

Und dann kam der neunzehnte Dezember. Die aufflammenden Scheinwerfer. Die Rufe. Das Bellen der Hundemeute.

Wie vereinbart, warf Henni ihren Rucksack weg und blieb stehen. Einer der Hunde rannte bellend auf sie zu, dann stand er knurrend und zähnefletschend vor ihr. Vor Angst wagte sie kaum zu atmen. Kurz darauf wurde sie mit festem Griff am Arm gepackt und in Richtung der Scheinwerfer gezogen. Sie hatten die Autos noch nicht erreicht, als ein Schuss durch die klare Nachtluft hallte. In ihrer Erinnerung war es unmittelbar danach totenstill gewesen. Selbst das Bellen der Hundemeute hatte schlagartig aufgehört. Das war sicher nicht so gewesen, denn sie sah etliche Zöllner rufen und rennen, Hunde mit aufgerissenen Mäulern, aber in ihr war diese Taubheit. Dieses Erschrecken, das mit Verzögerung den Verstand erreicht, wie eine Verletzung, die erst Sekunden später zu schmerzen beginnt. Sie wurde auf die Ladefläche eines Lkws gehoben und nahm wie durch einen Schleier wahr, dass nicht nur die Kindergruppe, sondern auch die Erwachsenen in die Falle geraten waren. Leo Kämper und Metzger Bronski wurden zu einem anderen Wagen gebracht, und dann kam ihr Gehör zurück. Gert Bronski, der Sohn des Metzgers, saß neben ihr und weinte. Ganz automatisch legte sie den Arm um ihn.

Und dann … War es einer der Zöllner gewesen? Hatte es eines der Kinder gesagt? Hatte sie es einfach gewusst? Tot! Einer war tot! Der Wagen setzte sich in Bewegung, rumpelte den Waldweg entlang, aber er entfernte sich nicht von dieser unglaublichen Nachricht, sondern nahm sie mit.

Das Verhör dauerte nicht lange oder, besser, es fand gar nicht statt. Sie schwieg, wie es verabredet war, saß aufrecht vor einem Schreibtisch, dahinter ein Uniformierter um die vierzig, der sich nicht für sie zu interessieren schien. Es herrschte große Unruhe. Immer wieder kamen Zöllner herein, immer wieder ging der, der sie verhörte, hinaus, und schließlich wurde sie auf den Flur geschickt. Aus dem Büro waren aufgeregte Stimmen zu hören. Sie hatte auf dieser Holzbank auf dem Gang gesessen, als die Tür aufging und einer der Beamten sagte: »Ausgerechnet der Kopisch. Aber da war nichts mehr zu machen.« Ganz steif saß sie da. Werner Kopisch! Der stille, freundliche Kopisch. Der hatte Frau und Kinder. Die Magdalena und den Wilhelm, und mit denen hatte sie im Krieg zu Hause im Vorratskeller gehockt.

Irgendwann blieb ein Beamter vor ihr stehen und fragte: »Henni?« Es war Merk, der in Velda wohnte. »Henni, warst du dabei?«

Sie antwortete nicht, blickte zu Boden.

»Mensch, Mädchen«, brummte er und verschwand hinter einer der Türen. Als er zurückkam, legte er die Hand unter ihr Kinn, damit sie ihn ansehen musste, und sagte leise: »Diesmal hast du Glück. Du stehst noch nicht auf der Liste, aber ich will dich hier nie wieder sehen, hast du das verstanden?«

Sie brachte ein geflüstertes »Ja« heraus, und er zog seine Hand zurück.

»Jetzt hau schon ab.«

Als sie auf dem Heimweg über die schneebedeckten Felder stapfte und der kalte Wind ihr ins Gesicht biss, versuchte sie, das Durcheinander der letzten Stunden in eine Reihenfolge zu bringen. Kopisch war tot. Leo und Herr Bronski würden ins Gefängnis kommen. Es war vorbei.

Sie ging nicht durchs Dorf, sondern in einem Bogen über die Feldwege nach Hause. Erschöpft kroch sie ins Bett, aber Schlaf fand sie in dieser Nacht keinen. Es war nicht nur die Trauer um Kopisch. Wie sollte es ohne das zusätzliche Geld weitergehen? Für die nächsten Wochen gab es noch die eingemachten Vorräte und Kartoffeln im Keller. Auch an Mehl hatte sie einige Kilo in Reserve, aber das reichte höchstens für ein paar Wochen, und der Garten würde frühestens im Mai wieder etwas hergeben.

Um sechs Uhr hörte sie, wie der Vater das Haus verließ. Als die Tür ins Schloss fiel, stand sie auf, feuerte den Ofen in der Küche an, setzte Wasser auf, räumte auf und knetete einen neuen Sauerteig, den sie zum Gehen neben den Herd stellte. Dann weckte sie ihre Geschwister. Weil sie nach ihren nächtlichen Touren am nächsten Tag immer guter Dinge war und jetzt schweigend den Frühstückstisch deckte, fragte Matthias: »Was ist los? Ist was passiert?«

Fried zog sich noch im Schlafzimmer an, daher flüsterte sie: »Die haben uns erwischt. Der Kopisch ist tot.«

Matthias zuckte zusammen, schluckte angestrengt und fragte auf die ihm eigene sachliche Art, die nicht zu seinen zwölf Jahren passen wollte: »Und jetzt? Heißt das, ihr geht nicht mehr? Aber dann ...«

Fried kam in die Küche. Henni legte eilig ihren Zeigefinger an die Lippen, und Matthias nickte und schwieg.

Nachdem sie die Geschwister zur Schule geschickt hatte, stand Frau Wittler in der Tür. »Mein Gott, Kind, ich hab es schon gehört. Im Dorf ist vielleicht was los. Heute Nacht, da hätten sie dem Zöllner Gruska beinahe was angetan.

Gott sei Dank ist dir nichts passiert.« Spontan zog sie Henni in den Arm.

Vielleicht war es die Sorge, die in Frau Wittlers Stimme lag. Sie hatte sich um sie, Henni, gesorgt. Für einen Moment fühlte sie sich nicht ganz alleine und brach in Tränen aus.

In den Tagen danach war in der Zeitung zu lesen, dass der Tod von Werner Kopisch ein Unfall gewesen sei. Im Dorf dachten viele anders darüber. Auf der Beerdigung von Kopisch kochte der Groll noch einmal hoch, als Gruska und Merk die Kirche betreten wollten. Einige Männer stellten sich ihnen auf dem Kirchhof in den Weg. Henni stand am Portal, als Frau Kopisch aus der Kirche kam. Obwohl sie leise sprach, konnten alle es hören. »Lasst sie durch. Die haben meinen Mann nicht erschossen. Sie waren bei dem Einsatz nicht mal dabei, und das wisst ihr.« Dann ging sie auf die beiden zu und neben ihnen zurück in die Kirche.

In den Wochen danach glätteten sich die Wogen. Das Weihnachtsfest, die Tage zwischen den Jahren und die beiden ersten Monate des neuen Jahres waren bitterkalt. Der Schnee legte sich meterhoch auf Felder und Dächer und schloss Velda, wie so viele Eifeldörfer, von der Außenwelt ab. Die Menschen hatten jetzt andere Sorgen, mussten irgendwie über den Winter kommen. Auch Henni kratzte die Margarine so dünn wie möglich aufs Brot, ging sparsam mit der Marmelade um und rationierte die warmen Mahlzeiten. Leo Kämper und Metzger Bronski hatten ihre zweimonatige Gefängnisstrafe abgesessen, und die Ereignisse der Dezembernacht rückten in den Hintergrund. Mit jedem Tag, der ein Stückchen mehr Abstand schaffte, reifte in Henni der Entschluss.

Das Vennplateau! Niemand kannte sich dort so gut aus wie sie. Schon mit acht Jahren hatte sie sich heimlich da oben herumgetrieben. An Sommertagen, wenn die Sonne hoch stand, war die golden schimmernde Ebene ihr Märchenland gewesen. Die Mutter hatte diese Ausflüge verboten und warnend die Geschichten von denen erzählt, die im Moor geblieben waren, aber jetzt kam es ihr vor, als sei die Zeit damals eine Art Vorbereitung gewesen. Ein Wink des Schicksals. Sie kannte das Risiko, wusste um die begehbaren Wege, kannte die sumpfigen Stellen unter dem gelbbraunen Pfeifengras, den Torfmoosen und dem Wollgras und hatte ein sicheres Gespür dafür, wo das Nachgeben des Bodens gefährlich wurde. Sie wusste um die Stellen, an denen sich das Wasser sammelte, und um die Bäche, in denen es abfloss. Sie kannte die Plätze der knorrigen Moorbirken und die Buschgruppen aus Weiden und Ebereschen, wo Birkhühner und Wiesenpieper nisteten. Über das Plateau konnte sie auf die belgische Seite gelangen, ohne das Moor zu verlassen. Der Weg war deutlich kürzer als die Routen, die sie bisher gegangen waren, und dort oben trauten sich nur selten Zöllner hin.

Als Mitte März die Kälte vorüber und der schmale Lohn des Vaters aufgebraucht war, ging sie nachmittags hinauf. Sie durchstreifte das Moor, wie sie es als Kind getan hatte. Es brauchte einige Nachmittage, bis sie sich wieder mit der alten, traumwandlerischen Sicherheit bewegte und ein Gespür für die Gefahren hatte. Und nicht ein einziges Mal in dieser Zeit sah sie einen Zöllner.

Eine Woche später machte sie sich auf den Weg. Auf dem Plateau schritt sie vorsichtig voran, verließ sich auf ihre Sinne und orientierte sich an den verwachsenen Moorbirken und windschiefen Ebereschen. Obwohl sie langsam ging, erreichte sie den Hof auf der belgischen Seite bereits nach einer Stunde.

Die Bäuerin freute sich, sie wiederzusehen. Auch ihre Geschäfte hatten gelitten, seit die Dörfler nicht mehr kamen. »Die, die mit Autos und Lastwagen über die Grenze kommen, die fahren bis Eupen, Verviers oder sogar Lüttich und machen da ihre Geschäfte. Das bisschen Kaffee, das ich hier anbieten kann, das reicht denen nicht«, klagte sie.

Henni hatte ihren Rucksack in jener schicksalhaften Dezembernacht weggeworfen, und die Bäuerin nähte kurzerhand zwei breite Stoffstreifen an einen Kaffeesack, sodass Henni ihn wie einen Rucksack tragen konnte. An diesem Tag nahm sie zehn Pfund Kaffee und ein Kilo gute Butter mit. Der Himmel wölbte sich hoch und blau, und sie verließ das Vennplateau erst, als sie weit hinter der Grenze auf der deutschen Seite war. Dort lehnte sie sich an einen Baum, atmete tief durch und spürte dem kurzen Schauer nach, der sie durchströmte. Glück! Es dauerte nicht mal eine Sekunde, und doch war das Gefühl so intensiv, dass die Erinnerung daran sie noch Tage und Wochen begleitete.

Am nächsten Tag brachte sie die Ware zu Wolter.

»Übers Vennplateau? Ja, bist du denn verrückt?«, rief er, als Henni ihm von ihrer neuen Route erzählte.

»Ich kenne mich da aus«, sagte sie nicht ohne Stolz. »Ich bin am Tag gegangen, habe hin und zurück nur drei Stunden gebraucht, und Zöllner sind da weit und breit nicht zu sehen.«

So hatte es begonnen. Noch zwei Mal ging sie alleine, dann kam Leo mit, dann Pfaff mit seinem Sohn Heiner, dann Bronski mit seinem Sohn Gert, und schließlich führte sie drei Mal pro Woche bis zu fünfzehn Schmuggler übers Hohe Venn. Als im Sommer 1948 die Währungsreform kam und das Geld wieder Wert hatte, wurde auch der Alltag leichter. Es gab stabile Preise, und Henni konnte mit ihren Schmuggelgewinnen kalkulieren und haushalten. Da war sie fünfzehn Jahre alt und fest davon überzeugt, dass das Leben es gut mit ihr meinte.

KAPITEL 15

VELDA, HERBST 1970

Wenn Sie mit dem Auto sind und Zeit haben … wollen Sie vielleicht zum Abendessen bleiben?« Elsa hört selbst, dass ihre Stimme beunruhigt klingt, denn gleichzeitig fragt sie sich: Was soll ich dem denn anbieten?

»Aber nein, ich bin noch ganz satt von Ihrem herrlichen Apfelkuchen.«

Elsa ist erleichtert. »Eigentlich wollte ich mit Sam noch raus.« Sie zeigt auf die Kladde, die nur wenige Notizen enthält. »Ich mein, viel haben Sie ja nicht aufgeschrieben. Vielleicht können wir ein Stück gehen, und ich erzähle unterwegs weiter. Nicht weit, nur bis zu den Feldern, damit Sam Auslauf hat. Der wird mir sonst fett.«

Jürgen Loose ist einverstanden. Auch der Hund hat gehört, worum es geht, springt auf und steht schwanzwedelnd am Tisch.

Einige Minuten gehen sie schweigend nebeneinanderher. Die Luft ist frisch, ein leichter Wind kommt von Westen. Sam läuft vor, schnuppert hie und da und setzt seine Marken.

Um das Gespräch wieder aufzunehmen, fragt Loose: »Und die Henni ist dann tagsüber nach Belgien?«

»Ja. Übers Hohe Venn. Beim Zoll ging man davon aus, dass der Weg als Schmugglerroute nicht infrage kam. Wissen Sie, die meisten Zöllner waren ja nicht von hier. Die kannten sich nicht aus. Mit ihren Wagen fuhren die nur auf den festen Wegen. Zu Fuß ins Moor gehen, das trauten sich die wenigsten.«

Ein Auto kommt die Straße entlang, und Elsa ruft: »Sam, Fuß!«

Der Hund gehorcht aufs Wort und geht links neben Elsa. Kaum ist das Auto vorbei, rennt er wieder los, und Elsa nimmt den Faden wieder auf.

»Auf dem Plateau ist man schon von Weitem zu sehen. Man kommt nur langsam voran, und es gibt kaum Möglichkeiten, sich zu verstecken. Die Henni ist die ersten Male alleine gegangen, aber bald waren die Dörfler wieder dabei. Alles war wie vorher, nur dass es keine Kindergruppe als Vorhut gab und Henni die Kolonne führte. Wie zuvor brachten sie ihre Schmuggelware zur alten Scheune, wo Wolter mit seinem Wagen wartete. Kaffee, Tabak, gute Butter, Zigaretten. Sie holten alles, was gute Gewinne versprach. Über ein Jahr hat Henni die Männer übers Moor geführt.« Sie schnaubt. »Und die haben gutes Geld verdient. Viel mehr als Henni, denn die Männer konnten das Doppelte bis Dreifache tragen. Aber heute … heute reden die, die sich damals eine goldene Nase verdient haben, schlecht über sie. Nennen sie ›kriminell‹ und wollen nichts mehr davon wissen, dass sie dabei waren. Allen voran die Pfaffs. Der alte Pfaff und sein Sohn Heiner. Zwei kräftige Kerle. Was die alles rübergeholt haben!

Der Heiner und seine Marion, die hätten ihren neumodischen Selbstbedienungsladen heute nicht, wenn die Henni nicht gewesen wäre.« Sie redet sich in Zorn, beschleunigt ihren hinkenden Schritt. »Dabei hatten die die Schmuggelei gar nicht nötig, jedenfalls nicht zum Überleben. Nicht so wie die Henni.«

Sie haben die offenen Felder erreicht, und Elsa biegt in einen schmalen Weg, der zur rechten Seite an einer Hecke entlangführt. Sam hat einen Stock gefunden und legt ihn den beiden erwartungsvoll vor die Füße. Jürgen Loose nimmt ihn auf, wirft ihn in weitem Bogen ins Feld, und Sam rennt los.

»Der hört damit jetzt nicht mehr auf«, sagt Elsa kopfschüttelnd und erzählt übergangslos weiter.

»Lange ist das gut gegangen, aber dann hat der Zoll das spitzgekriegt. Es patrouillierten immer öfter belgische und deutsche Zöllner mit Hunden rund ums Plateau, und Leo Kämper und zwei andere wurden von den Belgiern geschnappt. Auf Schmuggel standen inzwischen härtere Strafen. Der Leo musste für zehn Monate hinter Gitter, weil er zum zweiten Mal erwischt worden war, aber auch die anderen beiden kamen nicht glimpflich davon. Sechs Monate haben die bekommen, gleich beim ersten Mal. Und das zeigte Wirkung. Das Risiko, so lange ins Gefängnis zu gehen, war zu groß, und damit war der Schmuggel über das Hohe Venn vorbei.«

Jürgen Loose wirft zum fünften Mal den Stock weit ins Feld. »Nur Henni, die hat weiter geschmuggelt«, stellt er fest.

Elsa betrachtet ihn kritisch. »Mir scheint, Sie wissen schon alles.«

»Nein, es ist ….« Er wird rot, blickt verlegen zu Boden. »Heute Morgen im Dorf … es hat sich so ergeben.« Er trägt sein Haar nach hinten gekämmt. Lange Strähnen fallen ihm ins Gesicht. Er hebt den Kopf und schiebt sie mit einer routinierten Geste zurück.

»Mit wem haben Sie denn gesprochen?«, will Elsa wissen.

Wieder senkt er den Kopf, wieder fallen ihm die Haare wie ein schützender Vorhang vors Gesicht. »Ich habe nur gehört, dass Henni alleine weitergemacht hat.«

Elsa atmet tief durch. »Ja, das hat sie. Sie hätte sich eine ganz normale Arbeit suchen können, aber dieses schnelle Geld mit dem Schmuggel und ihr jugendlicher Übermut …« Sie blickt über das Land. Am milchig weißen Himmel ziehen in der Ferne graue Wolken auf. In der Senke teilt eine Hecke aus Holunder, Schlehen und Vogelbeere die Felder. Dazwischen reihen sich Betondreiecke aneinander wie verwitterte alte Grabsteine. Reste der Höckerlinie. Als Panzersperren gedacht, waren sie Teil des Westwalls gewesen, und jetzt parzellierten diese Stahlbetonzähne die Felder der Bauern.

»Henni hat weitergemacht, weil es für sie der einfachste Weg war. Sie hatte dieses bedingungslose Vertrauen ins Leben, war fest davon überzeugt, dass ihr nichts passieren würde. War ja noch ein halbes Kind, damals.« Elsa wendet sich ab. »Kommen Sie, wir gehen zurück.«

Auf der Straße trägt Sam seinen Stock wie eine Trophäe im Maul und läuft dicht neben Jürgen.

»Jetzt haben Sie sich einen Freund fürs Leben gemacht«, scherzt Elsa. Dann nimmt sie den Erzählfaden wieder auf.

»Ich war schon mit dem Heinz zusammen, dem Bruder

einer Kollegin. An den Wochenenden gingen wir in Monschau aus. Wir waren immer zwei oder drei Paare. Es gab dort ein Lokal, in dem Beat gespielt wurde.« Sie lacht kurz auf. »Pastor Lenkes predigte von seiner Kanzel, dass die Negermusik undeutsch und gotteslästerlich sei, und darum konnte ich nur heimlich hingehen. Eine gute Zeit war das. Die ungewissen, schweren Jahre waren vorbei. Die Leute hatten wieder ein bisschen Geld übrig und wollten sich vergnügen. Ich war verliebt, habe das Leben genossen und gar nicht bemerkt, dass sich für Henni nichts verändert hatte. Dass sie nicht dazugehörte und zu Hause alle Hände voll zu tun hatte. Eigentlich führte sie das Leben einer Mutter mit drei Kindern und stand ganz alleine da. Damals war ich zu dumm, das zu erkennen, habe es erst Jahre später begriffen. Und ein bisschen war ich wohl auch eifersüchtig, denn wenn ich Streit mit meiner Mutter hatte, hielt sie mir immer die Henni als leuchtendes Beispiel vor. Die fleißige Henni, die ihre Familie versorgte, und ich, die nur ihr Vergnügen und die Poussiererei im Kopf hatte. Wir trafen uns nur noch selten. Und wenn, dann habe ich ihr von den Wochenenden und von Heinz vorgeschwärmt. Aber so ist man wohl mit siebzehn.« Sie sieht ihn von der Seite an. »Ist das heute anders? Wie waren Sie mit siebzehn?«

Sie gehen einige Schritte schweigend, dann sagt er: »Ich war mit der Vorbereitung aufs Abitur beschäftigt, aber … ja, verliebt war ich in der Zeit auch mal.«

Elsa fällt auf, dass sie bis auf die Tatsache, dass er Student ist, nichts von ihm weiß, und wie es ihre Art ist, sagt sie das auch.

Er vergräbt die Hände tief in seinen Parkataschen. »Was wollen Sie denn wissen?«

»Sind Sie in Köln geboren? Ihre Eltern müssen sehr stolz auf Sie sein. Ihr Vater ist sicher kein Arbeiter, wenn Sie studieren können? Haben Sie Geschwister?«

Er schluckt und beginnt eine sachliche Aufzählung. »Ich bin nicht in Köln geboren, da studiere ich nur. Meine Eltern leben in Koblenz. Ich war fünf, als wir hinzogen. Mein leiblicher Vater ist tot, aber meine Mutter hat wieder geheiratet. Ich habe noch eine Schwester. Sie ist schon verheiratet. Außerdem gibt es noch einen sechs Jahre jüngeren Bruder – Halbbruder muss es wohl korrekt heißen. Der geht noch zur Schule. Was wollten Sie noch wissen?« Er legt eine kleine Pause ein, wartet aber nicht auf eine Antwort. »Ach ja, mein Vater ist Prokurist in einem Koblenzer Unternehmen. Er unterstützt mich, indem er die Miete für mein Zimmer in Köln bezahlt. Meinen Lebensunterhalt finanziere ich selber. Ich arbeite als Aushilfe in der Universitätsbibliothek und in den Semesterferien in einer Fabrik.«

»Das mit Ihrem Vater tut mir leid. Wie alt waren Sie, als er starb?«

»Zehn«, antwortet er mit rauer Stimme, und Elsa hört, dass sie nicht weiter fragen soll, und wechselt das Thema.

»Nach Köln wollte ich immer mal. Wegen dem Dom«, sagt sie, und Jürgen Loose bleibt stehen.

»Aber das ist doch gar kein Problem. Ich kann mir das Auto jederzeit wieder leihen, und dann fahren wir zusammen hin.«

Elsa wird rot. »Nein, nein, so war das nicht gemeint. Ich wollte Sie doch nicht …«

»Aber das würde ich gerne machen.« Als sie verlegen schweigt, fragt er: »Im März 1950. Was ist da passiert?«

Elsa sortiert kurz ihre Gedanken. »Die Henni war ja immer eine gewesen, die Regeln übertrat und ihre Grenzen auslotete, und weil der Schmuggel am Tag zu gefährlich geworden war, ging sie nachts. Ich wusste nichts davon. In der Zeit hatten wir kaum noch miteinander zu tun. Nicht dass wir uns zerstritten hätten, es war nur … meine Welt hatte sich verändert und Hennis nicht.«

Als sie Elsas Haus erreichen, bleiben sie noch kurz vor dem Gartentor stehen. Elsa betrachtet den hellblauen VW Käfer am Straßenrand, mit dem Jürgen Loose gekommen ist, dann folgt sie seinem Blick zur Schöning-Ruine. »Das hat die Henni nicht getan. Niemals!«, sagt Elsa mit Überzeugung in der Stimme, und Jürgen Loose fragt: »Kennen Sie den Bruder Fried?«

Elsa zuckt mit den Schultern. »Über den weiß ich nicht viel. Ein fröhliches Kind war der, und die Henni hat den abgöttisch geliebt. Der war klug, und sie wollte unbedingt, dass er zum Gymnasium geht. Aber als das anstand, da mussten sie ins Heim. Henni hat ihren Vater damals angefleht, wenigstens die Jungen zu Hause zu lassen, aber da hatte Pastor Lenkes die Sache schon in die Hand genommen und dem Schöning klargemacht, dass seine Kinder in einem christlichen Heim, in der Obhut von gottesfürchtigen Schwestern, am besten aufgehoben sind. Zusammen mit dem Vater hat der den Matthias und den Fried persönlich nach Trier gefahren. Der Pastor und der Schöning waren ganz begeistert von dem Heim. Ein schönes großes Haus mit Garten, alles sehr ordentlich und die Schwestern so freundlich.«

Sie stehen schon in der Küche, als Elsa bemerkt, dass Sam den Stock mit hineingeschleppt hat. »Ja, ich glaub es ja nicht!«, ruft sie mit gespielter Empörung in der Stimme und öffnet die Küchentür zum Garten. »Aber ganz schnell raus damit.«

Sie deckt den Tisch jetzt doch für ein kleines Abendbrot. Käse, Aufschnitt, Brot, Butter, eingelegte Gurken, die Konserve mit dem Corned Beef, und auch ein Bier stellt sie dazu. Freudig beobachtet sie, wie Jürgen Loose zugreift.

KAPITEL 16

VELDA, 1950–1951

Im Hause Schöning hatten sich die Bedingungen schleichend verändert. Der Vater verließ wie gewöhnlich nach dem Abendessen das Haus, um die Kirche abzusperren, aber immer öfter kam er danach nicht heim, sondern ging ins Wirtshaus. Nicht dass er sich betrank, aber er nahm das Geld dafür aus dem Umschlag in der Küchenschublade, in dem Henni das Haushaltsgeld aufbewahrte. Dass dieser Umschlag auch am Monatsende nicht leer war, nahm er ganz selbstverständlich hin. Das Abendbrot, die einzige Zeit, die er täglich mit seinen Kindern verbrachte, verging oft schweigend. Er saß dann am Kopfende des Tisches und verbreitete eine stille Trostlosigkeit, der seine Kinder nichts entgegensetzen konnten. Manchmal fragte er noch, ob in der Schule alles in Ordnung sei, oder er wollte wissen, wie Henni mit ihrer Arbeit in der Küche im »Eifelblick« zurechtkam, aber die Antworten schien er kaum zu hören. Wie ein täglicher Gast lebte er neben seinen Kindern. »Der hat Melancholie«, sagte Frau Wittler, »irgendwann wird das schon vergehen!« Von Leo wusste Henni, dass ihr Vater im

Gasthaus immer alleine in einer Ecke saß und vor sich hin stierte. »Ganz richtig ist der nicht«, hatte Leo gesagt, und als Henni ihn böse anfunkelte, beschwichtigte er: »Na ja, ich mein, sind ja viele aus dem Krieg gekommen, die Schaden genommen haben.«

Manchmal traf Henni sich noch mit Elsa, aber schon bald ging sie ihr aus dem Weg. Wenn Elsa von Filmvorführungen, Tanzveranstaltungen oder ihrem Heinz erzählte, war da dieses feine Brennen der Sehnsucht, das immer öfter nach bitterem Neid schmeckte. Einmal kaufte sie sich in Monschau spontan einen Lippenstift. Eine unsinnige Ausgabe, aber wenn sie in die Stadt musste, legte sie ihn manchmal auf und fühlte sich schön. Zu Hause tröstete sie sich damit, dass sie das, wovon Elsa erzählte, bald nachholen würde.

Nachdem der Zoll nun auch rund um das Plateau auf Patrouille ging und Leo und die beiden anderen erwischt worden waren, gaben die Männer aus dem Dorf den Schmuggel endgültig auf.

Einige Tage überlegte Henni, sich wie Elsa eine Arbeit in der Fabrik in Monschau zu suchen. Aber je länger sie darüber nachdachte, desto unmöglicher erschien es ihr, sich nebenher auch noch um den Haushalt, den Garten und ihre Geschwister zu kümmern. Wenn sie den Weg mitrechnete, wäre sie an sechs Tagen in der Woche gut zehn Stunden außer Haus.

Die Entscheidung, nachts über das Plateau zu gehen, schien ihr die einzige Möglichkeit zu sein. Mit einer Taschenlampe, die sie nur bei größter Unsicherheit kurz einschaltete, machte sie sich auf den Weg. Sie kam sicher zum Hof auf der belgischen Seite und nach Hause zurück, brauchte lediglich mehr Zeit als tagsüber. Am Morgen brachte sie Kaffeebohnen und Zigaretten zu Wolter in den »Eifelblick«. Dass sie nachts übers Plateau gegangen war, sagte sie ihm nicht.

Es war in den Ernteferien, als die Zwillinge Matthias und Johanna zum ersten Mal davon sprachen. »Wenn wir mitgehen, dann könnten wir dreimal so viel rüberholen.«

Henni lehnte das vehement ab, aber Matthias brachte auf seine überlegte Art gute Argumente vor.

»Wenn der Winter da ist, dann kannst du nicht mehr rüber. Wie willst du dich im Dunkeln orientieren, wenn alles unter einer Schneedecke liegt? Und da oben, da liegt der Schnee lange.« Johanna unterstützte ihn. »Zu dritt können wir für den Winter vorsorgen. Wenigstens jetzt in den Ferien kannst du uns doch mitnehmen.«

Hennis Nein wurde schwächer und löste sich am nächsten Tag auf. Die ersten Male nahm sie nur Matthias mit, aber bald war auch Johanna dabei.

Der Wintereinbruch kam früh und heftig. Schon Mitte November fiel so viel Schnee, dass ihre Ausflüge auf die belgische Seite unmöglich wurden. Jetzt war sie froh, dass sie zu dritt gegangen waren. Das Geld, das Henni angespart hatte, reichte für Holz und Kohlen und brachte sie über den Winter.

Und dann kam dieser 21. März 1950. Es war ein Dienstag. Seit Tagen hatte es getaut, und auch nachts waren die Temperaturen nicht mehr unter null Grad gefallen. Im Hohen Venn lagen zwar noch großflächig Schneereste, aber die Vorräte und Geldreserven waren aufgebraucht. Henni war an diesem Abend immer wieder vor die Tür getreten. Sie war unsicher, aber das milde Wetter schien sich zu halten. Es war nach zehn Uhr, als sie, Matthias und Johanna doch noch ihre Rucksäcke aufnahmen und sich auf den Weg machten. Schon auf dem Hinweg nahm Henni wahr, dass der Wind auf Osten drehte und neue Kälte brachte. Der zunehmende Mond wurde immer wieder von ziehenden Wolken verdunkelt. Als sie den Hof in Belgien erreichten, war es kurz vor Mitternacht. Niemand hatte hier mit ihnen gerechnet, alles schlief. Henni wusste von der Bäuerin, dass sie um vier Uhr aufstand, um die Kühe zu melken, weshalb sie sich entschied, in der Remise zu warten. Zwischen aufgestapelten Strohballen fanden sie Schutz vor der Kälte, und Matthias und Johanna schliefen ein. Gegen halb fünf hörte Henni die Bäuerin aus dem Haus kommen. Sie weckte ihre Geschwister, und mit Kaffee und Zigaretten in ihren Rucksäcken machten sie sich sofort auf den Rückweg. Sie hatten es eilig. Das erste Tageslicht würde nicht mehr lange auf sich warten lassen, und dann war mit Patrouillen zu rechnen. Auf dem Plateau lagen die Temperaturen jetzt deutlich unter dem Gefrierpunkt. Die flachen Wasserspiegel waren mit einer feinen Eisschicht überzogen, die verharschten Schneereste knirschten unter ihren Schuhen. Immer wieder durchbrachen sie das dünne Eis, unter dem die Wasserspiegel erzitterten. Das feine Knacken und Splittern schien über die Ebene zu hallen und in die klare Nacht hinaufzusteigen wie krächzende Vogelrufe. Sie kamen nur langsam voran, und am Horizont zeigte sich viel zu früh ein malvenfarbenes Licht. In dem schmalen Raum zwischen Plateau und blasser werdenden Sternen schien der Tag aus den Sümpfen zu steigen, schälte die schwarzen Silhouetten der Moorbirken, Weiden und Ebereschen aus dem blasser werdenden Nachtblau. Der Boden verlangte bedächtige Schritte, der Himmel trieb zur Eile. Sie waren bereits auf sicherem Boden, nur gut hundert Meter von dem Waldstück entfernt, als Rufe die tastende, vorwärtsdrängende Stille zerrissen.

»Halt! Stehen bleiben!«

Das kam vom rechten Waldrand. Matthias und Johanna rannten nach links. Henni nahm Johanna an die Hand, Matthias lief vor ihnen. Wieder Rufe!

»Stehen bleiben, oder wir schießen!«

Henni sah Matthias ins Dunkel der Bäume abtauchen. Dann peitschte ein Schuss auf und echote wie Donnergrollen über die Ebene. Warum war sie nicht stehen geblieben, wie sie es gelernt hatte? »Werft die Rucksäcke weg und bleibt stehen. Euch Kindern passiert nichts!« Warum hatte sie keine Sekunde daran gedacht?

In Panik war sie, mit Johanna an der Hand, weitergerannt. Am Waldrand lagen noch hohe Schneewehen, in denen sie bis zu den Knien versanken. Dann fiel ein zweiter Schuss. Johanna stürzte und riss die Schwester mit. Henni rappelte sich auf, zerrte am Arm ihrer Schwester.

»Steh auf!«, rief sie. »Die dürfen uns nicht erwischen, Johanna. Steh auf!«

Und dann sah sie es. Der Schnee neben Johanna verfärbte sich. Wässriges Rosa, helles Rot und unmittelbar an ihrem Kopf Kardinalrot. Die Farben wollten nicht passen, gehörten nicht hierher. Das musste das Morgenrot sein, das viel zu frühe Morgenrot, das der Schnee reflektierte.

Was war dann gewesen? Hatte sie geschrien? Johanna! Johanna! Ja. Immer nur den Namen. Sie hatte in diesem Schnee gesessen, Johannas Hand gehalten und ihren Namen gerufen, als müsse sie nur lange und laut genug rufen, dann würde sie schon aufstehen.

Die Zöllner. Merk war dabei gewesen. Der freundliche Ludwig Merk aus Velda. Der hatte geweint. Der hatte sich in den Schnee fallen lassen und geweint. »Das wollte ich nicht!«, hatte er gesagt. »Mein Gott, o mein Gott! Das wollte ich nicht!«, und Henni hatte nicht verstanden, was er damit meinte.

Irgendwann hatten sie sie zum Auto gebracht. Sie hatte um sich geschlagen, wollte nicht fort, konnte doch die Schwester nicht in diesem roten Schnee liegen lassen. Der Merk hatte Johanna hochgehoben und war neben Henni, mit Johanna auf den Armen, zum Auto gegangen. Da hatte sie noch gedacht: »Er bringt sie ins Warme ... wenn Johanna ins Warme kommt, dann kann sie aufstehen!«

Wann war ihr das unglaubliche Wort in den Sinn gekommen? Im Auto! Im Auto war es immer näher gerückt. Sie hatte es nicht gedacht, es hatte im Fußraum des Wagens gelegen, war aufgestiegen, hatte sich mit den Motorgeräuschen zusammengetan und war immer größer und lauter geworden. Tot! Tot! Tot!

Die Tage danach lagen im Dunkeln, und auch später konnte Henni davon nur Bruchstücke wiedergeben. All die Fragen. Um den Schmuggel ging es kaum. »Wann ist der Schuss gefallen?«, wollten sie wissen. »Seid ihr in der Schneewehe eingesunken?«, »Ist Johanna erst gestürzt, oder ist der Schuss zuerst gewesen?«. Die Stimmen der Männer kamen von weit her, hatten etwas Waberndes, und sie musste sich konzentrieren, um sie zu verstehen. Als Kind hatte sie sich am Badetag in der Zinkwanne ganz klein gemacht, die Nase zugehalten und den Kopf unter Wasser getaucht. Die Stimmen ihrer Eltern und Geschwister hatten dann so geklungen wie jetzt die der Beamten.

Henni wusste auf all die Fragen keine Antworten. Sie waren auch ohne Bedeutung. Abgeschnitten von allem, was sie umgab, durchlebte sie die Zeit wie in einem Vakuum. Mehrere Tage verbrachte sie in dieser Zelle in Monschau, wurde immer wieder in eines der Büros geholt. Einmal saßen ihr Vater und Matthias auf dem Flur, als man sie zurück in ihre Zelle führte. Matthias sprang auf, und sie nahmen sich in die Arme. Da war sie für einen kurzen Moment aufgetaucht aus ihrer Wassertaubheit. Matthias weinte, seine Unterlippe bebte. »Johanna ist bei Mama«, sagte er, »und … Fried und ich, wir müssen ins Heim.«

Herbert Schöning blieb auf der Bank sitzen und sah sie nicht an. Er hatte die Ellbogen auf die Knie gestützt, blickte zu Boden und sagte mit tonloser Stimme: »Der Pastor hatte damals recht. Du kennst keine Gebote und keine Gesetze, bist überheblich und gehst immer einen Schritt zu weit. Es ist alles deine Schuld.«

Dieser Schmerz. Sie presste Matthias an sich und flehte den Vater an, die Jungen bei sich zu behalten. »Bitte, Vater, die beiden trifft doch keine Schuld!«

Schöning stand auf und zerrte Matthias von ihr weg.

Den Vater sollte sie erst Jahre später wiedersehen.

Schon am einunddreißigsten März stand sie vor einem Richter. Er sprach von sittlicher Verwahrlosung und dass ihm dazu Einlassungen ihres Vaters und des Pastors vorlägen. »Du hast deinen Vater belogen, hast behauptet, dass du einer anständigen Arbeit im ›Eifelblick‹ nachgehst, aber in Wirklichkeit verdienst du schon seit Jahren dein Geld mit

Kaffeeschmuggel. Und deine kleineren Geschwister hast du auch dazu angestiftet. Wir überstellen dich bis zur Volljährigkeit der Fürsorgeerziehung. Ich hoffe, du weißt, dass das deine letzte Chance ist, auf den rechten Weg zurückzufinden.«

Am nächsten Tag brachte man sie nach Aachen, in die städtische Besserungsanstalt für Mädchen. Nichts von ihrer Kühnheit war geblieben, nichts von ihrem bedingungslosen Vertrauen in das Leben. Die kleine Formel: »Uns passiert nichts. Ich weiß das!«, die sie all die Jahre wie einen Bannspruch ausgestreut hatte, hatte ihre Magie verloren.

KAPITEL 17

LÜTTICH, FRÜHJAHR 1970

Schon am Morgen, noch bevor er frühstückte, stellte er eine neue Leinwand auf die Staffelei und grundierte sie. In der Nacht hatten die Bilder der Vergangenheit seine Träume annektiert, und er war schweißgebadet und rufend aufgewacht. Regine, Schwester Angelika, Fried, Gertrud, Matthias, Schwester Eleonora. Sie alle waren durch seine Träume gegangen – manchmal deutlich, manchmal nur schemenhaft. Sie hatten gesprochen – manchmal gut hörbar, manchmal wispernd. Matthias hatte eindringlich etwas geflüstert, ihm dann aber den Rücken zugedreht und sich eilig entfernt. Er hatte ihn nicht verstanden. »Was sagst du? Matthias! Ich verstehe dich nicht!«, hatte er gerufen, aber Matthias war weitergegangen.

Das Halbrund der Morgensonne zeigte sich über den Dächern und füllte sein kleines Atelier mit diesem besonderen Licht, das nur in der ersten Stunde eines wolkenlosen Tages zu sehen war. Frühe Helligkeit mit einem Hauch von Goldgelb. Es brachte die Farben seiner Bilder zum Leuchten, gleichzeitig verzieh dieses schimmernde Licht nicht den kleinsten Fehler. Jede Unachtsamkeit, jeder falsch gesetzte Strich, jede Farbnuance zeigte sich in aller Deutlichkeit.

So konkret wie in der letzten Nacht hatte er sich seit Jahren nicht mehr an Matthias erinnert. Sein Gesicht war ihm verloren gegangen, aber jetzt stand es wieder vor ihm, als habe er ihn erst gestern gesehen.

Er nahm einen weichen Bleistift und zeichnete mit feinen Linien die Konturen. Das schmale Gesicht mit dem rundlichen Kinn. Die wachen, grauen Augen mit dem nachdenklichen Blick, den geschwungenen Mund und das dichte, dunkle Haar mit dem Wirbel am Haaransatz.

Matthias und Fried waren im Frühjahr 1950 angekommen. Da war Thomas für die anderen Kinder schon »das Hündchen« gewesen. Flüsternd nannten sie ihn so, knufften ihn bei jeder Gelegenheit oder zogen ihn in die Büsche am Gartenrand und schlugen ihn. Er hatte sich nicht zurechtgefunden. Angst war sein Kompass. Mehr als die Schläge der Kinder fürchtete er die Erwachsenen und tat gehorsam alles, was sie von ihm verlangten.

Zu Anfang hatte er versucht zu widerstehen, hatte die drohenden Blicke der anderen Kinder gespürt und nicht ein noch aus gewusst. Einmal war es um eine umgestoßene Vase gegangen. In der Eingangshalle, auf einem schmalen Bord, stand sie mit frischen Blumen unter der Madonna. Sie betraten das Haus wie immer in ordentlichen Zweierreihen, und Norbert hatte Andreas geschubst. Die Vase war zu Boden gefallen und krachend zerbrochen. Sie mussten sich alle in der Halle aufstellen.

»Wer war das?«, fragte Schwester Eleonora, während sie die Reihen abging und jeden Einzelnen zwang, ihr in die Augen zu sehen.

Alle schwiegen. Und auch er hatte, mit fest aufeinander-
gepressten Lippen, gegen seine Angst angekämpft und
durchgehalten. Aber dann war Schwester Angelika gekommen. Ganz ruhig war ihr Blick über die Reihen gewandert.
Er wusste, dass sie ihn suchte.

»Thomas, wer hat die Vase zerbrochen?«

Er zitterte am ganzen Körper. »Ich weiß es nicht«, brachte er mit leiser Stimme heraus.

»Nun gut«, sagte sie, »ihr könnt gehen.«

Wie erleichtert er gewesen war. Er hatte tatsächlich geglaubt, dass es überstanden war.

Als sie alle am Abendbrottisch saßen, war sie in den Speisesaal gekommen. »Thomas, du kommst mit mir.« Sie
sprach von ihrer Enttäuschung, nach allem, was sie für ihn
getan hatte. »Zeigst du so deine Dankbarkeit?«, fragte sie
immer wieder.

»Ich habe es nicht gesehen«, hatte er es noch einmal versucht.

»Du wagst es, mich zu belügen!«, zischte sie und ohrfeig-
te ihn. Links und rechts und links und rechts, dann setzte
sie sich kopfschüttelnd hinter ihren Schreibtisch. »Gott ist
mein Zeuge, ich habe mir mit dir alle Mühe gegeben, aber
ich sehe, dass meine Geduld einen Lügner hervorgebracht
hat. Gertrud wird dich zum Nachdenken unter die Treppe
bringen.«

Dieses Flattern in der Brust. Diese grenzenlose Angst vor
dem Ort, von dem selbst die Großen weinend oder schre-
ckensstarr zurückkamen. Das kleine Pflänzchen Mut war
augenblicklich verkümmert. Er verriet Norbert und Andreas.
Da war er sechs gewesen, und von da an trug er den geflüs-
terten Namen »Hündchen« und war den Schikanen der an-

deren Kinder ausgesetzt. Sie schubsten ihn in den Dreck, und weil seine Kleidung schmutzig war, bekam er den Stock von Gertrud zu spüren. Sie kritzelten in seine Schulhefte, und Schwester Angelika schlug ihn dafür mit dem Lineal.

Leicht nach hinten versetzt zeichnete er Fried, Matthias' kleinen Bruder. Auf dem Bild würde der der Ältere sein, weil er Matthias an Lebensjahren weit überholt hatte und das Bild vom damaligen Fried nicht entstehen wollte.

Die beiden hatten seine einsame Ausweglosigkeit beendet. Er war acht, als die Brüder ankamen. In den ersten Tagen waren die für sich geblieben, beobachteten still, was um sie herum geschah, wie es alle taten, die neu waren. Matthias war mit der Schule schon fertig. Er sollte nach dem Sommer eine Lehre in einer Druckerei beginnen, und bis dahin erledigte er in Haus und Garten Arbeiten, die ihm der Hausmeister, Herr Begemann, auftrug. Begemann war ein kräftiger Kerl um die fünfzig mit blauen Äderchen auf den roten Wangen, und wenn einer der großen Jungen in den Keller unter der Treppe geschafft werden musste, ging er Gertrud und den Schwestern zur Hand.

Und dann, als zwei der Jungen ihn, Thomas, wieder mal in die Büsche zerrten, kam Matthias ihm zu Hilfe. Er schubste die beiden beiseite und schimpfte sie »Feiglinge«. Anschließend ging er neben ihm her und fragte ihn, warum er sich nicht wehre. Er hatte keine Antwort gewusst.

»Wenn sie das noch mal machen, dann kommst du zu mir«, hatte Matthias gesagt.

Mit Kreiden begann er, Matthias' Gesicht Leben einzuhauchen. Der leicht gebräunte Teint, die wachen grauen Augen. »Dann kommst du zu mir!« Er hatte erst gar nicht verstanden, dass Matthias das ernst meinte. Es war ihm ganz unverständlich gewesen, dass es da jemanden gab, der ihm helfen wollte. Aber von dem Tag an war es so gewesen. Der große Matthias sprach freundlich mit ihm und hatte ihn im Blick. Zwei oder drei Mal griff er noch ein, dann hörten die Hänseleien und Schikanen der anderen Kinder auf.

Im Mai geschah dann etwas, was Thomas erst viel später als Auslöser für all das erkannte, was danach passiert war. Matthias war draußen bei der Arbeit, und er saß wie jeden Nachmittag im Speisesaal beim »Nachlernen«. An diesem Tag waren sie zu viert. Auch Fried war dabei, weil er während des Essens gesprochen hatte. Plötzlich flog die Tür auf, und Gertrud stürmte auf Fried zu. Sie zerrte ihn am Ohr vom Stuhl hoch, hielt ein kleines blaues Auto in der Hand und keifte: »Du kleiner dreckiger Dieb, dir werde ich zeigen, was wir hier mit solchen wie dir machen!«

Fried weinte und beteuerte immer wieder: »Das gehört mir. Ich habe nicht gestohlen. Das gehört mir.«

»Auch noch lügen«, schimpfte Gertrud und zog ihn unerbittlich zur Tür.

Thomas sah ihnen nach, und die Schwester, die mit ihrem Stickrahmen ihm gegenübersaß, schlug mit der flachen Hand auf den Tisch. »Kümmere dich gefälligst um deine Aufgaben«, blaffte sie, und er hatte auf das Papier geblickt und gehört, wie sich Frieds Jammern nach oben in Richtung Schlafsaal entfernte. Er wusste, was dort geschehen würde.

Später, er war in Schwester Angelikas Büro, wo sie ihn wie immer abhörte, schlug die Tür zur Eingangshalle krachend ins Schloss. Die Schwester ging hinaus, um zu sehen, wer sich diese Unverschämtheit erlaubt hatte. Matthias lief durch die Halle und nahm mit großen Schritten die Stufen hinauf zum Schlafsaal. »Matthias Schöning!«, rief sie mit drohender Stimme. »Du kommst sofort hierher.« Aber der beachtete sie nicht und verschwand oben im Schlafsaal. Thomas stand in der geöffneten Bürotür, wagte es nicht, das Zimmer ohne Erlaubnis zu verlassen, und sah zu, wie Schwester Angelika die Treppe hinaufging. Und dann meinte er seinen Ohren nicht zu trauen. Matthias brüllte: »Sie hat ihn ohne Grund geschlagen. Das Auto gehört Fried! Begemann hat es ihm geschenkt. Fragen Sie ihn!« Die beiden standen auf dem oberen Flur, und Gertrud kam aus dem Schlafsaal dazu. Matthias schubste sie beiseite und stürmte an ihr vorbei die Treppe hinunter nach draußen. Gertrud keifte, und Thomas hörte, wie Schwester Angelika zischte: »Seien Sie still! Begemann hat ihm das Auto ge-schenkt!« Kurz darauf kam sie gemessenen Schritts die Treppe herunter, und Thomas sah das angestrengte Zucken um ihren Mund und den Zorn in ihren Augen. Er war sich sicher gewesen, dass sie Matthias dafür unter die Treppe bringen würden.

Begemann kam zusammen mit Matthias in die Halle, zog seine graue Schiebermütze vom Kopf, knetete sie in seinen Händen und sagte auf seine devote Art: »Oberschwester, der Junge hat recht. Ich habe ihm das Spielzeugauto ge-schenkt.«

Schwester Angelika stand ganz steif. Man sah ihr an, wie sie nachdachte und mit ihrer Wut kämpfte. »Es ist gut, Be-gemann. Sie können gehen«, sagte sie schließlich. Als der Hausmeister gegangen war, funkelte sie Matthias an. »Wage es nicht noch einmal, dich so zu benehmen!«

Das, was Matthias darauf erwiderte, war ungeheuerlich.

»Dann soll Gertrud es nicht wagen, meinen Bruder noch einmal zu schlagen.« Sekundenlang standen die beiden sich gegenüber. Schweigend. Abmessend. Drohend.

»Geh an deine Arbeit«, fauchte Schwester Angelika endlich, und Matthias ging hinaus.

Thomas hatte Angst um seinen Freund gehabt, aber nichts war passiert. Auch in den Tagen danach nicht. Doch nach diesem Vorfall war Matthias Schwester Angelika ein Dorn im Auge, und Gertrud schien ihn regelrecht zu hassen.

Auf der Leinwand wischte Thomas mit den Fingern vorsichtig an Wangen, Kinn und Augen die Kreide transparent. Das Licht der ersten Morgenstunde war verschwunden. Matthias' helle Augen sahen ihn von der Leinwand freundlich an. So hatte er ihn in Erinnerung. So wollte er ihn in Erinnerung haben! Einige Monate später hatten die grauen Augen anders geblickt.

Thomas wandte sich ab und rang nach Atem. Matthias' erste Flucht. Die schreckgeweiteten Augen, als er ihn wiedersah. Und danach? Wenn doch der Winter nicht gewesen wäre! Wenn sie den Winter nicht abgewartet hätten, dann wäre alles anders gekommen.

KAPITEL 18

VELDA, HERBST 1970

Jürgen Loose lächelt Elsa an. »Vielen Dank, das hat sehr gut geschmeckt.« Er trinkt den letzten Schluck Bier aus seinem Glas. Elsa strahlt. Schon während des Essens hatten sich ihre Bedenken, ob einem jungen Mann aus gutem Hause eine so schlichte Mahlzeit schmecken würde, aufgelöst. Noch während sie den Tisch abräumt, fragt er: »Die Nacht, in der Johanna starb, was wissen Sie darüber?«

Sie packt den Käse sorgfältig in das Papier zurück, steht mit dem Rücken zu ihm und meint, etwas in seiner Stimme zu hören, das bisher nicht da war. Etwas Drängendes. Sie dreht sich zu ihm. »Es war nicht Hennis Schuld. Und überhaupt … das mit der Schuld, das ist in dieser Geschichte nicht so einfach.« Sie lacht kurz auf. »In der Juristerei ist das wahrscheinlich nicht schwierig, aber im Leben ist das nun mal anders. Die Henni, die hat sich schuldig gefühlt. Das tut sie bis heute. Weil sie die Zwillinge mitgenommen hat. Und natürlich kann man sagen, dass sie das nicht hätte tun dürfen, aber eigentlich muss man dann auch weitergehen und fragen, warum sie überhaupt mit Schmuggeln ihr

Geld verdienen musste. Man muss fragen, warum Herbert Schöning sich nicht gekümmert hat, sie mit allem allein gelassen hat. Und so kann man immer weiterfragen und überall Schuldige finden. Nein, nein, damit darf man gar nicht erst anfangen. Es zählt nur, was an diesem Morgen im März 1950 passiert ist, und selbst da gibt es unterschiedliche Geschichten. Gezählt hat zum Schluss der offizielle Bericht vom Zollamt. Ein tragischer Unfall. So hat es geheißen. Genau wie beim Kopisch. Aber im Dorf, da waren viele anderer Meinung.« Sie nimmt die Teller vom Tisch und humpelt damit zur Spüle.

»Warum hat man ihm nicht geglaubt?«, fragt Jürgen Loose, und Elsa horcht auf. Da ist es wieder in seiner Stimme, und diesmal hört sie es ganz deutlich. Es geht ihm nahe!

»Wem nicht geglaubt?«, hakt sie nach, wartet seine Antwort aber nicht ab. Stattdessen stellt sie im selben Atemzug fest: »Die Geschichte nimmt Sie mit.«

»Ist ja auch schrecklich, so ein Unglück.« Seine Stimme klingt rau.

»Stimmt«, sagt Elsa. »Und ausgerechnet der Ludwig Merk, der hier aus dem Dorf war, der hatte geschossen. Angeblich hat er auf die Beine gezielt, so wie es bei denen Vorschrift war. In dem Moment soll die Johanna im Schnee eingesunken sein, und darum hat er den Kopf getroffen. Möchten Sie noch ein Bier?«

Für einen Moment ist es still. Für einen Moment meint sie, dass Jürgen Loose ihr gar nicht zuhört.

»Ja, gerne«, sagt er schließlich, »wenn Sie noch ein Glas mittrinken.«

Es ist die letzte Flasche. Seit ihr Heinz nicht mehr da ist, hat sie höchstens zwei Flaschen Bier im Haus. Eigentlich trinkt sie es nur im Sommer, nach der Gartenarbeit. Sie hebt den Kronkorken ab, hält sein Glas schräg und schenkt vorsichtig ein. Ihres füllt sie bis zur Hälfte.

Jürgen Loose nimmt einen kräftigen Schluck. »Wie ist es dann weitergegangen?«, fragt er und wischt sich die Linie aus weißem Bierschaum von der Oberlippe. »Im Dorf. Ich meine, wenn der Ludwig Merk hier gewohnt hat, wie ist es im Dorf weitergegangen?«

Elsa schnaubt und setzt sich wieder an den Tisch. »Nicht gut. Gar nicht gut ist das weitergegangen. Die Johanna, die war ja noch ein Kind. Dass der Merk die nicht erkannt hat, das konnte man ja noch glauben, aber dass der nicht gesehen hat, dass das ein Kind war …« Sie vertieft sich wieder in die filigranen blauen Stickereien der Tischdecke. »Man weiß es nicht. Jedenfalls, der konnte sich im Dorf nicht mehr blicken lassen. Und als es dann auch noch ganz offiziell hieß, dass das ein Unfall war, da war es endgültig vorbei. Mit der Familie Merk wollte niemand mehr was zu tun haben.« Sie streicht mit der flachen Hand über die gestickten Blüten und atmet schwer. »Die Familie hat mir leidgetan, vor allem die Frau und die Kinder. Den Ludwig Merk, den haben sie aus dem Wirtshaus geprügelt. Volkes Zorn, so nennt man das wohl. Seine Frau wurde beim Bäcker und beim Metzger nicht mehr bedient. Für jede Kleinigkeit hat die bis nach Monschau gemusst, und damals, da gab es nur zweimal am Tag einen Bus in die Stadt. Ist mit den kleinen Kindern zu Fuß los. Richtig war das nicht. Konnte ja keiner wissen, wie es wirklich passiert war an dem Morgen. War ja niemand aus dem Dorf dabei. Nur die Henni. Und die hat später gesagt, dass es zwar nicht mehr dunkel war, aber auch noch nicht hell und dass in diesem Zwielicht und auf die Entfernung … Die hat dem Merk geglaubt, die Henni. ›Niemals hätte der geschossen, wenn er ein Kind erkannt hätte!‹, das hat sie gesagt. Aber geschossen hat er nun mal. Da beißt die Maus keinen Faden ab. Und heute glaub ich, das alles wäre auch passiert, wenn es einen Erwachsenen aus dem Dorf getroffen hätte. Ist eben nicht gut zu ertragen, wenn da keiner Schuld haben soll.«

Sie sieht auf. Jürgen Loose sitzt mit gesenktem Kopf da, die Hände mit verschränkten Fingern auf seine Aufzeichnungen gelegt. Wieder verdecken die Haare sein Gesicht. Ihr Blick wandert zum Fenster. Draußen ist auch das Restlicht des Tages endgültig fort. In der Nacht wird es regnen. Beim Spaziergang hat sie es gerochen. Sie hätte das Kartoffelkraut doch noch anzünden sollen. Morgen wird es klatschnass sein. Den Blick in das Dunkel vor dem Fenster vertieft, geht sie in Gedanken zurück zu den Tagen und Wochen im Frühjahr 1950.

»Der Merk, der hat gelitten. Nicht nur wegen der Schikanen im Dorf, darum sicher auch. Aber ich glaub, der hat nicht verkraftet, dass er das Mädchen erschossen hat. Der ist damit nicht fertiggeworden. Hat das Trinken angefangen. Ein paarmal habe ich ihn an den Wochenenden in Monschau in den Lokalen gesehen. Hat stumm an der Theke gehockt und Schnaps getrunken. Wenn er dann mit dem Fahrrad nach Hause fuhr, konnte er sich kaum auf der Straße halten. Dabei war der noch so jung. Mitte zwanzig muss der damals gewesen sein. Für die Frau war das sicher nicht leicht. Im Dorf wurde sie geschnitten, und ihr Mann, der verbrachte seine Abende mit Saufen.«

Jürgen Loose hebt den Kopf und lässt seinen Oberkörper gegen die Rückenlehne der Küchenbank fallen. Wieder schiebt er seine Haare zurück, eine ganz eigene, automatische Bewegung.

Elsa schüttelt den Kopf. »Müde sehen Sie aus«, sagt sie freundlich. »Sie sollten jetzt nach Hause fahren, sonst schlafen Sie noch im Auto ein und verunglücken.«

»Ja, gleich. Nur noch eins: Der Ludwig Merk ...« Er stockt, scheint über die richtige Formulierung nachzudenken. »Der Merk und die Henni, sind die sich nie wieder begegnet?«

Da ist er wieder. Elsa meint ihn herauszuhören, diesen Ton, der nicht nur nach sachlichen Fakten sucht. Und diese Frage, die gezielt scheint, so als wisse er etwas darüber. Aber vielleicht hört sie all das heraus, weil sie darüber nicht gerne spricht. Weil sie sich mit der Antwort etwas eingestehen muss, das sie beschämt. Aber Wahrheit muss Wahrheit bleiben. Da führt kein Weg dran vorbei.

»Doch! Die Henni hat erzählt, dass Ludwig Merk sie in der Besserungsanstalt in Aachen besucht hat. Gleich zu Anfang, in den ersten Wochen, ist der da gewesen. Um Verzeihung hat er sie gebeten. Das hat Henni erzählt, als sie wieder raus war.« Elsa presst die Lippen fest aufeinander, bevor sie weiterspricht. »Ich bin nicht stolz drauf, aber ich habe sie da nicht besucht. Niemand aus dem Dorf hat das getan. So geht das eben! Aus den Augen, aus dem Sinn. Henni, Matthias und Fried waren weg, und hier ging das Leben weiter. Meine Mutter wollte immer mal hin, aber dann wurde sie ja schon bald krank und ist auch nicht mehr auf die Beine gekommen. Ich hatte den Haushalt, die Pflege und meine Arbeit in der Fabrik, und außerdem wollten Heinz und ich heiraten. Nicht dass ich sie nicht besuchen wollte, aber alles andere war irgendwie wichtiger. Man schiebt es dann immer wieder auf, und mit der Zeit … wie das eben so geht.«

Sie atmet schwer. »Ich weiß nicht, ob Sie das verstehen können, aber irgendwann ist der richtige Zeitpunkt verpasst, und danach … danach findet man keine vernünftige Erklärung mehr für all die Monate, in denen anderes wichtiger war. Und dann schämt man sich und belässt die Dinge, wie sie sind.«

Sie sieht zur Uhr hinüber. Zwanzig nach neun. Neben dem Spülstein stapelt sich das benutzte Geschirr vom Kaffeetrinken und Abendessen. Das muss sie noch abwaschen, und Jürgen Loose sollte jetzt lieber gehen. Eigentlich müsste sie ihm noch von der Zeit danach erzählen, als die Henni wieder draußen war. Als sie das mit dem Matthias erfahren hat und wie sie gekämpft hat. Das wäre noch wichtig. Aber nicht jetzt.

»Sie müssen gehen.« Sie hört selbst, wie unhöflich das klingt, und fügt eilig an: »Es ist spät, und Sie haben noch einen weiten Weg.«

Auch er sieht zur Uhr, klappt sein Ringbuch zu und steht eilig auf. »Entschuldigung, ich habe die Zeit aus den Augen verloren.« Im Flur schiebt er seine Unterlagen in die Aktentasche, zieht seinen Parka an und reicht ihr die Hand. »Herzlichen Dank für alles.« An der Tür dreht er sich noch einmal um. »Wissen Sie eigentlich, was aus Ludwig Merk geworden ist?«

Sie schüttelt den Kopf. »Ich weiß nur, dass der sich bald hat versetzen lassen und die Familie dann weggezogen ist.«

Für einen Moment meint sie, er wolle noch einmal zurückkommen, aber dann sagt er: »Übermorgen ist Ver-

handlungstag. Wahrscheinlich der letzte vor der Urteilsverkündung. Werden Sie da sein?«

Sie nickt, und er öffnet die Tür und tritt hinaus in die
Dunkelheit.

In der Küche setzt sie den Kessel auf. Draußen startet der
Motor, und sie hört, wie Jürgen Loose davonfährt. Sam erhebt sich von seiner Decke, streckt sich und gähnt. Elsa
tätschelt seinen Kopf, steckt den Gummipfropfen in den
Ausguss und gießt das heiße Wasser in den Spülstein. Während sie abwäscht, denkt sie an Merk. Was aus dem wohl
geworden ist?

KAPITEL 19

AACHEN, 1950–1954

Die erste Regel der Besserungsanstalt für Mädchen hieß: Arbeiten! Arbeiten! Arbeiten!

Die Tage begannen morgens um fünf. Waschen, Betten machen, Schrank aufräumen. Dann fünfzehn Minuten Frühstück. Über den Hof in die angeschlossene Wäscherei und Näherei, in die Küche oder in die Putzkolonne. Waschen, bügeln, stopfen, nähen, Kartoffeln schälen, Gemüse putzen, spülen oder wischen, bohnern und Staub wischen. Eine Stunde Mittagessen und Pause, dann zurück an die Arbeit. Um achtzehn Uhr Abendessen und anschließend Aufräum- und Spüldienste. Das Licht wurde um einundzwanzig Uhr gelöscht. Henni widersetzte sich nicht, fügte sich diesem gedankenlosen Trott, der nur vor den Sonntagen haltmachte, denn dann verließen sie in Reih und Glied das Heimgelände und besuchten den Gottesdienst in der nahe gelegenen Kirche. Anschließend folgten wieder Küchen- und Putzarbeiten, und danach kam der lang ersehnte Sonntagnachmittag, der zur freien Verfügung stand.

Die Mädchen trugen Uniform: blaugraue, schlichte Kleider und darüber dunkelblaue Schürzen. Unter ihnen gab es eine klare Hierarchie. Die Spitze bildeten sechs Mädchen, die für die Erzieherinnen Aufsichts- und Kontrollaufgaben übernahmen. »Hilfserzieherinnen« wurden sie von den anderen genannt, und sie demonstrierten gleich zu Anfang ihre Macht, indem sie »die Neue« die unausgesprochenen Regeln lehrten. Bei der Schrankkontrolle brachten sie Hennis Kleidung durcheinander. »Schöning, wie sieht denn dein Schrank aus? Aufräumen!«, befahlen sie grinsend. In der Wäscherei beschmutzten sie die von Henni gewaschene Wäsche, und in der Nähstube sabotierten sie ihre Nähmaschine, sodass Henni das Tagessoll nicht erreichte. Die Erzieherinnen bestraften sie dann mit Nacharbeiten oder Schlägen, während die sechs »Hilfserzieherinnen« mit Erwartung im Blick um sie herumstanden. Sie warteten darauf, dass Henni klein beigab, wie es die anderen Mädchen getan hatten. Die wurden in Ruhe gelassen, weil sie Arbeiten für die sechs übernahmen, einen Teil ihres monatlichen Taschengeldes abgaben oder Süßigkeiten und anderes aus den Päckchen von zu Hause anboten. Aber Henni tat nichts dergleichen, nahm die zusätzlichen Arbeiten und die Schläge wortlos hin. Sie kämpfte nicht, und genau das wurde zu einem Machtkampf. Nach einem Monat gaben sie auf. Nicht ohne einen gewissen Respekt für ihre Zähigkeit ließen sie Henni von nun an in Ruhe.

Die Tage zogen mit geschlossenen Augen an ihr vorbei. Wie ein Schatten bewegte sie sich unter den anderen. Die straffe Zeiteinteilung, die festgelegten Handgriffe der immer gleichen Arbeiten, die Kommandos der Erzieherinnen. Für Henni war es wie ein Geländer, an dem sie sich tastend entlangbewegte, still und ohne Aufbegehren. Ihre Energie verbrauchte sie in ihrem Innern. Sie kämpfte mit immer wiederkehrenden Bildern von Johanna, mit ihrer Schuld und mit der Sorge um Matthias und Fried. Und manchmal tobte diese unbändige Wut in ihr. Wut über ihre Hilflosigkeit, Wut auf ihren Vater, auf den Pastor, auf sich selbst. Nichts davon ließ sie nach außen dringen. Da war diese Grenze, die sie einhalten musste. Die Waage, die nicht vollends auf die Seite der Verzweiflung kippen durfte.

Während der Freizeit am Sonntagnachmittag wurde die eingegangene Post der vergangenen Woche verteilt, und sie durften Briefe schreiben. Die Post war stets geöffnet, und die ausgehenden Briefe mussten in einem unverklebten Umschlag an die Erzieherin übergeben werden. Henni schrieb mehrmals an ihren Vater und bat ihn um die Adresse ihrer Brüder. Als die Briefe ungeöffnet zurückkamen, wandte sie sich an Frau Wittler, Elsa und Erich Wolter. Eine Antwort bekam sie nie.

Jahre später, als sie Einsicht in ihre Heimakte nahm, fand sie ihre Briefe an die drei im hinteren Teil des Ordners wieder, sorgfältig abgeheftet. Am oberen Rand war vermerkt: »Posterlaubnis nur an den Vater«.

Es war Mitte Juli, als sie zum ersten Mal Besuch bekam. »Schöning! Besuch!«, hallte es durch die Wäscherei. Henni meinte, sich verhört zu haben. Als man sie über den Hof zum Haupthaus brachte, bereitete sie sich innerlich auf die Begegnung mit ihrem Vater vor. Endlich würde sie erfahren, wo Matthias und Fried waren.

Das Besucherzimmer war klein. Vom Fenster aus blickte man auf die schwarzen Eisenzäune, die von hohen Pfeilern aus Sandstein gehalten wurden. Dahinter lag die Straße. In der Mitte des Zimmers stand ein schwerer Holztisch, an den beiden Längsseiten je ein Stuhl. Zwei weitere Stühle waren an die linke Wand gerückt, darüber hingen Fotos, die den glücklichen Heimalltag dokumentierten. Fröhliche Gruppenbilder. Eine Vesperpause auf einer Wanderung. Mädchen an der Reling eines Ausflugsschiffes. Alle Zöglinge aufgestellt im Innenhof, eingerahmt von Erzieherinnen und Heimleiter. Lachende Mädchen in der Werkstatt, an ihren Nähmaschinen und vor den Bügelbrettern. Zwei, die draußen ein Bettlaken zusammenlegten. Es waren ältere Bilder, nur der Heimleiter und zwei der Erzieherinnen waren immer noch da.

Henni setzte sich an den Tisch. Als die Tür sich öffnete und Ludwig Merk eintrat, erkannte sie ihn im ersten Moment nicht. Er trug Zivil, aber das war es nicht, was ihn fremd machte. Es war sein graues Gesicht. Verlegen blieb er an der Tür stehen.

»Ich habe dir Obst und Schokolade mitgebracht, aber das musste ich vorne abgeben.« Er reichte ihr über den Tisch hinweg die Hand und setzte sich. Wie es ihr gehe und ob sie zurechtkomme, wollte er wissen.

Sie nickte stumm, wusste nichts zu sagen und schluckte an ihren Erinnerungen an Johanna im Schnee, die er mit ins Zimmer brachte. Und vielleicht weil sie schwieg, vielleicht weil er genau darum gekommen war, sprach er von jener Nacht. Dass es ihm wichtig sei, dass sie die Wahrheit kenne, begann er.

»Ich habe auf die Beine gezielt, das musst du mir glauben. Ich wollte niemanden töten, niemals. Ich weiß nicht, ob Johanna im Schnee eingesunken ist oder ob ich das Gewehr verrissen habe, ich weiß es einfach nicht mehr.« Wie ein Getriebener sprach er immer weiter, redete von seiner Schuld, dann wieder von einem tragischen Unglück, für das doch niemand verantwortlich sei, und im nächsten Augenblick klagte er sich erneut an.

Als er endlich schwieg, sagte Henni leise: »Ich weiß, dass Sie Johanna nicht erschießen wollten.« Er schlug die Hände vors Gesicht, und sie sah das Zucken seiner Schultern. Nur kurz, dann fing er sich wieder. Henni beugte sich vor. »Meine Brüder. Wissen Sie vielleicht, wo Matthias und Fried sind und wie es ihnen geht?«

Er schüttelte den Kopf. »Sie sind in einem Kinderheim, mehr weiß ich nicht. Im Dorf spricht niemand mehr mit mir. Auch mit meiner Frau nicht. Ich habe mich versetzen lassen. Zum Monatsende ziehen wir aus Velda fort.« Er sprach noch von einem Punkt und vom Weitergehen, und sie zuckte zusammen. Als er den Stuhl zurückschob und aufstand, reichte er ihr wieder die Hand. »Henni, dich trifft keine Schuld an Johannas Tod. Das musst du wissen.«

Er war schon lange fort, als sie immer noch an diesem Tisch saß. Seine letzten Sätze hallten nach, und sie wartete. Wartete darauf, dass der Trost, der in den Worten lag, sie erreichte.

Später, als sie in der Wäscherei wieder an ihrem Bügelbrett stand, hörte sie ihn noch einmal das sagen, was sie nicht hatte hören wollen. »Man kann nicht hinter den Punkt zurück, den man ungeschehen machen möchte. Man kann nur weitergehen.« Ihr wurde schwindlig. Sie stellte das Bügeleisen ab und schnappte nach Luft.

»Was ist los, Schöning?«, hörte sie eine der Erzieherinnen fragen, dann wurde ihr schwarz vor Augen.

Zwei Tage verbrachte sie mit Fieber im Krankenzimmer.

Zwei Tage, in denen sie verstand, dass sie nichts ungeschehen machen konnte. Nicht mit Reue, nicht mit Buße und schon gar nicht mit Warten. »Man kann nicht hinter den Punkt zurück.« Aber sie hörte ihn auch sagen: »Dich trifft keine Schuld. Das musst du wissen.«

In den folgenden Wochen legte sie diese beiden Sätze immer wieder Wort für Wort auf ihre innere Waage, auf die Seite der Zuversicht. Ein Gewicht gegen Verzweiflung.

Mädchen, die sich gut führten und bei denen nicht die Gefahr bestand, dass sie davonliefen, bekamen Arbeitsplätze außerhalb des Heimes zugewiesen. Die Arbeit innerhalb des Heims war mit dem Taschengeld bezahlt, aber in den Fabriken bekam man fünfzig Mark im Monat zusätzlich. Das war bei Weitem nicht so viel, wie die regulären Arbeiterinnen bekamen, und fünfundzwanzig Mark mussten sie bei der Heimleitung abgeben, aber den Rest durften sie behalten. Alle Mädchen rissen sich um diese Arbeitsplätze. Nach neun Monaten wurde auch Henni in einer Fabrik, die Bauteile für Radios herstellte, eingesetzt. Täglich fuhr sie morgens mit einigen anderen um halb sieben mit der Straßenbahn zur Stadt hinaus und kam abends um sieben zurück. Durch ihre Einheitskleidung waren die Mädchen in der Bahn und in der Fabrik für jeden als »Zöglinge aus der Besserungsanstalt« erkennbar.

Die Arbeit war monoton, aber körperlich nicht anstrengend. Anstrengend war der Umgang mit einigen der Männer. Sie machten anzügliche Bemerkungen, unverhohlene Angebote und nutzten jede Gelegenheit, sie anzufassen. Henni war mittags auf dem Weg zum Pausenraum, als der Vorarbeiter Wedel sie in eine Ecke drängte und ihr unter den Rock griff. Sie schlug ihm ins Gesicht, stieß ihn von sich und schrie in unbändiger Wut: »Lass mich los. Nimm deine Finger von mir, du Schwein!«

Einige Arbeiter und Arbeiterinnen kamen aus dem Pausenraum gelaufen, um zu sehen, was da los war. Wedel, der mit so heftiger Gegenwehr nicht gerechnet hatte, blickte überrascht in die Runde, und Henni drängte sich an ihm vorbei und stürmte davon.

Es dauerte keine zehn Minuten, da wurde sie ins Büro des Abteilungsleiters gerufen. Was da vorgefallen sei, wollte er wissen und musterte sie mit einem Blick, der sie der Lüge bezichtigte, noch bevor sie etwas gesagt hatte. Henni stand mit erhobenem, wenngleich hochrotem Kopf vor seinem Schreibtisch.

»Herr Wedel hat mich … er hat versucht, mir unter den Rock zu fassen.«

Der Abteilungsleiter schnaubte verächtlich. »Du solltest dir gut überlegen, was du hier behauptest. Herr Wedel ist ein verheirateter Mann mit drei Kindern und würde so etwas nicht tun.«

»Hat er aber. Fragen Sie die anderen, es gibt einige, die es gesehen haben.«

Da war ein Zucken in seiner rechten Gesichtshälfte, und dann brüllte er: »Ich hatte es hier schon mit einigen von euch zu tun, die unverschämt geworden sind, aber so verlogen wie du war noch keine!« Sie solle sofort ihre Sachen packen und verschwinden. »Solche wie dich können wir hier nicht gebrauchen!«

Henni verließ das Büro und warf krachend die Tür hinter sich zu. Als sie vor dem Werktor stand, war es kurz nach eins. Sie fuhr in die Stadt zurück. Der Vorfall würde ein

Nachspiel haben, und wahrscheinlich hatte der Abteilungsleiter schon mit dem Heim telefoniert. Sie schlenderte durch
die Straßen und Gassen, sah sich den Dom, das Rathaus und
die Auslagen in den Schaufenstern an. In ihrer Kleidung fiel
sie auf, bemerkte die misstrauischen Blicke einzelner Passan-
ten. Sie dachte daran fortzulaufen, aber sie hatte nur drei
Mark dabei. Damit würde sie nicht weit kommen, und wo
sollte sie auch hin? Um sechs kehrte sie ins Heim zurück. Da
hatte sie sich entschieden, geduldig zu sein. In einem Jahr
und drei Monaten wäre sie einundzwanzig und endlich frei.

Zehn Tage Isolierzimmer waren die Strafe für ihr scham-
loses Lügen. Ein Bett, ein Eimer für die Notdurft, das Fenster vergittert, dreimal am Tag eine karge Mahlzeit. Sie nahm
es ungerührt hin.

In ihrer Akte würde sie über den Vorfall in der Fabrik
Jahre später lesen: »… zeigen diese haltlosen Anschuldi-
gungen gegen einen Familienvater das ungeheure Ausmaß
ihrer sittlichen Verwahrlosung«.

Die restlichen fünfzehn Monate ihrer Heimzeit waren
ein stilles Warten. Sie arbeitete wieder auf dem Heimgelände in der Wäscherei und Näherei, und die Tage und Wochen
vergingen mit beinahe unerträglicher Behäbigkeit. Bei Un-
gerechtigkeiten beherrschte sie sich. Wie ein Mantra wiederholte sie dann: »Nicht mehr lange! Nicht mehr lange!«,
und zählte sich rückwärts durch die Tage und Wochen. Sie
bekam weder Post noch Besuch, aber in den letzten vier
Monaten erlaubte man ihr – als Vorbereitung auf ihre Entlassung –, das Heim sonntags nachmittags für vier Stunden
zu verlassen. Dann erkundete sie die Stadt, und manchmal
ging sie ins Café Van den Daele und gönnte sich einen Kaffee oder eine Limonade.

Vierzehn Tage vor ihrem einundzwanzigsten Geburtstag wurde sie zum Heimleiter gerufen. »Wir haben deinem Vater mitgeteilt, dass du entlassen wirst und nach Hause zurückkehren kannst, aber er lehnt das ab.«

Sie zuckte zusammen. Nicht dass sie nach Hause gewollt hätte, aber sie hatte gehofft, dass er sie zumindest ein paar Tage aufnehmen würde. Nur bis sie Arbeit und Unterkunft gefunden hatte. Und vor allem wollte sie zu ihm, um zu erfahren, wo ihre Brüder waren.

Der Heimleiter schob ihr einen Zettel mit einer Adresse über den Tisch. »Ohne Wohnmöglichkeit und Arbeit können wir dich nicht entlassen. Die Familie Castrup sucht eine Haushaltshilfe, und sie wäre bereit, eine von euch zu nehmen.«

»Eine von euch …« Er spuckte die Worte auf den Tisch wie eine ungenießbare Speise.

»Die Castrups bieten Kost und Logis und neunzig Mark im Monat. Du kannst dich morgen vorstellen.«

KAPITEL 20

LÜTTICH, FRÜHJAHR 1970

Der Kalender neben der Tür war ein Werbegeschenk der Molkerei. Thomas hatte ihn von René bekommen, der in den Ardennen einen kleinen Hof hatte und auf dem La Batte Käse, Milch, Quark und Joghurt verkaufte.

Nach dem Telefongespräch mit Fried hatte er den neunten April eingekreist, und die Tage rasten unaufhaltsam auf diese Markierung zu. Übermorgen! Übermorgen musste er um vierzehn Uhr im Amtsgericht Aachen erscheinen.

Dort würde man ihn fragen, was sich Weihnachten 1950 bis zum 3. Januar 1951 im Kinderheim zugetragen hatte, aber er kam mit seinen Erinnerungen nur langsam voran, fand oft bloß Bruchstücke von Bildern. Puzzleteile, die er von Spinnweben und Staub befreien, die er drehen und wenden musste, bis er wusste, wo sie hingehörten. Er musste chronologisch vorgehen, seine Erinnerungen sortieren, sonst würde alles durcheinandergeraten und dann … Dann würde sich, wie in seinen Kindertagen, dieses Loch in seinem Kopf auftun, durch das alles hindurchfiel.

Am Abend zuvor hatte er noch einmal an dem Doppelporträt von Matthias und Fried gearbeitet. Fried war ihm leicht von der Hand gegangen. Das Gesicht eines Dreißigjährigen, so wie er bei ihrer letzten Begegnung vor einigen Monaten ausgesehen hatte. Mit der Narbe auf der linken Stirnhälfte. Weil er sein Bett nicht ordentlich gemacht hatte, hatte eine der Schwestern ihn so hart geohrfeigt, dass er durch den Schlafsaal getaumelt und mit dem Kopf gegen die Schrankkante geknallt war. Dr. Recken war gekommen, hatte die Wunde genäht und gesagt: »Der Junge hat eine Gehirnerschütterung, der braucht Bettruhe.«

Als er fort war, hatte Gertrud Fried aus dem Bett gescheucht. »Du glaubst doch wohl nicht, dass ich dir dein Essen ans Bett serviere«, hatte sie geschimpft, und als Fried sagte, dass er keinen Hunger habe, zerrte sie ihn hinter sich her in den Speisesaal. Leichenblass versuchte er, den abendlichen, klebrigen Grießbrei herunterzuwürgen. Er übergab sich, und Getrud zwang ihn, das Erbrochene aufzuessen. Wieder und wieder. Erst als er fast ohnmächtig vom Stuhl rutschte, hatten zwei der größeren Jungen ihn links und rechts stützen und ins Bett bringen dürfen.

Aber das war später gewesen, lange nach Matthias. Nach dem 3. Januar 1951. Er musste sich konzentrieren, durfte die Zeiten nicht durcheinanderbringen.

Das dichte braune Haar und der geschwungene Mund wiesen Fried eindeutig als Matthias' Bruder aus. Der große Bruder, den die Zeit nach seinem Tod zu dem jüngeren gemacht hatte.

Thomas setzte sich an den Küchentisch und betrachtete das Bild aus der Distanz. Die Gesichter waren gelungen, selbst seine Zuneigung zu den beiden war in dem Bild zu sehen. Und doch fehlte etwas Entscheidendes.

Er öffnete das Fenster. Draußen lag der Vormittag unter einem marmorierten, milchigen Himmel. Es war ein warmer Tag. Auf der Straße rannten Kinder lachend und rufend über das Kopfsteinpflaster. Seine Vermieterin fegte in ihrem grün-rot gemusterten Kittelkleid den schmalen Bürgersteig vor dem Haus mit gleichmäßigen, kratzenden Besenstrichen. Schräg gegenüber, vor der Boulangerie, standen zwei Nachbarinnen mit Baguettes unter den Armen, ins Gespräch vertieft.

Er musste raus. Unten sprach er kurz mit seiner Vermieterin über das Wetter und ihre Tochter, die sie über Ostern besucht hatte und die demnächst ihr drittes Kind bekommen würde. Dann holte er sein Fahrrad, fuhr in den Parc de la Boverie und setzte sich auf die verwitterte Bank, die direkt am Ufer der Maas zwischen zwei Weiden stand. Frachtschiffe tuckerten zum Be- oder Entladen in Richtung Hafen, die ersten Ausflugsschiffe waren auch schon wieder unterwegs. Die warmen Frühlingstage hauchten der Stadt neues Leben ein, überall herrschte Betriebsamkeit. Noch vor wenigen Tagen wäre er in dieser Aufbruchsstimmung aufgegangen, hätte sich mitreißen lassen. In den Jahren zuvor war er um diese Zeit rausgefahren, hatte in den Ardennen Ortschaften und Landschaften gemalt, aber jetzt wollte er das erwartungsvolle Treiben um sich herum aufhalten, wollte es verlangsamen, zum Stillstand bringen. Weil er noch nicht bereit war. Weil er die Büchse der Pandora geöffnet hatte und tausend Bilder durch seinen Kopf rasten, die er nicht sortieren konnte. Weil er zu den Tagen zwischen Weihnachten 1950 und dem Januaranfang 1951 nur Bruchstücke fand, während alles andere unter dieser klebrigen Schutzschicht aus Vergessen lag. Und übermorgen war die Anhörung, und Fried würde auf seine Erinnerung vertrauen.

Er blickte auf den grauen Fluss, suchte nach der Ruhe, die er für gewöhnlich in seinem gleichmäßigen Dahinfließen fand. Aber heute konnte er dort nur die Vorwärtsbewegung sehen, die ihn drängte. Er legte sich auf die Bank und lauschte dem sachten Wellenschlag, mit dem das Wasser am Ufer entlangstrich, wenn ein Schiff vorbeizog.

Womit hatte es begonnen? Der Vater von Matthias und Fried war zu Besuch gekommen. Das war kurz nach dem Zwischenfall mit dem Spielzeugauto gewesen.

»Bitte, Vater, nimm doch wenigstens Fried wieder mit«, hatte Matthias gebeten, nachdem er ihm vom Heimalltag und dem Vorfall erzählt hatte. Aber Herbert Schöning schüttelte müde den Kopf.

»Ich kann mich nicht um ihn kümmern, aber ich werde mit Schwester Angelika sprechen«, hatte er geantwortet.

Als er den Zwischenfall erwähnte, zeigte Schwester Angelika sich empört. Matthias und Fried würden durch ständiges Lügen auffallen, und Fried habe Schläge bekommen, weil er beim Stehlen erwischt worden sei.

»Ihre Söhne sind bereits weit vom rechten Weg abgekommen. Sie brauchen eine strenge Hand, und wir sollten da zusammenarbeiten. Ich glaube, es ist das Beste, wenn Sie die beiden erst einmal nicht mehr besuchen und damit zeigen, dass sie mit ihren Lügen auch bei Ihnen nicht durchkommen.«

Anschließend hatte sich der Vater von Matthias und Fried verabschiedet und gesagt: »Ich komme erst wieder, wenn ihr euch hier an die Regeln haltet.«

So hatte Matthias es ihm, Thomas, erzählt, und an diesem Abend hatte er Matthias zum ersten Mal weinen hören.

Kurz danach wurde Matthias von seinen Hilfsarbeiten für Hausmeister Begemann abgezogen und in der Küche eingesetzt. Er nahm das hin. »In ein paar Wochen fange ich in der Druckerei an«, hatte er gesagt.

Aber dann kam dieser Tag Ende Juli. Samstags war Badetag. Morgens wurden die Mädchen gewaschen oder gebadet, nachmittags die Jungen. Sie standen nackt im Waschraum, und Gertrud und die Schwestern sahen zu. Wenn sie meinten, eines der Kinder sei nicht sauber, spritzten sie es mit einem Kaltwasserschlauch ab oder legten selber Hand an. Besonders »untenherum« sahen sie nach, schrubbten mit rauen Waschlappen Genitalien und Po, bis die Haut feuerrot war. An diesem Samstag kam Schwester Angelika dazu. Alle Jungen wurden in eine Ecke geschickt, nur Matthias musste vortreten. Nackt stand er vor den Frauen, die Hände schützend vor sein Geschlecht haltend.

»Das mit der Ausbildung zum Drucker habe ich abgesagt«, teilte ihm Schwester Angelika mit. »Dein Dienst in der Küche hat gezeigt, dass du keine Arbeitsmoral hast. So etwas fällt auf uns zurück. Wenn du so weit bist, werde ich mich wieder um einen Ausbildungsplatz für dich kümmern.«

Er hatte sich beherrscht und ruhig erwidert: »Ich will mit meinem Vater sprechen.«

»Dein Vater weiß Bescheid.«

Gertrud griff nach dem Kaltwasserschlauch und fragte lauernd: »Willst du noch was sagen?«

Aber Matthias hatte auf seine ruhige, überlegte Art Nein gesagt.

Am Sonntag, sie hatten alle gemeinsam den Gottesdienst im Dom besucht, war Matthias beim Sammeln auf dem Domplatz nicht mehr da gewesen. Thomas und Fried wurden von Schwester Angelika verhört und bekamen ihr Lineal zu spüren. Als Thomas selbst auf die Drohung, ihn unter die Treppe zu bringen, nur weinte und bettelte, aber nichts zu sagen hatte, sah Schwester Angelika ein, dass die beiden nichts wussten.

Erst Wochen später erzählte Matthias von seiner Flucht.

Zu Fuß hatte er sich bis nach Velda durchgeschlagen. Der Vater, davon war er fest überzeugt, wusste nicht, dass man ihn nicht in die Lehre ließ. Fünf Tage hatte er gebraucht. In einer Bäckerei hatte er sich ein Brot erbettelt und sorgfältig eingeteilt, auf Obstwiesen stahl er Äpfel und Birnen, und er übernachtete im Freien. Am späten Nachmittag war er in Velda angekommen. Der Vater war nicht da, und er setzte sich hinter dem Haus auf die Stufen zum Garten und wartete. Sein Vater würde jetzt sicher einsehen, dass weder er noch Fried in Trier bleiben konnten. Was sollte denn aus ihm werden, wenn man ihm nicht mal die Möglichkeit gab, eine Lehre zu machen? Aber dann war Herbert Schöning nach Hause gekommen und hatte sich, kaum dass er ihn erblickte, abgewandt. Er wusste bereits, dass Matthias fortgelaufen war, und quittierte alles, was der berichtete, mit Kopfschütteln.

»Junge, du musst mit dem Lügen aufhören. Schwester Angelika hat schon im Pfarramt angerufen. Es tut ihr leid, dass die Druckerei abgesagt hat, aber sie wird sich um eine andere Lehrstelle für dich bemühen. Das alles hat aber keinen Zweck, wenn du nicht lernst, dich einzuordnen.«

Matthias saß am Küchentisch, dem Tisch, an dem er mit seiner Mutter, mit Henni, Johanna und Fried so viele glückliche Stunden verlebt hatte, und spürte eine Ausweglosigkeit, die er nicht länger ertrug.

»Du hast uns alle im Stich gelassen«, warf er seinem Vater weinend vor. »Die Mama, die Henni und die Johanna. Und jetzt lässt du auch noch Fried und mich im Stich!«

Da hatte Herbert Schöning ihn geohrfeigt und gesagt: »Morgen bring ich dich zurück.«

In der Nacht dachte er daran, wieder fortzulaufen. Aber wohin? In Trier hatte er in einem Schaufenster ein Plakat von Italien gesehen. Lachende Menschen an einem Strand, tiefblaues Meer, und darunter stand: *Italien im ewigen Sommer!*

Aber ohne Fried konnte er nicht gehen. Er musste zurück und seinen Bruder mitnehmen. Und Thomas. Den würde er auch nicht zurücklassen. Es war nur eine Fantasie, eine beruhigende Vorstellung gewesen.

In aller Frühe hatte sein Vater ihn mit der Bahn nach Trier zurückgebracht. Auf der Fahrt saßen sie sich stumm gegenüber und sahen zum Fenster hinaus. Landschaften zogen eilig an ihnen vorbei. Herbert Schöning saß mit dem Rücken zur Fahrtrichtung, sah auf die Hügel, Täler und Orte, die der Zug bereits passiert hatte. Matthias schaute in die andere Richtung, den Blick auf die Gebiete gerichtet, die noch vor ihnen lagen. Auf dieser Zugfahrt gab er sein Zuhause und den Vater endgültig auf.

Im Heim hatte Herbert Schöning es eilig, sein Zug zurück nach Velda ging bald. »Ich will doch nur euer Bestes«, sagte er zum Abschied zu seinen Söhnen, und Matthias wandte sich wortlos ab.

Eine Woche war Matthias fort gewesen, als Schwester Angelika nach dem Morgengebet verkündete: »Ich wollte euch noch mitteilen, dass Matthias seit gestern zurück ist. Er hat jetzt Zeit, über alles nachzudenken.«

Was das bedeutete, wussten sie alle. Er saß im »Loch«, wie die, die schon einmal dort gewesen waren, den Kellerraum unter der Treppe nannten.

Anderthalb Meter breit, zwei Meter lang und so niedrig, dass Matthias nur gebückt stehen konnte. Eine filzige Decke und ein Eimer für die Notdurft, mehr befand sich nicht darin. Kein Bett, kein Stuhl. Und vor allem: kein Licht! Absolute Dunkelheit.

Er verlor jedes Zeitgefühl. Manchmal wurde ihm durch eine Klappe unter der Tür etwas zu essen hineingeschoben. Dann fiel für einen Moment etwas Licht in den engen Raum, und er bettelte weinend, sie mögen ihm doch diesen kleinen Flecken Helligkeit lassen. Aber das taten sie nicht. Sie sprachen kein Wort mit ihm, stellten ihm einen Becher mit Wasser und einen Napf hinein. Essen musste er mit den Fingern.

Als sie Matthias nach vier Tagen herausließen, war er ein anderer. Wie ein Blinder stand er mit weit aufgerissenen Augen am Fenster, den Blick ins Unendliche gerichtet, als läge hinter dem Sichtbaren noch etwas anderes. Nachts litt er unter Anfällen von Atemnot und schnappte nach Luft wie ein Ertrinkender. Dann huschten Fried oder Thomas an sein Bett, und er legte seine Arme um sie und drückte sie fest an sich, als müsse er sich davon überzeugen, dass sie wirklich da waren. Einmal sagte er: »Diese Dunkelheit, die kriecht durch deine Augen in dich hinein, saugt die Erinnerung an Licht und Farben auf und füllt dich mit Schwarz, bis du nicht mehr atmen kannst.«

Am Esstisch sagte Gertrud höhnisch: »Der Matthias hat endlich begriffen, wo es hier langgeht«, und sah mit Triumph und Verachtung zu ihm hinüber. Mit gesenktem Kopf saß Matthias da und stierte auf seinen Teller.

In den folgenden Wochen passte er sich an, leistete keinen Widerstand mehr und kam langsam wieder zu Kräften.

Wann hatte er zum ersten Mal davon gesprochen? Im November. Im November begann er vorsichtig, mit Fried und Thomas über seine Pläne zu reden. »Auf Vater können wir nicht zählen«, sagte er zu seinem Bruder, »der hat uns im Stich gelassen.« Italien war zum Zauberwort geworden, dem Lichtstreif am Horizont. Wie ein Pfand trugen sie es durch die Tage, bewahrten es in den Nächten in ihren Träumen.

Der Weg war weit, und Matthias hatte gesagt: »Wenn der Winter vorbei ist! So lange müssen wir durchhalten.«

Thomas setzte sich abrupt auf und ging ans Wasser. Sein Herz klopfte wild, versuchte, die neuen Bilder im Kopf zu erschlagen. Übelkeit stieg in ihm auf, und er kämpfte dagegen an. Kämpfte gegen die Übelkeit und die Erinnerungen, die er am tiefsten vergraben hatte. Die Erinnerungen, die ihn schuldig sprachen.

KAPITEL 21

AACHEN, 1954–1955

In der Kaiser-Friedrich-Allee, nicht weit vom Hangeweiher entfernt, fand Henni das Haus der Familie Castrup. Es war ein heißer Sommertag. Die weiß getünchte zweistöckige Villa mit hohen Sprossenfenstern und einem runden Erker an der rechten Seite lag am Ende eines parkähnlichen Grundstücks. Zur Straße zog sich eine dichte Hecke aus Rhododendronbüschen, die Zufahrt teilte Rasenflächen, auf denen hohe Ulmen, Buchen und Eichen das Morgenlicht siebten.

Henni betrat pünktlich um kurz vor zehn Uhr mit Herzklopfen die Auffahrt. Sie hatte sich fest vorgenommen, sich auf alles einzulassen. Sie musste diese Stellung bekommen. Im Heim hatte man ihr einen wadenlangen, braunen Wollrock und eine blaue Bluse mit kurzem Arm aus den Kleiderspenden gegeben. Beides war ihr zu weit. Die groben Schuhe und die Kniestrümpfe waren noch Teil der Anstaltskleidung.

Eine rundliche Frau Mitte vierzig öffnete ihr. Sie trug ein elegantes blaues Sommerkleid mit breitem Kragen und hatte Lippenstift aufgelegt.

»Ja, bitte?«

»Ich komme wegen der Stellung im Haushalt.«

Die Frau reichte ihr die Hand. »Castrup«, stellte sie sich vor und trat lächelnd zur Seite. »Bitte, kommen Sie herein.«

Sie führte Henni durch ein Esszimmer mit einem langen Tisch aus rötlichem Holz in den angrenzenden Erker, der nur aus Fenster zu bestehen schien und den Karla Castrup »Wintergarten« nannte. Drei zierliche Sessel standen um einen kleinen, runden Tisch, darauf eine Kanne Tee und eine Tasse. Auf dem Boden lag eine Tageszeitung. Karla Castrup holte eine zweite Tasse aus hauchdünnem Porzellan und bat Henni, sich zu setzen. Eingeschüchtert nahm sie auf einem der Sessel Platz.

Die Hausherrin schenkte Tee ein. »Später werde ich Ihnen das Haus zeigen, aber zuerst müssen Sie mir ein bisschen von sich erzählen.«

Henni wusste nicht was sie sagen sollte. »Ich … ich kann putzen, waschen, nähen und kochen.« Sie räusperte sich, sah verlegen umher und fügte hinzu: »Einfache Gerichte, wie wir sie zu Hause und in der Besserungsanstalt gekocht haben.«

Karla Castrup schien das zu überhören.

»Warum waren Sie dort?«

»Ich habe geschmuggelt.«

Als Henni nichts hinzufügte, forderte sie sie auf: »Erzählen Sie mir von Ihrer Familie. Ich möchte schon ein bisschen was über Sie wissen, schließlich werden Sie mit uns unter diesem Dach wohnen, wenn ich Sie einstelle.«

Henni atmete tief durch. Dass sie aus Velda sei, ihr Vater dort noch lebe und dass sie drei Geschwister habe, sagte sie. »Nein, zwei«, korrigierte sie sich, »zwei Brüder.«

Karla Castrup reichte ihr die Milch. Henni traute sich kaum, das filigrane Porzellankännchen anzufassen, aus Sorge, es könne ihr in der Hand zerbrechen.

»Was ist mit Ihrer Mutter?«, wollte Karla Castrup wissen.

Henni begann vorsichtig, stockend, suchte nach passenden Worten. Worten, mit denen sie Distanz wahren konnte, die nicht alles wieder aufwühlten. Aber dann – vielleicht weil sie zum ersten Mal mit jemandem darüber sprach, vielleicht weil die Frau ihr aufmerksam zuhörte – erzählte sie von ihrer Mutter, ihrem Vater, von Johannas Tod und von Matthias und Fried. »Ich weiß nicht, wo die beiden jetzt sind«, sagte sie leise, »aber wenn ich da raus bin, werde ich sie suchen.« Erschrocken blickte sie auf. »Natürlich nur, wenn ich einen freien Tag habe.«

Karla Castrup lächelte und stellte ihre Tasse ab. »Kommen Sie, Kindchen. Ich zeige Ihnen jetzt das Haus.«

Alles war groß. Nicht so groß wie der Schlaf- oder Speisesaal im Heim, aber dort lebten auch vierzig und hier nur zwei Personen. Die Küche, der Wirtschaftsraum daneben, das Wohnzimmer mit zwei Sofas und mehreren Sesseln, die Bibliothek mit hohen Bücherschränken und das Arbeitszimmer von Herrn Castrup mit dem großen, schweren Schreibtisch in der Mitte. Im ersten Stock lagen das Schlafzimmer der Eheleute, daneben ein großes Bad, zwei Gästezimmer und ein Salon, den Karla Castrup »mein kleines Reich« nannte.

Dann öffnete sie die Tür am Ende des Flures. »Hier würden Sie wohnen.« Ein heller Raum. Ein Bett, ein Schrank, ein Schreibtisch mit gepolstertem Stuhl, ein Waschbecken und sogar ein Sessel. An den Seiten des breiten Fensters wurden hellblaue Vorhänge von breiten Bändern gehalten. Das Fenster war gekippt, und Henni hörte die Vögel im Garten. Dieses Zimmer für mich alleine. Das wäre wunderbar, dachte sie und hörte Karla Castrup fragen: »Was meinen Sie, wollen wir es miteinander probieren?«

Henni nickte ungläubig und spürte eine Freude, wie sie sie lange nicht empfunden hatte. »Gerne, sehr gerne.« Und da war er wieder. Dieser kleine Glücksmoment. Diese plötzliche Gewissheit, dass das Leben es gut mit ihr meinte.

Gleich am nächsten Montag sollte sie anfangen. Frau Castrup legte einen vorgefertigten Arbeitsvertrag auf den Tisch, trug Hennis Namen und einige Daten ein. »Sie haben einen Tag in der Woche, dazu den Sonntagnachmittag und -abend frei, es sei denn, es kommen sonntags abends Gäste zum Abendessen. Dafür bekommen Sie dann in der folgenden Woche einen halben Tag zum Ausgleich.«

Henni zuckte zusammen. Gäste zum Abendessen! Hier wurden sicher ganz andere Mahlzeiten gekocht. Hier aß man Fleisch, feine Suppen und Nachspeisen. Und wie bediente man in einem solchen Haus Gäste?

»Was ist mit Ihnen?«, hörte sie ihr Gegenüber fragen, und weil Henni ehrlich sein wollte, sagte sie: »Das mit dem Kochen und Gäste-Bedienen … so was habe ich noch nie gemacht.«

Karla Castrup lachte herzlich und duzte sie jetzt: »Da mach dir mal keine Sorgen, Kindchen. Zu solchen Anlässen kommt Frau Mensing, und die wird dir das nach und nach beibringen.«

Geradezu beschwingt ging Henni ins Heim zurück und legte dem Heimleiter den Arbeitsvertrag vor. Sie hatte gehofft, dass sie das Heim am Wochenende vor ihrem Arbeitsantritt verlassen könnte, um nach Velda zu fahren, aber der Heimleiter legte ihre Entlassung auf den Sonntagabend. »Du bist Zögling bis zu deinem Arbeitsantritt, so ist die Vorschrift.«

Mit ihrer Habe, die in einen kleinen Koffer passte, bezog sie ihr neues Zimmer. Am Montagmorgen wurde sie Herrn Castrup vorgestellt. Er war schmal und hochgewachsen und deutlich älter als seine Frau.

»So, so. Schön, schön!«, sagte er, reichte ihr kurz die Hand und war schon auf dem Weg zu seinem Wagen, als er sich noch einmal umdrehte, mahnend den Zeigefinger hob und verschmitzt lächelte: »Ach, ganz wichtig, Fräulein Schöning! Niemals meinen Schreibtisch aufräumen.«

Die ersten Tage in der neuen Umgebung waren aufregend. Herr Castrup war Landtagsabgeordneter. Er übernachtete oft in Düsseldorf, und wenn er abends zurückkam, war es spät, weshalb sie ihn nur selten zu Gesicht bekam. Karla Castrup wies sie in ihre Arbeiten ein. Putzen, waschen, spülen, bügeln und aufräumen, all das ging Henni leicht von der Hand. Das Abendessen kochte die Hausherrin selbst. Dann rief sie Henni zu sich, erklärte und zeigte und hatte sichtlich Freude an deren Wissendurst.

Ihr erster freier Tag war der Samstag. Es versprach ein strahlend heller Sommertag zu werden. Sie machte sich schon früh auf den Weg und fuhr mit der Bahn bis Monschau.

Die Fachwerkhäuser dösten unter ihren Schieferdächern

in der Sonne, die Rur schlängelte sich wie ein breites, glitzerndes Band mitten durch die Stadt. Sie war aufgewühlt. Da war die Freude des Wiedererkennens, des Heimkommens, und gleichzeitig spürte sie schmerzhaft den Verlust. Zu Hause war sie hier nicht mehr, würde es nie wieder sein. Ihr Blick wanderte hinauf zu dem Krankenhaus, in dem ihre Mutter gestorben war, dann schweifte er die Straße am Fluss entlang zum »Eifelblick«. Für einen Moment dachte sie darüber nach, Erich Wolter zu begrüßen, aber dann verwarf sie den Gedanken.

Sie hatte es eilig, wollte von ihrem Vater endlich erfahren, wo Matthias und Fried waren.

Sie verließ die Stadt, ging die bewaldete Anhöhe hinauf und zwischen Weizenfeldern und Wiesen nach Velda.

Als sie ihr Elternhaus erreichte und das Grundstück betrat, traute sie ihren Augen nicht. Die Hecke war sorgfältig geschnitten, vor dem Haus blühten Rittersporn und Phlox. Henni ging nach hinten. Im Gemüsegarten standen in ordentlichen Reihen Zwiebeln, Möhren, Kartoffeln, Kohl und Salat.

»Was machen Sie hier? Wer sind Sie?« Eine Frau mit einer Schubkarre voller Gartengeräte war um das Haus herumgekommen. Hennis Gedanken rasten. Hier wohnten andere Leute. Ihr Vater war fortgezogen, hatte das Haus verkauft.

»Entschuldigung. Ich … ich suche meinen Vater. Herbert Schöning. Wissen Sie, wo er jetzt wohnt?«

»Sie sind Henriette.« Die Frau stellte die Schubkarre ab.

»Was machen Sie hier? Wer sind Sie?«, fragte Henni herausfordernd.

Die Frau musterte sie kritisch. »Dorothea Claus«, stellte

sie sich vor. »Ich wohne im Dorf. Ihr Vater hat mir den Garten verpachtet. Er ist nicht da. Tagsüber finden Sie ihn im Pfarramt oder in der Kirche.«

Henni machte sich auf den Weg ins Dorf, suchte in der Kirche nach ihm, und als sie ihn nicht antraf, entschied sie, auf den Friedhof zu gehen. Das Grab von ihrer Mutter und Johanna war gepflegt, das sah sie schon von Weitem. Es ist groß, dachte sie noch, bevor sie auf dem schlichten Stein die Gravur las. Sie stand ganz still, wagte kaum zu atmen und las die Namen immer wieder, ohne zu verstehen. Drei Namen. Dahinter ein schlichtes Kreuz und eine Jahreszahl.

Maria Schöning † 1947
Johanna Schöning † 1950
Matthias Schöning † 1951

Warum stand das da? Warum hatte der Vater Matthias auf den Grabstein schreiben lassen? Da war eine dumpfe Zähigkeit in ihrem Kopf. Buchstabe für Buchstabe, Zahl für Zahl drängte die letzte Zeile der Inschrift in ihr Bewusstsein.

Das konnte nicht stimmen. Das war falsch!

Sie rannte los. Zurück zur Kirche, über den Kirchplatz und auf die andere Straßenseite zum Pfarramt. Sie schlug den Türklopfer wie wild gegen das Holz, trat von einem Bein aufs andere und hörte endlich Fräulein Pelzig, die Haushälterin des Pastors, auf dem Flur. »Immer mit der Ruhe. Ich komme ja schon.«

Kaum war die Tür geöffnet, drängte Henni sich an der Frau vorbei. »Mein Vater! Ist mein Vater hier? Ich muss ihn sprechen.« Es war Mittagszeit. Herbert Schöning saß in der

Pfarrküche beim Essen und blickte erschrocken auf. »Matthias! Warum steht Matthias auf dem Stein?«, und noch während sie ihm die Frage voller Angst entgegenschleuderte, verstand sie das Unfassbare. Matthias war tot! Sie zitterte. Tränen liefen ihr übers Gesicht. Sie bemerkte sie nicht. »Was ist denn passiert? Was ist mit Matthias passiert? Wo ist Fried?«

Herbert Schöning stand auf, blieb aber hinter dem Tisch stehen. »Du wagst es herzukommen? Ich habe dir gesagt, dass ich dich nicht wiedersehen will. Mach, dass du rauskommst.« Er sprach leise, aber seine Sätze trafen sie wie Stromschläge, und eine Welle der Wut mischte sich in ihre hilflose Verzweiflung.

»Ich gehe erst, wenn ich weiß, was mit Matthias passiert ist und wo Fried ist.«

In seiner Stimme lag Resignation, als er antwortete: »Matthias ist vor drei Jahren an einer Lungenentzündung gestorben.« Dann sah er sie an. »Wo Fried ist, werde ich dir nicht sagen. Er ist in guten Händen, und ich lasse nicht zu, dass du ihn auch noch verdirbst.«

Er kam um den Tisch herum und lud mit dieser leidend-vorwurfsvollen Stimme auch noch Matthias' Tod auf ihre Schultern. »Gott straft die ganze Familie für deine Sünden. Und jetzt geh!«

Da war kein Gedanke, keine Entscheidung. Nur diese wutgetränkte Verzweiflung. Ein Schritt vor. Dann schlug sie ihm ins Gesicht und rannte hinaus, zurück auf den Friedhof. Wie lange sie am Grab gestanden hatte, wusste sie später nicht mehr zu sagen. Den Weg hinunter ins Tal und durch die Straßen von Monschau zum Bahnhof ging sie wie in Trance. Sie wollte nur fort. Erst auf der Zugfahrt nach

171

Aachen kam sie langsam zur Ruhe und konnte wieder denken. Auf der Fürsorgestelle müsste man wissen, wo Fried war. An ihrem nächsten freien Tag würde sie noch einmal herkommen und dort nachfragen.

Neben ihrer Trauer um Matthias war da dieses rot glühende Gefühl. Dieser Zorn, der ihre Hand geführt hatte, als sie dem Vater ins Gesicht geschlagen hatte.

KAPITEL 22

LÜTTICH, FRÜHJAHR 1970

Am Nachmittag stand er wieder in seinem Atelier vor dem Bild. Er wusste jetzt, was auf dem Doppelporträt fehlte. Seit er aus dem Parc de la Boverie zurück war, wusste er es.

Im Hintergrund sollte er zu sehen sein. Er als Zehnjähriger, den Verrat schon im Blick.

Seit Matthias im November das Zauberwort »Italien« mit Fried und ihm geteilt hatte, waren die Tage heller gewesen. Wenn Schwester Angelika ihn schlug, ihn einen Dummkopf und eine Sündenbrut nannte, dachte er: Nur noch den Winter durchhalten! Die Schläge waren deswegen nicht minder schmerzhaft, aber er ertrug sie besser. Wenn sie ihn anherrschte: »Was bist du?«, dann klang sein »Ich bin dumm und ein Nichtsnutz« nicht mehr ganz so ergeben. Dieses kleine Flämmchen Lebensmut, das er jetzt in sich trug, stärkte ihn.

Es war der letzte Schultag vor Weihnachten. Am späten Nachmittag stand er wie immer vor ihrem Schreibtisch und wartete darauf, dass sie aufsehen und seine Hefte verlangen würde. Dieses Mal allerdings interessierte sie sich nicht für seine Aufgaben, stattdessen kam sie um den Tisch herum und fasste sein Kinn mit festem Griff. Das in gestärktem Weiß eingezwängte Gesicht kam ihm ganz nah.

»Ich glaube, du hast mir was zu sagen, Thomas Reuter?«, zischte sie ihm drohend ins Gesicht.

Er roch ihren Atem. Ihr Blick bohrte sich in ihn hinein. Dieses Durcheinander in seinem Kopf. Was meinte sie? Was hatte er falsch gemacht? Wovon sprach sie nur? Nichts wollte ihm einfallen. Sein Kinn schmerzte. Wie in einem Schraubstock hielt sie es in ihrer Hand. Er konnte kaum sprechen und brachte mit Mühe ein weinerliches, unverständliches »Ich weiß es nicht, Schwester Angelika« heraus.

In ihren Augen flackerte Wut. Dann ließ sie sein Kinn los, griff seinen Oberarm und zerrte ihn über den Flur in den Waschraum. Sie ließ eine der Zinkwannen voll Wasser laufen, zwang ihn auf die Knie und drückte seinen Kopf hinein. Wieder und wieder und von Mal zu Mal länger. Atemnot, Schwindel, Feuer in den Lungen. Er spürte, wie Urin an seinen Beinen hinunterlief, und wenn sie ihn hochzog und er wie von Sinnen nach Luft schnappte, fragte sie: »Ist es dir jetzt eingefallen?«

Halb ohnmächtig und davon überzeugt, dass er sterben müsste, wenn sie ihn noch einmal untertauchte, hatte er die Freunde und sich verraten.

Das Kindergesicht, das er hinter Matthias und Fried skizzierte, trug seine Züge, aber der Ausdruck in den Augen wollte ihm nicht gelingen. Da war keine Heimtücke, kein

Verrat im Blick. Nur Angst und bleischwere Schuld. An die Angst erinnerte er sich, an der Schuld trug er bis heute.

Schwester Angelika hatte ihn neben der Wanne liegen lassen. »Wasch deine Hose aus. Du bleibst hier, bis sie wieder trocken ist. Eine andere kriegst du nicht.« Dann war sie gegangen.

Vor dem Abendessen waren die Kinder wie immer zum Händewaschen gekommen. Er stand halb nackt da, Hose und Unterhose zum Trocknen ausgebreitet neben sich auf dem Boden. Gertrud würdigte ihn keines Blickes, die Kinder standen schweigend an der Waschrinne. Es war totenstill, nur das Plätschern des Wassers und das Quietschen, wenn die Hähne auf- oder zugedreht wurden. Alles in ihm krampfte sich zusammen. Matthias und Fried fehlten!

Zwei Tage und Nächte verbrachte er in dem Waschraum. Schwester Eleonora brachte ihm einmal am Tag Brote mit Margarine. »Wasser hast du ja genug«, höhnte sie. Er wagte es nicht, nach Matthias und Fried zu fragen, wollte die Antwort nicht hören.

Als seine Hose trocken war, war es Heiligabend, und er durfte an den Frühstückstisch. Am Ende des Speisesaals stand eine große Tanne, die am Nachmittag geschmückt werden sollte. Fried saß ihm am Tisch gegenüber, hatte blaue Flecken im Gesicht, sein linker Arm hing in einer Tuchschlinge. Er sah Thomas nicht an. Nach dem Frühstück schickte Gertrud die beiden in den Schlafsaal. »Für euch fällt Weihnachten aus«, sagte sie zufrieden.

Von Fried erfuhr er, dass Matthias unter der Treppe war und dass sie ihn, Fried, mit einem Stock verprügelt hatten. Dabei war sein Arm gebrochen. Sie hatten ihm die Schlinge angelegt und gesagt, er solle sich nicht so anstellen. »Hast du es verraten?«, fragte er leise, und Thomas brach in Tränen aus. »Nein! Sie hat es doch schon gewusst. Sie hat immer wieder gesagt: ›Ist dir endlich eingefallen, was du mir zu sagen hast?‹«

Sie dachten darüber nach, woher sie davon hatte wissen können, aber es fiel ihnen nicht ein.

Abends hörten sie die anderen Kinder unten Weihnachtslieder singen. Anschließend wurden kleine Geschenke verteilt, das wusste Thomas aus den Jahren davor. Es machte ihnen beiden nichts aus, dass sie nicht dabei waren. Sie hatten sich, und in ihrer Sorge um Matthias saßen sie eng beieinander.

Die Weihnachtstage vergingen. Sie durften mit in die Kirche, mussten aber anschließend wieder in den Schlafsaal. Matthias war jetzt fünf Tage unter der Treppe.

»Heute lassen sie ihn raus«, sagte Fried zuversichtlich, aber nichts geschah.

Am neunundzwanzigsten Dezember wurden alle Kinder morgens nach dem Waschen zurück in die Schlafsäle geschickt. Sie hörten die schweren Schritte von Dr. Recken, der ins Krankenzimmer ging und kurz darauf auf dem Flur schimpfte.

»Auf keinen Fall! Diesmal verantworte ich das nicht. Sie rufen jetzt einen Krankenwagen.«

Thomas und Fried tauschten ängstliche Blicke. Sie ahnten beide, um wen es da ging. Es musste Matthias sehr schlecht gehen.

»Aber jetzt ist er raus aus dem Loch, und sie bringen ihn ins Krankenhaus«, flüsterte Fried und wischte sich mit dem Ärmel über die Augen. Vom Fenster aus sahen sie, wie Matthias auf einer Trage in den Krankenwagen geschoben wurde.

An Neujahr nahm Fried seinen ganzen Mut zusammen und fragte Schwester Eleonora nach seinem Bruder. Sie zögerte lange, beäugte ihn und sagte dann fast freundlich: »Der ist im Krankenhaus. Hat sich eine Lungenentzündung geholt. Das kommt davon, wenn man ständig ohne Jacke draußen herumläuft.«

Fried schluckte die Antwort hinunter. »Kann ich ihn mal besuchen?«

»Er braucht Ruhe. In ein paar Tagen vielleicht.«

Später hatte er zu Thomas gesagt: »Matthias geht es besser. Ich kann ihn bald besuchen.«

Dann kam der vierte Januar, und Fried wurde zu Schwester Angelika ins Büro gerufen. »Gott hat Matthias gestern zu sich genommen«, sagte sie, und er verstand nicht, was sie damit meinte. »Dein Vater wird ihn nach Hause holen und ihn dort beerdigen.«

»Beerdigen«, hatte er staunend geflüstert. Das Wort gehörte nicht zu Matthias, aber dann hatte er verstanden. Er war stundenlang nicht zu beruhigen gewesen, hatte geweint und geschrien. Danach lag er wie leblos in seinem Bett, starrte die Decke an und schien nichts zu hören und nichts zu sehen. Gertrud und die Schwestern ließen ihn in Ruhe. Sie erlaubten sogar, dass Thomas ihm Brote ans Bett brachte und mit viel Geduld dafür sorgte, dass er davon aß.

Als die Weihnachtsferien vorüber waren, stand er zum ersten Mal wieder auf. Sie gingen nebeneinander, Thomas und er. Er trug immer noch seinen Arm in der Schlinge. Auf halbem Weg, kurz bevor sie sich trennen mussten und Thomas in Richtung Hilfsschule abbog, sagte Fried leise: »Sie lügen alle! Matthias ist nicht tot.«

In der Klasse war Thomas noch ganz mit Frieds Bemerkung beschäftigt, als die Lehrerin nach dem Morgengebet sagte: »Theo, ich möchte, dass du dich bei Thomas entschuldigst.«

»Entschuldigung«, murmelte Theo kleinlaut.

»Gebt euch die Hand«, befahl die Lehrerin zufrieden. »Ich hoffe, du hast keinen Ärger bekommen, Thomas. Ich habe Schwester Angelika gleich am nächsten Tag noch einmal angerufen und Bescheid gesagt, dass du die Stifte nicht gestohlen hast. Theo hat sie zu Hause wiedergefunden.«

Ihm wurde heiß und kalt zugleich. In seinem Kopf schrie Schwester Angelika: »Ist dir endlich eingefallen, was du mir zu sagen hast?« Sein Herz hämmerte wie wild, und da war nur dieser eine Gedanke: Sie hat es nicht gewusst! Sie hat es nicht gewusst! Weiter konnte, weiter wollte er nicht denken. Denn dahinter lauerte seine Schuld an Matthias' Tod.

Suchend fuhren seine Augen über das Bild mit den drei Gesichtern, dann griff seine Hand wie von selbst zu einem der Stifte und malte eine hakenförmige Narbe auf die Stirn des Kindergesichts im Hintergrund. Das Kainsmal, von dem nur er wusste. Er hatte Fried nie gesagt, dass Schwester Angelika ihn damals aus einem anderen Grund fast ertränkt hatte.

Nachmittags hatte er es kaum ertragen, dem Freund in die Augen zu sehen, aber der schien das nicht zu bemerken, zog ihn beiseite und weihte ihn in sein Geheimnis ein.

»Matthias ist aus dem Krankenhaus abgehauen. Er wird

uns holen, wenn er alles vorbereitet hat«, sagte er mit tiefs-
ter Überzeugung.

Vielleicht hatte er zunächst nur für Fried daran geglaubt, aber dann war es wie eine Absolution gewesen, ein
Ausweg. Matthias lebte, und das wurde von Tag zu Tag
mehr zur Wahrheit. Matthias, der da draußen war, vielleicht schon in Italien. Ein Fantasiegebilde, von dem sie
beide zehrten, das sie aufrecht gehalten hatte. Wie an einen Rettungsring klammerten sie sich monatelang an diese
Vorstellung. Erst redeten sie sich ein, Matthias sei irgendwo in Trier und würde sie bald holen, aber als die Zeit
verging und nichts geschah, waren sie davon überzeugt,
dass er es nach Italien geschafft hatte und den Sommer abwarten musste. Als auch der Sommer verging, fanden sie
andere Erklärungen für sein Ausbleiben. Italien war weit,
da konnte alles Mögliche dazwischenkommen, und außerdem musste er dort erst Geld verdienen und eine Unterkunft besorgen, aber dann … dann! In den Wintermonaten wurden ihre Gespräche darüber einsilbiger, bis sie
schließlich ganz verstummten. Irgendwann hatten sie sich
eingestanden, dass er nicht kommen würde, aber an der
Vorstellung, dass Matthias in Italien war, hielten sie auch
ohne Worte noch lange fest. Erst ein Jahr vor ihrer end-
gültigen Flucht erkannte Thomas, dass auch Fried nicht
mehr daran glaubte.

»Die haben ihn umgebracht«, sagte er, und Thomas hörte
an seiner Stimme, dass er es schon lange wusste.

Er packte die Stifte zusammen und wiederholte laut: »DIE
haben ihn umgebracht!« Die Steifheit in seinem Nacken
ließ nach. Zehn Jahre alt war er gewesen, und Schwester

Angelika hatte ihn fast ersäuft. Matthias' Tod war nicht seine Schuld gewesen. Vorsichtig wischte er dem Jungen auf dem Bild die Narbe auf der Stirn weg. Seine Unterlippe schob sich vor und begann zu beben. Das da war er. Der kleine Junge, in seiner ganzen Hilflosigkeit. Zum ersten Mal empfand er Mitleid mit ihm. Zum ersten Mal empfand er Mitleid mit dem Kind, das er gewesen war.

KAPITEL 23

VELDA, HERBST 1970

Es ist Sonntag. In der Nacht hat es heftig geregnet. Der Himmel hängt grau und tief und wird weitere Niederschläge bringen. Danach kommt die Kälte. Der Hügel aus Kartoffelkraut ist pitschnass und zusammengefallen. Elsa schnaubt. »Das hätten wir gestern noch verbrennen müssen. Sieht nicht schön aus, wenn der Krautberg da jetzt den halben Winter rumliegt«, schimpft sie in Sams Richtung. Sie zieht den guten Mantel und Straßenschuhe an, nimmt ihre Handtasche und heute auch den Schirm. Sam steht auf. »Nein, in den Gottesdienst kannst du nicht mit, das weißt du doch.« Bevor sie die schwarze Lacktasche über den Unterarm hängt, holt sie das Portemonnaie heraus, fingert aus dem Kleingeld eine Mark für den Klingelbeutel und steckt das Geldstück in die Manteltasche.

Die Kirche ist gut besucht, aber sie findet in der vorletzten Reihe noch einen Platz. Pastor Jaeckel hatte das Pfarramt vor vier Jahren übernommen. Da war der alte Lenkes endlich in den Ruhestand geschickt worden, und seine ständigen Predigten von Gottes Strafe, dem ewigen Fegefeuer und dem Jüngsten Gericht hatten ein Ende gehabt. Jaeckel predigte anders. Vor vierzehn Tagen, an Erntedank, hatte er das Obst, das Gemüse und die Brote, die die Bauern und Dörfler für den Gottesdienst gespendet hatten, nach der Messe verteilt. »Man kann Gott am besten danken, indem man mit Genuss und Freude isst«, hatte er gesagt. Da war ein Raunen durch die Kirche gegangen, denn Lenkes hatte immer von einer »Gabe an den Herrn« gesprochen und damit wohl sich gemeint. Jeder wusste, dass seine Haushälterin gleich nach der Abendandacht alles mit der Schubkarre ins Pfarramt schaffte.

Aber eigentlich ging Elsa in letzter Zeit noch aus einem anderen Grund gerne in die Kirche. Vor einigen Monaten, als das mit ihrer Hüfte nicht mehr ging, musste sie ihren Stellplatz auf dem Markt in Monschau aufgeben. Leo Kämpers Frau Gerda hatte dort auch einen Stand und holte seither Elsas Gemüse ab, um es für sie zu verkaufen. Es hatte sich so eingespielt, dass sie nach der Sonntagsmesse die Abrechnung mitbrachte.

Als sie die Kirche verlässt, warten Leo und seine Frau schon auf dem Kirchhof. Gerda übergibt ihr den Umschlag.

»War ein guter Markttag gestern, und so wie es aussieht, haben wir jetzt bald den ersten Frost. Hast du Rosenkohl und Grünkohl für mich? Bei mir haben die Kohlfliegen gewütet.«

»Gib beim Setzen einen Teelöffel Holzasche mit ins Pflanzloch, dann bleiben die weg«, rät Elsa und fragt dann nach dem alten Kämper.

»Vater geht es nicht gut«, sagt Leo beklommen. »Die Gicht in den Händen, und jetzt hat er die auch in den Füßen. Er kann kaum laufen. Dass er nicht mehr in die Ställe und über die Felder kann, das macht ihm zu schaffen.« Er zögert kurz, dann wechselt er das Thema. »Was ist mit Henni? Warst du letzte Woche in Aachen?«

»Es sieht nicht gut aus. Henni hat für beide Taten kein Alibi. Letzten Dienstag hat dieser Kriminalbeamte, der hier überall rumgefragt hat, seine Aussage gemacht. In der Küche vom Schöning ist Benzin als Brandbeschleuniger benutzt worden. Die reden dauernd von Indizien, reimen sich da was zusammen, nur weil die Henni im April, auf der Anhörung wegen dem Matthias, der Nonne und dem alten Schöning öffentlich gedroht hat. Und weil es da diese Zeugin gibt, die behauptet, dass sie Henni am Bahnhof gesehen hat. Henni sagt nichts dazu, und außerdem hat sie keinen guten Anwalt.«

Leo schnalzt mit der Zunge. »Die Henni konnte ja ziemlich wütend werden, aber so was …« Er schüttelt den Kopf, und Elsa meint herauszuhören, dass jetzt auch Leo nicht mehr an ihre Unschuld glaubt.

»Sie war es nicht!«, sagt sie entschieden. Erste Regentropfen fallen. Sie bedankt sich bei Gerda und verspricht Grünkohl und Rosenkohl, sobald es den ersten Nachtfrost gegeben hat.

Leo bleibt noch einmal stehen. »Hast du übrigens gehört, dass der Sohn von Ludwig Merk hier war?«

»Nein. Wann denn?« Im gleichen Moment steigt diese Ahnung in ihr auf.

»Weiß ich nicht genau, aber er war bei Frau Leibold. Hat sich das Haus angesehen. Die haben bei denen doch damals oben zur Miete gewohnt, erinnerst du dich?«

Elsa nickt und zieht die Augen schmal. »Und der Leibold hat er gesagt, dass er der Sohn vom Merk ist?«

Leo zuckt mit den Schultern. »Keine Ahnung. Warum fragst du?« Jetzt beginnt es richtig zu regnen, und sie spannen eilig ihre Schirme auf. Leo zieht den Autoschlüssel aus der Jackentasche. »Der ist seinem Vater wie aus dem Gesicht geschnitten, hat sie gesagt.«

Auf dem Weg nach Hause schimpft Elsa leise vor sich hin. »Von wegen Jürgen Loose! Eingeschlichen hat der sich. Jurastudent, pah ... So eine Frechheit! Du bist eine gutgläubige dumme Gans, Elsa Brennecke.« Der Regen prasselt auf den Schirm und klingt in ihren Ohren wie spöttischer Applaus.

Zu Hause stellt sie den Schirm aufgespannt in den Flur, hängt den Mantel auf und wechselt die Schuhe. Dann wirft sie ihre Handtasche auf den Küchentisch und sieht Sam, der freudig mit dem Schwanz wedelt, vorwurfsvoll an. »Und du? Du hast auch nichts gemerkt. Hast sogar mit ihm gespielt.«

Während sie sich ein Mittagessen aus Porreegemüse, Kartoffeln und – weil Sonntag ist – einem Kotelett zubereitet, beruhigt sie sich. Mit dem Ludwig Merk hatte sie damals kaum was zu tun, und außerdem war das alles fast zwanzig Jahre her. »Selbst wenn der persönlich vor mir gestanden hätte, hätte ich den nicht erkannt«, erklärt sie Sam ungehalten. »Hätte der mir doch sagen können, dass er der Sohn ist. Mich belügen! Was denkt der sich? Aber morgen sehe ich den im Gericht, dann kann der was erleben.«

Nach dem Essen nimmt sie den Umschlag aus der Handtasche. Gerda legt zu dem Geld immer einen Zettel dazu. Eine ordentliche Aufstellung mit dem verkauften Gemüse und daneben die Preise, die sie verlangt hat. Zusammen 23,80 Mark! Elsa stößt einen erfreuten Pfiff aus. Ein hübsches Sümmchen ist das, und ihre Freude darüber mildert ihren Groll auf Jürgen Loose.

Am nächsten Tag lässt sie in aller Frühe Sam in den Garten, packt die Thermoskanne Kaffee und die Dose mit Broten in ihre Einkaufstasche und macht sich auf den Weg. Der Regen hat auf den ungeteerten Straßen große Pfützen hinterlassen, schon als sie den Bus besteigt, sind ihre Schuhe durchnässt. Im Zug nach Aachen trocknen sie ein wenig, aber die hässlichen Wasserränder bleiben.

Die Verhandlung beginnt um neun Uhr. Normalerweise geht sie im Landgericht direkt in den Saal 104, um sich möglichst weit vorne einen Platz zu sichern, aber heute wartet sie auf dem Flur auf Jürgen Loose. Um fünf vor neun ist er immer noch nicht da. Sie findet einen Platz in der dritten Reihe, und kaum dass sie sitzt, führt ein Beamter Henni durch eine Seitentür herein. Wie immer rutscht Elsa auf ihrem Stuhl vor und hebt kurz die Hand. Henni deutet ein Lächeln an und nickt ihr zu. Dann ist jeder Gedanke an Jürgen Loose verschwunden, denn kaum dass der Richter die Verhandlung eröffnet hat, erhebt sich Hennis Anwalt und kündigt eine Leumundszeugin an.

»Ich rufe Frau Karla Castrup, die Frau des Landtagsabgeordneten Heinrich Castrup, auf«, sagt er mit Stolz in der Stimme.

Nicht nur der Titel, auch die Frau macht Eindruck. Würdevoll schreitet sie in den Saal und betritt den Zeugenstand. Dann erzählt sie lobend von den Jahren, in denen Henni bei ihr gearbeitet und gewohnt hat. Zuverlässig. Fleißig. Loyal. Integer. All diese Worte fallen. Als sie geendet hat, setzt sich Hennis Anwalt sichtlich zufrieden auf seinen Platz zurück, und der Staatsanwalt beginnt mit seiner Befragung.

»Frau Castrup, wenn Frau Bernhard – damalige Schöning – einen so tadellosen Charakter besitzt, wie Sie uns das hier glauben machen wollen, warum hat sie dann drei Jahre in einer Besserungsanstalt zugebracht?«

»Weil sie an der belgischen Grenze beim Kaffeeschmuggel erwischt worden ist. Rückblickend muss man sagen, dass das eine völlig überzogene Bestrafung war, aber damals versuchte man mit rigorosen Maßnahmen, des weitverbreiteten Schmuggels endlich Herr zu werden.«

Der Staatsanwalt nimmt eine Akte zur Hand. »Gnädige Frau, ich glaube, ganz so harmlos war das Fräulein Schöning nicht. Ich zitiere aus den Einlassungen des Pastor Lenkes, Pfarrer in der Gemeinde Velda: ›... dass Henriette schon als Kind keinen Gehorsam zeigte und in der Schule vorlaut und renitent war‹. Dann heißt es: ›Mit vierzehn fiel sie als Querulantin und Lügnerin auf und benahm sich unverschämt gegenüber Respektspersonen.‹ Weiter unten spricht der Pastor davon, dass der moralischen und sittlichen Verwahrlosung der Henriette Schöning nur mit konsequenter Führung beizukommen sei.«

Elsa schnaubt und blickt zu Henni, aber die sitzt mit geschlossenen Augen da und zeigt keine Regung.

Frau Castrup lächelt den Staatsanwalt freundlich an. »So wie Sie das vortragen, erwecken Sie den Eindruck, dass auch Ihre letzte Bemerkung ein Zitat ist. Das stimmt aber nicht ganz. Bevor wir Henni eingestellt haben, hatten wir Einsicht in die Akte, und Sie können sich sicher vorstellen, dass mein Mann und ich gründlich geprüft haben, wen wir da bei uns aufnehmen. Mein Mann ist Landtagsabgeordneter, der weiß, worauf man bei so was achten muss. Aus dem Grund weiß ich auch, dass in Ihrer Darstellung Entscheidendes fehlt. Es wäre schön, wenn Sie dem Gericht vortragen, woran der Pastor die sittliche und moralische Verwahrlosung erkannt haben will. Den genauen Wortlaut weiß ich nicht mehr, aber ich glaube, wenn Sie den Satz ganz vorlesen, ergibt sich ein gänzlich anderer Eindruck.«

Im Zuschauerraum herrscht angespannte Neugier. Der Staatsanwalt wirft den Hefter auf seinen Tisch. »Was ich hier zitiere, müssen Sie schon mir überlassen«, weist er Frau Castrup zurecht, aber der Richter mischt sich ein.

»Ich würde jetzt auch gerne den korrekten Satz hören.«

Ungehalten blättert der Anklagevertreter in der Akte. Dann stützt er sich mit beiden Händen auf dem Tisch ab und liest: »Dass Henriette Schöning in Männerhosen geht und sich die Lippen anmalt, sind deutliche Zeichen ihrer moralischen und sittlichen Verwahrlosung, der nur mit strenger Hand und konsequenter Führung beizukommen ist.« In den Zuschauerreihen ist Gelächter zu hören.

Der Staatsanwalt hat keine weiteren Fragen, und der Richter entlässt Frau Castrup aus dem Zeugenstand. Über den Mittelgang verlässt sie den Saal. Elsa blickt ihr nach und sieht, wie die Frau jemandem hinten im Publikum freundlich zunickt. Sie vermutet, dass es Hennis Mann, Georg Bernhard, ist, doch als sie sie sich umdreht, stellt sie fest, dass sie sich geirrt hat. Es ist Jürgen Loose, der Frau Castrups Lächeln erwidert.

Bei der hatte er sich also auch schon eingeschlichen! Aber warum?

Er entdeckt Elsa, die immer noch zu ihm hinsieht, und winkt ihr freundlich zu. Eilig wendet sie sich ab. »So brauchst du mir nicht mehr zu kommen«, flüstert sie trotzig und bemerkt den fragenden Blick ihrer Sitznachbarin. »Ich mein nicht Sie«, knurrt sie halb entschuldigend, halb ärgerlich.

Vorne erklärt der Staatsanwalt: »Ich möchte das Gericht darauf aufmerksam machen, dass die Angeklagte, die uns gerade als so vorbildlich geschildert worden ist, ihre minderjährigen Geschwister zu Straftaten animiert hat. Eine dieser Taten hat die jüngere Schwester Johanna das Leben gekostet.« Die gerade noch heitere Stimmung im Zuschauerraum kippt.

Dann ruft der Anwalt Georg Bernhard in den Zeugenstand, und Henni stöhnt auf. Sie beugt sich vor und redet auf Dr. Grüner ein, aber der schüttelt entschieden den Kopf. Richtig kämpferisch wirkt der jetzt; die Resignation, die er an den vergangenen Prozesstagen zur Schau getragen hat, scheint verflogen.

»Ich bitte das Gericht um eine kurze Unterbrechung«, sagt er energisch.

Der Richter sieht auf die Uhr und verkündet: »Die Verhandlung wird nach der Mittagspause um zwei Uhr fortgesetzt.«

KAPITEL 24

AACHEN, 1954–1960

Hennis Besuch in Monschau war zwei Tage her, als sie mit Frau Castrup in der Küche stand. Sie setzten eine Rinderbouillon an, und Karla Castrup erklärte ihr die einzelnen Schritte. Ganz nebenbei bemerkte sie: »Kindchen, was ist los? Ich sehe doch, dass was nicht stimmt.«

Henni bat um Entschuldigung, und weil Karla Castrup sich damit nicht zufriedengab und wartete, sagte sie: »Matthias … er ist tot.«

Die Hausherrin sah sie erschrocken an. »O Gott, das tut mir leid. Warum hast du denn nichts gesagt? Wie ist das passiert?«

Nach und nach erzählte Henni von ihrem Besuch in Monschau, und während sie sprach, löste sich die schmerzhafte Verkrampfung in ihren Schultern. »Mein Vater will mir nicht sagen, wo Fried ist. Er gibt mir die Schuld an allem, behauptet, ich würde ihn verderben.« Nicht ohne Trotz fügte sie an: »Aber ich fahre wieder hin und gehe zur Fürsorgestelle. Dort wird man wissen, wo Fried ist.«

Am Freitag machte Henni sich erneut auf den Weg nach

Monschau. Die Fürsorgestelle hieß jetzt Jugendamt, und sie saß lange auf dem Flur, ehe man sie vorließ. Eine Frau Horn war zuständig. Sie war um die fünfzig und bat Henni Platz zu nehmen. Akten stapelten sich links und rechts auf dem Schreibtisch. Schweigend hörte sie zu, doch noch während Henni sprach, wurde ihr zunächst freundlicher Blick zusehends abweisend. Als Henni geendet hatte, stand sie auf, suchte in einem Aktenschrank und setzte sich mit einem blassgrünen Hefter zurück an den Tisch. Das dünne Papier raschelte unter ihren Fingern, als sie darin hin und her blätterte und murmelnd kommentierte: »Ach ja … Ja, ich erinnere mich. Sie waren dann … ja, ja. Und Ihre Brüder … ja, hier.«

Henni knetete ihre Hände im Schoß. Die halben Sätze der Frau machten sie nervös, und als die jetzt schwieg, wagte sie sich vor. »Ich möchte nur die Adresse von Fried.« Sie versuchte, ihrer Stimme Festigkeit zu geben und die Bitte ganz selbstverständlich klingen zu lassen, so als stünde ihr die Information zu.

Frau Horn blätterte. »Ja, ja … ich verstehe. Dass Ihr Bruder Matthias verstorben ist, wissen Sie?« Ganz beiläufig sagte sie das, ohne ihr Gegenüber anzusehen. Henni zuckte zusammen. Die Frau blickte auf. »Wie dem auch sei, ich kann Ihnen die Adresse Ihres Bruders nicht geben. Die Vormundschaft liegt bei Ihrem Vater. Sie müssen sich an ihn wenden.« Sie schlug die Akte zu, und in ihrem Blick lag die unmissverständliche Aufforderung an Henni, jetzt zu gehen.

»Bitte«, versuchte die es kleinlaut, »ich bin doch seine Schwester.« Die Frau zog die Augenbrauen hoch. In ihrem Blick lag reiner Vorwurf, als sie mit strenger Stimme sagte:

»Ich entnehme den Unterlagen, dass Sie die letzten Jahre wegen einer Straftat in der Besserungsanstalt in Aachen verbracht haben. Das spricht nun wirklich nicht für Sie. Es ist völlig verständlich, dass Ihr Vater Ihren kriminellen Einfluss auf seinen Sohn fürchtet.« Sie stand auf, legte den Hefter zurück in den Schrank und deutete zur Tür. »Ich muss Sie bitten, jetzt zu gehen.«

Henni biss die Zähne aufeinander, spürte den aufsteigenden Zorn und schluckte angestrengt. Keinen Fehler machen, hämmerte es in ihrem Kopf, jetzt keinen Fehler machen, aber es half nichts. »Aber ich habe doch das Recht …«

»Nein, das haben Sie nicht«, unterbrach Frau Horn sie ungehalten, »Sie sind eine Kriminelle und müssen erst noch beweisen, dass Sie in der Lage sind, sich an Gesetze zu halten und ein anständiges Leben zu führen.«

Sprachlos verließ Henni das Amt, blieb minutenlang unschlüssig auf der Straße stehen und kämpfte mit dem, was sie eben gehört hatte. Eine Kriminelle. Das würde ihr für immer bleiben.

Es war noch früh, und ohne lange darüber nachzudenken, machte sie sich auf den Weg nach Velda. Einfach aufgeben wollte sie nicht, und wenn sie sowieso als kriminell galt, konnte sie sich auch so verhalten. Ihr Vater würde im Pfarramt sein, und vielleicht fände sie zu Hause einen Hinweis darauf, wo Fried untergebracht war.

Sie ging um das Haus herum zur Küchentür. Die war nie verschlossen gewesen, und Henni meinte sich zu erinnern, dass es nicht mal einen Schlüssel gab. Vorsichtig drückte sie die Klinke hinunter, aber nichts tat sich. Sie nahm die Fenster in Augenschein. Früher hatten sie die Haspen, die die Fenster innen sicherten, nicht eingehängt. Dann konnte man sie von außen öffnen, indem man am unteren Rahmen zog. Sie hatte Glück und stieg in die frühere Schlafkammer der Jungen ein.

Das kleine Zimmer war staubig, aber unverändert. Es wirkte so, als könnten Matthias und Fried gleich zurückkehren. Auf dem Stuhl, neben dem Bett, stand noch das Bild der Mutter, das Henni hatte rahmen lassen. Sie öffnete die Zimmertür und trat in die Küche. Schmutziges Geschirr, leere Bierflaschen und ein überquellender Aschenbecher auf einer fleckigen Tischdecke, mit Brandnarben von vergessenen Zigaretten übersät. Sie zog die Tischschublade auf, in der früher die Post aufbewahrt wurde, und hoffte auf Briefe von Fried an den Vater, fand aber nur eine Strom- und eine Kohlerechnung. Unten im Schrank, neben dem guten Geschirr, hatte die Mappe mit wichtigen Unterlagen gelegen. Jetzt war sie fort. Sie öffnete die Küchenbank, durchstöberte die Truhe darunter und fand ganz unten das Fotoalbum. Im Elternschlafzimmer suchte sie im Kleiderschrank. Der Mantel, das Sommerkleid, der Rock und die Bluse der Mutter. Alles war immer noch an dem Platz, an dem sie es vor Jahren aufgehängt hatte. Für einen Moment stand sie ganz still, spürte das Warten, das im Haus allgegenwärtig war. Ihr Vater wartete! Das hatte er schon getan, als sie alle noch da gewesen waren. Aber worauf?

Sie strich über den Ärmel des Wollmantels. Zerfressene Fasern, fein wie Staub, rieselten zu Boden und legten daumengroße Mottenlöcher frei. So kann doch niemand leben, dachte sie und war sich gleichzeitig sicher, dass sie hier kein Lebenszeichen von Fried finden würde. Hier war nur Vergangenheit. Ein Mausoleum, randvoll mit Gestern. Wahrscheinlich gab es im Pfarramt oder in der Kirche einen Ort, an dem der Vater die Zeichen seines jetzigen Lebens ablegte. Dort war er zu Hause, und nicht erst seit sie fort waren.

Sie ging noch einmal in die Schlafkammer der Jungen, löste das Bild der Mutter aus dem Rahmen, schloss das Fenster und nahm das Fotoalbum an sich. Dann verließ sie das Haus durch die Vordertür.

Auf dem Rückweg nach Aachen kam ihr zum ersten Mal der Gedanke, dass sie endgültig versagt hatte. Die Jahre in der Besserungsanstalt hatte sie mit den Gedanken an ihre Brüder und dem Ziel, sie wiederzusehen, überstanden. Und jetzt, wo die Zeit endlich gekommen war, war nur noch Fried da, und den würde sie erst wiedersehen, wenn er volljährig war und selber entscheiden konnte.

Am Abend blätterte sie im Beisein von Karla Castrup das Album durch, erklärte wer, wann und wo auf den Fotos zu sehen war. Wie ein Abschied kam ihr das vor, ein letzter Blick zurück.

Karla Castrup war es, die ihr einige Tage später noch einmal Hoffnung machte. »Ich habe mit meinem Mann gesprochen. Er wird am Sonntag nach Velda fahren und versuchen, mit deinem Vater zu sprechen.«

Henni umarmte sie spontan. Die Fürsprache eines Landtagsabgeordneten, so hoffte sie, würde vielleicht Eindruck machen und den Vater umstimmen.

Als Herr Castrup am Sonntagmittag zurückkam, stand Henni am Fenster und meinte ihm schon anzusehen, dass er keine guten Nachrichten brachte. Er ging direkt auf die Terrasse zu seiner Frau und rief sie kurze Zeit danach zu sich.

»Es tut mir leid, Fräulein Schöning. Ihr Vater sagt, er

habe vor einigen Tagen mit dem Heim telefoniert und nachgefragt, ob Fried Sie sehen möchte.« Er machte eine Pause
und schüttelte bedauernd den Kopf. »Fried will nicht, dass
Sie ihn besuchen.«

Das ist nicht wahr!, brüllte es in ihr. Nicht Fried. Das
kann nicht sein!, aber nichts von diesem inneren Aufruhr
drang nach außen. Reglos blickte sie über den Garten, hörte wie durch einen undurchdringlichen Nebel, dass Herr
Castrup weitersprach, hörte die Stimme seiner Frau, die
Vögel im Garten und ein Auto, das auf der Straße vorbei-
fuhr. Da war dieser Faden in ihrer Brust, der mit einem
Ruck zerriss. Ein heftiger kurzer Schmerz, der sie endgültig
alleine zurückließ.

Tagelang kämpfte sie mit Frieds Zurückweisung und dem
Gefühl der Verlassenheit, aber nach und nach war da auch
etwas Neues. Freiheit! Eine Zukunft, die – bis auf ihre täglichen Pflichten – nichts von ihr verlangte. Unbekanntes
Terrain, das sie zunächst unsicher, aber schon nach einigen
Wochen mit wachsender Neugier betrat. Und mit der Neugier kam der Lebenshunger aus Kindertagen zurück. Sie
war einundzwanzig Jahre alt und wollte das Leben, das vor
ihr lag.

Für Karla Castrup war Henni bald mehr als nur eine Haus-
angestellte. Sie animierte sie, sich in der Bibliothek zu be-
dienen, sprach mit ihr über Kunst, Literatur, Musik und
Theater, und oft saßen sie abends zusammen vor dem Radio
oder dem Fernseher. Im November kam Karla Castrup aus
der Stadt und verkündete strahlend: »Kindchen, ich hab dir
was zum Anziehen gekauft. Ich will endlich wieder ins
Theater, in die Oper und ins Kino, und da mein Mann sel-

ten Zeit hat und es mir alleine keinen Spaß macht, möchte ich, dass du mich begleitest.« Hennis spontaner Freude folgten Bedenken. Von ihrem Lohn war nicht viel übrig. Sie hatte die zu weite Bluse eingenäht, den Wollrock gekürzt und sich in einem Anfall von Übermut Seidenstrümpfe gekauft. Jetzt sparte sie auf Schuhe, um die alten, die noch aus der Besserungsanstalt waren, endlich loszuwerden.

»Das ist sehr nett, aber … das kann ich mir nicht leisten«, wandte sie verlegen ein, doch Frau Castrup wehrte ab.

»Das musst du auch nicht, schließlich will ich, dass du mich begleitest«, und Henni ließ sich von ihrer quirligen Vorfreude anstecken.

Sie probierte ein rotes Kleid mit eckigem Ausschnitt und weit schwingendem, knielangem Rock. Bevor sie in schwarze Lackpumps schlüpfte, lief sie in ihr Zimmer und zog die Seidenstümpfe an. Zum Schluss reichte Frau Castrup ihr einen auf Taille gearbeiteten hellen Mantel mit breitem Kragen aus ihrem eigenen Kleiderschrank, der ihr nicht mehr passte. Henni lief auf den Flur und betrachtete sich im Spiegel.

Karla Castrup schob den Mantel, der etwas zu weit war, vorne übereinander. »Da müssen wir die Knöpfe ein kleines Stück versetzen, dann passt er wie angegossen.« Sie stellte sich hinter Henni und blickte sie im Garderobenspiegel zufrieden an. »Jetzt kann man sehen, was für eine hübsche junge Frau du bist.«

Und da war er wieder da. Dieser kleine Glücksmoment. Dieses kurze Aufflammen von Freude in ihrer Brust. Das Leben meinte es gut mit ihr. Selbst ihr kühnes Lachen war in den folgenden Wochen und Monaten wieder zu hören.

Alles war neu. Sie besuchte zum ersten Mal ein Kino, ein

Museum, ging ins Theater und in die Oper. Karla Castrup nahm sie in dieser fremden, aufregenden Welt an die Hand. Wenn sie Bekannte der Castrups trafen, die Henni bei Empfängen im Haus schon bedient hatte, stellte Karla sie mit den Worten vor: »Das ist Fräulein Schöning, meine unabkömmliche rechte Hand.«

Dieses Arrangement war nicht nur für Henni eine Bereicherung. Herr Castrup, der sie nun etwas steif »Fräulein Henni«, nannte, sagte eines Abends zu ihr: »Ich hatte große Bedenken, als meine Frau mit dem Vorschlag kam, ein Mädchen aus dem Erziehungsheim einzustellen, aber jetzt bin ich sehr froh, dass Sie hier sind. Sie tun ihr gut.«

Über zwei Jahre vergingen, und dann kam der Mai 1957. Sie war im Auftrag von Karla Castrup in der Stadt unterwegs, hatte beim Schuster Schuhe abgeholt, einen Anzug in die Reinigung gebracht und Äpfel für einen Kuchen eingekauft. Der junge Mann kam mit Schwung, in beiden Armen einen Eimer mit Blumen, hinter einem Pritschenwagen hervor, und sie stießen zusammen. Die Tüte mit dem Obst fiel zu Boden, die Äpfel kullerten über den Gehsteig. Henni schimpfte sehr unfein, während der Mann seine Eimer abstellte, die Äpfel einsammelte und ihr reichte. Anschließend zog er eine Blume aus einem der Gebinde und reichte sie ihr.

»Ich bitte um Entschuldigung«, sagte er verlegen, »ich habe Sie nicht kommen sehen.« Dann fügte er mit einem fröhlichen Lachen hinzu: »Sie können aber fluchen. Das hätte ich Ihnen gar nicht zugetraut.«

Henni wurde puterrot. Sie wollte weitergehen, aber da war etwas in seinem Lachen, in seinem Gesicht, das sie aufhielt.

Er reichte ihr seine schwielige Hand und stellte sich vor. »Georg Bernhard.«

Sie sah das Grübchen an seinem Kinn und die Lachfältchen an den Augen und fühlte sich augenblicklich zu ihm hingezogen. Auch ihm schien es so zu ergehen, denn er hielt ihre Hand länger als nötig, plapperte von einem »wunderschönen Zusammenstoß« und dass das Schicksal sein müsse.

Gut zehn Minuten standen sie auf dem Bürgersteig. Sie erfuhr, dass er in Kornelimünster eine Gärtnerei betrieb und montags und donnerstags Blumengeschäfte in Aachen belieferte. Als sie sich verabschiedeten und er fragte, ob er sie wiedersehen dürfe, stimmte sie sofort zu.

Auf dem Heimweg meinte sie zu fliegen. In den folgenden Wochen legte sie ihre Besorgungen und freien Tage so, dass sie ihn treffen konnte, und fieberte diesen Begegnungen entgegen. Sie besuchten Cafés, saßen am Luisenbrunnen oder schlenderten durch die Stadt. Sie erzählte von ihrer Arbeit bei den Castrups, von Kino- und Theaterbesuchen und dass sie aus Velda sei. Von ihrer Verurteilung, der Besserungsanstalt, ihren Geschwistern und dem Zerwürfnis mit ihrem Vater sprach sie nicht. Der Gedanke, er könne sich dann von ihr abwenden, war ihr unerträglich. Karla Castrup, die Hennis erste Liebe mit Wohlwollen beobachtete, war es, die sie darauf ansprach.

»Kindchen, weiß er alles?«, fragte sie eines Abends, und als Henni den Kopf schüttelte, schnalzte sie mit der Zunge. »Solche Geheimnisse sind in der Liebe nicht gut«, sagte sie tadelnd, »und wenn er sich wegen deiner Vergangenheit von dir trennt, dann ist er auch nicht der Richtige.«

Beim nächsten Treffen wagte sie den Schritt. Er hörte

schweigend zu, und als sie geendet hatte, zog er sie an sich und sagte: »Das tut mir so leid, Henni.« Kein Zurückweichen und kein Vorwurf, nur die Frage, warum sie so lange geschwiegen habe.

Sie stellte Georg im Hause Castrup vor, und er nahm sie mit nach Kornelimünster, wo sie seinen Vater und seine Schwester Margret kennenlernte. Von nun an verbrachte sie ihre freien Tage in der Gärtnerei und lernte alles über Blumenzucht.

Im Februar 1959 eröffnete Karla Castrup ihr, dass ihr Mann weitere vier Jahre in Düsseldorf arbeiten würde und sie sich entschieden hätten, das Haus zu verkaufen und ihren Wohnsitz in die Landeshauptstadt zu verlegen. »Heinrich ist nicht mehr der Jüngste, dieses ständige Hin-und-her-Reisen tut ihm nicht gut. Und du wirst ja auch bald heiraten.« Georg sprach schon seit Monaten von Hochzeit, aber Henni hatte gezögert, wollte Karla Castrup nicht verlassen. Jetzt war es entschieden, und im Mai des gleichen Jahres, das ließen die Castrups sich nicht nehmen, richteten sie in ihrem Haus ein letztes großes Fest aus – Hennis Hochzeit mit Georg Bernhard.

KAPITEL 25

AACHEN, HERBST 1970

Elsa verlässt den Gerichtssaal und entdeckt Jürgen Loose, der am Ausgang wartet. Er macht einen zufriedenen Eindruck. »Die Aussage von Frau Castrup war gut für die Verteidigung. Was meinen Sie?«

Sie überhört seine Frage. »Wir haben zu reden, Herr *Merk*«, erwidert sie unwirsch und drängelt sich an den Menschen vorbei, die ebenfalls den Gerichtssaal verlassen. Unten in der Eingangshalle setzt sie sich auf eine Bank aus poliertem Holz. Jürgen Loose kommt näher und tritt von einem Bein auf das andere.

»Hören Sie, es tut mir leid, aber ich heiße wirklich Jürgen Loose. Der zweite Mann meiner Mutter hat mich und meine Schwester adoptiert. Ich habe Ihnen doch erzählt, dass sie wieder geheiratet hat.«

»Wie Sie heißen, ist mir ganz egal. Sie sind der Sohn von Ludwig Merk, und das haben Sie mir absichtlich verschwiegen.« Elsa breitet ihr blütenweißes Taschentuch neben sich aus, packt ihre Brotdose darauf, schenkt Kaffee in den Deckel der Thermoskanne und nimmt einen Schluck.

»Ich wollte es Ihnen ja sagen, aber ...«

»Aber was?« Sie funkelt ihn an. Er atmet hörbar durch und setzt sich ebenfalls auf die Bank, das Taschentuch mit Brot und Kaffee zwischen sich und Elsa. Mit der ihm eigenen Handbewegung schiebt er sein Haar zurück.

»Sie sind ungerecht. Als ich Sie kennenlernte, habe ich mich korrekt vorgestellt«, wehrt er sich.

»Ach ja? Und das mit dem Jurastudenten und der angeblichen Arbeit über den Prozess?«, knurrt Elsa.

»Aber das stimmt! Ehrenwort. Ich studiere Jura in Köln, und ich schreibe eine Semesterarbeit über diesen Prozess.«

Schnaubend greift sie nach einem der Brote. Jürgen Loose beugt sich vor, stützt die Ellbogen auf die Oberschenkel und sieht zu Boden. »Ich wollte es Ihnen ja sagen, aber irgendwie ... ich wusste nicht, wie Sie darauf reagieren würden, und ich wollte möglichst viel über die Zeit damals erfahren. Natürlich auch über meinen Vater. Und dann wurde es von Mal zu Mal schwerer, es richtigzustellen.« Er dreht den Kopf und sieht sie an. »Auf dem Spaziergang haben Sie gesagt: *Irgendwann ist der richtige Zeitpunkt verpasst, und danach findet man keine Erklärung mehr für das Versäumnis.* So ist es mir auch ergangen.«

Elsa schluckt an ihrem Brot und dem Zitat. »Da ging es um was ganz anderes«, schimpft sie, aber ihr Tonfall klingt schon versöhnlicher.

Er richtet sich auf. »Ich wollte Sie nicht belügen, das müssen Sie mir glauben. Dieser Prozess und alles, was damit zu tun hat ... ich bin da hineingeschlittert. Der Professor hatte eine Liste mit aktuellen Strafprozessen ausgelegt und uns empfohlen hinzugehen, damit wir Einblick in die Praxis bekommen. Ich habe erst im Gerichtssaal gehört, dass Henriette Bernhard mit Mädchennamen Schöning hieß, und war wie vor den Kopf gestoßen. Danach wollte ich nicht mehr hingehen, aber dann … Irgendwie war es ein Wink des Schicksals. Für meine Mutter ist Henni immer die gewesen, die an allem schuld war.«

Elsa lässt das Brot sinken. »Was meinen Sie? Woran soll Henni schuld gewesen sein?«

»Mein Vater hat nie verwunden, dass er Johanna erschossen hat. Er hat das Trinken angefangen. In Velda wurden wir wie Aussätzige behandelt, Sie haben ja selber davon erzählt. Vater hat dann um seine Versetzung gebeten, und wir sind nach Koblenz gezogen. Meine Eltern hatten wohl gehofft, dass sie das Unglück hinter sich lassen könnten, aber für Vater ging das nicht. Er hat weitergetrunken, und ein Jahr später haben sie ihn beim Zoll entlassen. Danach hat er als Nachtportier in einem kleinen Hotel gearbeitet. Als ich zehn war, ist er mit seinem Fahrrad volltrunken unter einen Lastwagen geraten.« Er räuspert sich und blickt wieder zu Boden.

»Meine Mutter macht Henni Schöning bis heute für seinen Tod verantwortlich. Mein Vater hat nüchtern nie davon gesprochen, aber ich weiß noch, dass er betrunken manchmal sagte: ›Wenn sie stehen geblieben wären, dann wäre das nicht passiert!‹, oder: ›Wenn ich die Henni, als der Kopisch ums Leben kam, nicht einfach nach Hause geschickt hätte, dann wäre ihr das vielleicht eine Lehre gewesen, und sie hätte mit dem Schmuggel aufgehört.‹ Aber er hat nie behauptet, dass sie für sein Unglück verantwortlich war. Im Gegenteil, ich erinnere mich, dass er immer sehr freundlich von ihr gesprochen hat. Ich bin also mit zwei Wahrheiten aufgewachsen. An den ersten Prozesstagen dachte ich, das sei die Gelegenheit, herauszufinden, welche davon stimmt.«

Elsa sitzt, die Hände mit dem Butterbrot im Schoß, ganz still da. Als er nicht weiterspricht, nimmt sie einen Schluck Kaffee. »Mit diesem ›Wenn‹ hätte Ihr Vater erst gar nicht anfangen sollen. Das ist wie Im-Kreis-Laufen. Wenn dieses oder jenes nicht oder anders gewesen wäre … Damit kommt man nie an ein Ende. Was passiert ist, ist passiert, und da lässt sich im Nachhinein nichts berichtigen.« Sie beißt von ihrem Brot ab, kaut nachdenklich und schluckt. »Und diese ›zwei Wahrheiten‹, von denen Sie da sprechen«, sagt sie schließlich, »das sind keine Wahrheiten. Jeder legt sich die Dinge rückblickend so zurecht, dass er damit leben kann. Das tun wir alle. Für Ihre Mutter ist es am erträglichsten, in Henni eine Schuldige zu haben, und im Grunde schadet sie ja niemandem damit.« Sie dreht sich zu ihm und fragt plötzlich: »Woher kennen Sie eigentlich Frau Castrup? Die kennen Sie doch, oder?«

Jürgen Loose nickt. »Ich habe mit Dr. Grüner, dem Anwalt von Henni, gesprochen.« Er steht auf und läuft vor Elsa auf und ab. Elsa beobachtet ihn. »Wir haben uns überlegt, wenn Henni nichts für ihre Verteidigung tut, dann müssen wir eben andere finden, die für sie aussagen. Bisher geht es doch immer nur um diese spärlichen Indizien und die Zeugin, die Henni am Bahnhof gesehen haben will. Und Hennis Schweigen wirkt wie ein Schuldeingeständnis.« Er redet sich warm. »Ich habe mich mit Frau Castrup in Verbindung gesetzt. Dr. Grüner hat sich entschlossen, Hennis Mann in den Zeugenstand zu rufen. Außerdem habe ich gestern mit Fried Schöning telefoniert. Er ist bereit, zu kommen und ebenfalls auszusagen. Grüner will heute noch erreichen, dass ein weiterer Verhandlungstag angehängt wird, damit Fried gehört werden kann.«

Während sie ihm zuhört, denkt sie zufrieden, dass sie sich wohl doch nicht in ihm getäuscht hat. Und ob er sich nun für Hennis Prozess interessiert, weil er der Sohn von Ludwig Merk ist oder weil er diese Arbeit schreiben muss, spielt eigentlich keine Rolle. Als er endlich stehen bleibt, betrachtet sie ihn zufrieden. Sie nimmt ein Käsebrot aus ihrer Dose und reicht es ihm. Ein Friedensangebot.

»Sie müssen Hunger haben, greifen Sie zu.«

Er nimmt das Brot, lächelt erleichtert und setzt sich wieder hin. »Ich wollte Sie noch was fragen, Elsa. Laut Dr. Grüner findet sich in den Polizeiprotokollen keine Aussage von Ihnen. Da ist wohl nur der Vermerk, dass man Sie befragt hat und Ihnen nichts Verdächtiges aufgefallen ist.«

Elsa nickt. »Die wollten wissen, ob ich Henni oder Fried an dem Tag vor dem Feuer gesehen habe. Hab ich aber nicht. Das kann ich beeiden.«

»Aber ist Ihnen vielleicht irgendwas anderes aufgefallen? Alles könnte wichtig sein.«

Ein ganzer Pulk von Menschen strömt von der Straße in die Eingangshalle. Jürgen Loose blickt auf die Uhr. »Wir sollten hochgehen, es geht gleich weiter.«

Elsa packt die leere Brotdose und die Thermoskanne, legt das Taschentuch zusammen und steckt es in ihre Manteltasche.

Sie finden zwei Plätze nebeneinander und verfolgen Georg Bernhards Aussage. Dr. Grüner befragt ihn nach seinem Leben mit Henni, nach ihrem Charakter. Georg Bernhard schildert sie als fürsorgliche Mutter, gute Ehefrau und zuverlässige Partnerin in der Gärtnerei. »Nein«, sagt er, »meine Frau hat das nicht getan. Niemals!«

Der Staatsanwalt konzentriert sich anschließend auf den

neunten April, den Tag der Anhörung vor dem Amtsgericht in der Sache Matthias Schöning.

»Stimmt es, dass Ihre Frau beiden Opfern – Schwester Angelika und ihrem Vater Herbert Schöning – gedroht hat?«

Hennis Mann bejaht das leise.

»Können Sie uns sagen, wann Ihre Frau an dem Abend nach der Anhörung nach Hause kam?«

Mit belegter Stimme erklärt Georg Bernhard, dass sie erst nach zweiundzwanzig Uhr zu Hause angekommen sei. Auch für die Nacht des Feuers kann er Henni nicht entlasten. »Ich weiß nicht, wann meine Frau zu Hause war. Ich habe sie nicht kommen hören.«

Man kann sehen und hören, wie schwer ihm die Antworten fallen. Der kann nicht lügen, schon gar nicht vor einem Gericht, denkt Elsa. Sie erinnert sich an das, was Henni vor Jahren, als sie nach ihrem Friedhofsbesuch bei ihr auf einen Kaffee vorbeigekommen war, erzählt hatte: »Abends hat Georg bemerkt, dass er einen Posten zu viel auf eine Rechnung gesetzt hat. Es ging um zwei Mark bei einer Summe von über zweihundert. Er hat die ganze Nacht nicht geschlafen, und am nächsten Tag ist er mit der korrigierten Rechnung zum Kunden gefahren und hat sich entschuldigt.«

Elsa blickt zu Henni hinüber. Sie sieht ihr an, wie sehr sie darunter leidet, ihren Mann in eine solche Situation gebracht zu haben.

Als Georg Bernhard den Zeugenstand verlässt und Dr. Grüner den Antrag stellt, einen weiteren Verhandlungstag anzuhängen, um den Zeugen Fried Schöning zu hören, stöhnt Henni auf und schlägt die Hände vors Gesicht.

Der Staatsanwalt ruft spöttisch: »Herr Kollege, nicht mal Ihre Mandantin scheint an weiteren Zeugenvernehmungen interessiert zu sein. Das ist doch bloße Taktik, und ich weiß nicht, welche Erkenntnisse eine Aussage von Fried Schöning uns noch bringen könnte.«

»Ich bin mir sicher, dass die Aussage des Herrn Schöning sehr wohl von Bedeutung ist«, kontert Dr. Grüner. Henni, das sieht Elsa genau, fängt hinter ihren Händen an zu weinen. Der Richter scheint unschlüssig, beäugt den Anwalt und die Angeklagte. Vielleicht ist es Hennis Weinen, diese erste deutliche Reaktion, die sie im Gerichtssaal zeigt, die ihn zustimmen lässt. Er blättert in einem Kalender und entscheidet: »Ich setze diese letzte Zeugenvernehmung auf Freitag, neun Uhr, fest.« An Dr. Grüner gewandt, fügt er streng hinzu: »Ich gehe davon aus, dass dann alle Zeugen gehört worden sind und Sie nicht noch weitere aus dem Hut zaubern.«

»Nein, Fried Schöning ist der letzte«, versichert der Anwalt. Er dreht sich zu seiner Mandantin. Henni lässt ihre Hände sinken. Mit verweintem Gesicht funkelt sie ihn zornig an.

Jürgen Loose begleitet Elsa nicht zum Bahnhof, er ist mit dem Auto gekommen. Als sie vor das Landgericht tritt, hat die Sonne sich in eine Wolkenlücke geschoben und lässt den nassen Asphalt silbrig glänzen. Elsa ist in Gedanken mit Jürgen Loose beschäftigt. Dass der Sohn vom Merk sich jetzt um Gerechtigkeit für Henni bemüht … Ihre Mutter hatte immer gesagt: »Gottes Wege sind unergründlich« – eine einfache Erklärung, aber sie findet keine andere. Johannas Tod hatte beide, Ludwig Merk und Henni, aus der

Bahn geworfen. Dieser Schuss. Dieser Bruchteil einer Sekunde hallte bis heute nach.

Ihre Gedanken schweifen zu der Frage, die er ihr während der Verhandlungspause gestellt hat. »Ist Ihnen vielleicht irgendwas aufgefallen?« Im Zug versucht sie, sich genau an diesen elften April zu erinnern. Sie war vom Einkaufen gekommen und hatte Herbert Schöning im Garten gesehen. Warum war er dort gewesen? Und überhaupt. Es war Mittag gewesen. Eigentlich hätte er um die Zeit beim Essen im Pfarramt sein müssen. Und dann der Abend, als sie die Wäsche aufgehängt hatte. Wie war das noch gewesen? Das geöffnete Fenster. Er hatte gelüftet.

KAPITEL 26

KORNELIMÜNSTER, 1960–1969

Aus Henni Schöning war Frau Bernhard geworden. Der neue Name und die Zeit schafften Abstand. Nicht dass sie mit ihrer Vergangenheit gänzlich abschließen konnte, aber die Kinder- und Jugendzeit blieb zurück. Sie hatte ihren Platz im Erinnern, fand sich in dem Fotoalbum, das sie aus ihrem Elternhaus mitgenommen hatte, oder in Velda, wenn sie hinfuhr und Blumen aufs Grab stellte. Die Hoffnung, dass Fried sich bei seiner Volljährigkeit bei ihr melden könnte, hatte sie längst aufgegeben, hatte hingenommen, dass auch er mit ihr gebrochen hatte.

Die Gärtnerei lag auf einer Anhöhe, oberhalb von Kornelimünster mit seinen Fachwerkhäusern, der Abtei und der Inde, die durch den Ort floss. Im Hause Bernhard kümmerte sich Georgs ältere Schwester Margret um den Haushalt, während Henni, ihr Mann und ihr Schwiegervater in den Treibhäusern, in der Baumschule und auf dem Feld arbeiteten, auf dem sie Rosensorten züchteten. Nachts lag sie neben Georg. Wenn er sie in den Armen hielt und sie sich liebten, rührten diese Augenblicke an ihrer alten Lebenslust, und sie sammelte sie auf ihrer inneren Waage, legte aus einer diffusen Besorgnis heraus Vorräte für die Zukunft an.

Georgs Vater Willi war ein zufriedener Mann, der ganz im Züchten seiner Rosen aufging. Er mochte Henni, und sie ging ihm gerne auf dem Rosenfeld zur Hand, wo er ihr das richtige Beschneiden und Veredeln der Pflanzen beibrachte. Nur mit Margret war es zunächst schwierig. Erst beschwerte sie sich, dass der ganze Haushalt an ihr hängen blieb, aber als Henni Arbeiten übernahm, empfand sie das als Einmischung und fragte beleidigt, ob Henni der Meinung sei, dass sie es besser könne. Am Ende gingen sich die beiden Frauen so weit wie möglich aus dem Weg.

Das änderte sich im Sommer 1961, als Henni ihren Sohn Michael zur Welt brachte. Von da an war Margret wie ausgewechselt. Michael war ihr Augenstern. Sie kümmerte sich liebevoll um ihn und unterstützte Henni, wo immer sie konnte.

Die Gärtnerei lief gut, es gab viel zu tun. Georg pachtete weiteres Land dazu, und Henni machte den Führerschein. Sie schafften sich zu dem Pritschenwagen einen Ford Kombi an, mit dem Henni die Blumenläden belieferte, während Georg sich um die Baumschule und die Auftragsarbeiten von Privatkunden und Firmen kümmerte.

Im Frühjahr 1962 fuhr Henni nach Velda, um Blumen auf das Grab ihrer Mutter und ihrer Geschwister zu legen. Auf dem Weg zurück zum Auto sah sie eine Frau mit Gießkanne die Straße entlangkommen. Henni erkannte sie an ihrem Gang. »Elsa?«, rief sie, und die Frau kam zögernd auf sie zu.

Die anfängliche Fremdheit war schnell verflogen. Sie

rührten beide nicht an Johannas Tod, nicht an Hennis Zeit in der Besserungsanstalt und auch nicht daran, dass Elsa sie dort nie besucht hatte. Über eine Stunde standen sie beieinander und verabschiedeten sich mit dem Versprechen, sich wiederzusehen. Seither ging Henni, wann immer es ihre Zeit erlaubte, nach den Friedhofsbesuchen auf einen Kaffee zu Elsa. Die ersten Treffen brauchten noch die Brücken der gemeinsamen Geschichte, waren voll mit Satzanfängen wie: »Weißt du noch …?«, »Erinnerst du dich an …?«, aber schon bald tauschten sie die Sorgen und Freuden der Gegenwart aus, und aus der verschwörerisch engen Bindung der Mädchentage wurde eine erwachsene, verlässliche Freundschaft.

Von Elsa erfuhr sie, dass die Blumen, die sie auf das Grab stellte, von Herbert Schöning immer schon am folgenden Tag entfernt wurden. Wie zum Trotz hielt sie an den monatlichen Friedhofsbesuchen fest und brachte prachtvolle Blumengebinde.

Die folgenden Jahre vergingen wie im Flug. Es war eine arbeitsreiche und gute Zeit, in der Henni ihre Tochter Sabine zur Welt brachte und der Betrieb stetig wuchs. Sie stellten zwei Mitarbeiter ein, bauten das Wohnhaus aus, und 1967 leisteten sie sich mit den Kindern einen einwöchigen Urlaub an der Nordsee.

Erst der zehnte August 1968 brachte die Vergangenheit in Hennis heile Welt zurück.

Es sollte ein heißer Tag werden, und sie hatte mit ihrem Schwiegervater schon um fünf in der Frühe mit der Arbeit begonnen, weil die Hitze in den Treibhäusern im Laufe des Tages unerträglich wurde.

Sie hatten zu Mittag gegessen. Der Himmel stand hoch

und blau, die Luft flirrte zwischen den Glashäusern. Georg erledigte mit den Mitarbeitern einen Auftrag in Stolberg und war über Mittag dort geblieben. Die Kinder spielten im Hof, der alte Bernhard hatte sich in der Stube aufs Sofa gelegt, und Margret und Henni räumten den Tisch ab und spülten in der Küche das Geschirr.

In drei Wochen sollte Michaels erster Schultag sein, und die beiden Frauen machten sich Gedanken über die Schultüte. Margret hatte glänzend blauen Karton, Krepppapier und Bilder von Autos und Zügen zum Bekleben besorgt, und sie überlegten, was sie in die Tüte hineingeben könnten.

Der Fremde stand plötzlich auf dem Hof. Sie sah ihn durchs Küchenfenster. Er trug ein kurzärmeliges, kariertes Hemd und einen Rucksack auf dem Rücken, mit einem Finger hielt er eine braune Lederjacke im Aufhänger über der Schulter. Nichts an dem breitschultrigen, braun gebrannten Mann erinnerte an den damals Zehnjährigen, und doch wusste Henni sofort, wer er war. Wie versteinert stand sie hinter der Scheibe und sah zu ihm hinüber.

»Eins von diesen Mickymaus-Heften«, hörte sie Margret sagen. Henni zog das Geschirrtuch von der Schulter, trocknete sich die Hände daran ab und legte es auf den Rand des Spülbeckens. Langsam, wie von unsichtbarer Hand gezogen, ging sie zur Tür hinaus. Sie standen gut vier Meter voneinander entfernt, beide mit dieser stummen Frage im Blick. »Henni«, sagte er endlich, und es klang fragend und erkennend zugleich. Als sie vorsichtig nickte, machte er drei Schritte auf sie zu, dann blieb er wieder stehen. »Ich ... ich bin Fried«, sagte er, und als sie wieder nur nickte, trat er einen Schritt zurück. Sie sah die Unsicherheit in seinem Ge-

sicht. Sie wollte ihn willkommen heißen, wollte ihn in ihre
Arme ziehen, aber das ging nicht. Dieses Durcheinander, all
die Fragen, die sich in ihrem Kopf stapelten. Wo kommst
du her? Wo warst du? Warum bist du hier? Wieso jetzt,
nach all den Jahren?

»Fried«, flüsterte sie, und als müsse sie sich davon überzeugen, dass er wirklich vor ihr stand, streckte sie die Hand
aus und berührte seinen Arm.

Er schluckte angestrengt. »Es war gar nicht leicht, dich
zu finden«, sagte er verlegen.

»Mama, was ist denn?«, hörte Henni die ängstliche Stimme ihres Sohnes neben sich. Sie zog ihn an sich, und jetzt
endlich fing sie sich wieder, fand zurück in die Gegenwart,
zurück auf diesen Hof. »Das ist dein Onkel Fried«, antwortete sie Michael mit Erstaunen in der Stimme.

Sie bat ihn ins Haus. Es war Margret, die die schweigende
Unsicherheit der beiden plaudernd und mit geschäftigen
Handgriffen nach und nach auflöste. Wie schön es sei, endlich jemanden von Hennis Verwandten kennenzulernen.
Wo er denn lebe. Wie die Reise gewesen sei und ob er Frau
und Kinder habe. Dann stellte sie Kaffee auf den Tisch und
verließ die Küche. Fried erzählte von Nürnberg, von seiner
Frau Brigitte und von der Schreinerei, und Henni berichtete ihm von ihrem Leben in Kornelimünster, ihrem Mann
und den Kindern. Beide sprachen nur von den letzten zehn
Jahren. Die Zeit davor war unwegsames Gelände, das zu
betreten sie noch scheuten. Später, als die Schatten länger
geworden waren, saßen sie auf der Bank vor dem Haus.

»Du übernachtest in Velda bei Vater?«, fragte Henni vorsichtig.

Sein kurzes Lachen klang bitter. »Nein, ganz bestimmt

nicht! Er hat Matthias und mich im Stich gelassen. Und du? Besuchst du ihn?«

Sie schüttelte den Kopf. »Ich gehe regelmäßig zum Friedhof, achte aber darauf, ihm nicht zu begegnen. Er will mich nicht sehen. Für ihn bin ich an allem schuld.«

Sie blieben bis zum späten Abend auf der Bank sitzen. Fried erzählte von dem Kinderheim und davon, dass Matthias fortgelaufen war. »Zu Fuß bis nach Velda. Aber Vater hat ihm nicht geglaubt und ihn am nächsten Tag nach Trier zurückgebracht.« Er erzählte von den Strafen, von dem Loch unter der Treppe und warum Matthias die Lungenentzündung bekommen hatte, an der er gestorben war. »Die haben ihn umgebracht«, sagte er auf diese Art, mit der man Dinge akzeptiert, die man nicht ändern kann. Vielleicht war es die Resignation, mit der er von alldem sprach, die Henni bis ins Mark traf.

Während sie ihm zuhörte, spürte sie ihn aufsteigen, den unbändigen Zorn, von dem sie geglaubt hatte, dass er ihr vor Jahren verloren gegangen war. Jetzt war er wieder da. Vielleicht weil Frieds Worte so fatalistisch klangen, vielleicht weil sie es bereute, dass auch sie vor Jahren aufgegeben und sich abgefunden hatte. Aber das, was er da über Matthias' Tod sagte, war einfach nicht hinnehmbar. Nein, das würde sie nicht schweigend akzeptieren!

Fried räusperte sich. »In den letzten beiden Jahren in Trier habe ich gedacht, dass du doch raus bist aus der Besserungsanstalt. Ich habe nicht verstanden, warum du nie gekommen bist.« Er bemühte sich um einen leichten Ton, wollte ihr keinen Vorwurf machen, hörte aber selbst, dass es ihm misslang.

Henni konnte kaum atmen. Dieser brennende Zorn

schnürte ihr die Luft ab. Sie blickte in die Ferne, wo eine orangerote Abendsonne mit ihrem unteren Rand die Erde berührte. Noch einmal sah sie sich auf der Terrasse der weiß getünchten Villa in der Aachener Kaiser-Friedrich-Allee stehen und hörte Herrn Castrup sagen: »Ihr Vater sagt, er habe vor einigen Tagen mit dem Heim telefoniert. Fried will nicht, dass Sie ihn besuchen.« Und dann fand sie den Namen für das, was in ihr tobte: Es war Verbitterung.

Fried übernachtete im Hause Bernhard. Georg und er verstanden sich auf Anhieb. Sie führten beide einen Handwerksbetrieb, und beim Abendessen war bald die Rede von steigenden Betriebskosten, Problemen mit der Buchführung und ulkigen Kundenwünschen, über die sie herzhaft lachten.

Als Henni Fried am nächsten Tag zur Bahn brachte, versprach sie für den Winter einen Besuch in Nürnberg. »Dann ist es in der Gärtnerei ruhig, und ich kann für zwei oder drei Tage weg.«

Er zog sie zum Abschied an sich. »Ich bin so froh, dass ich dich gefunden habe«, flüsterte er. Im Waggon öffnete er das Abteilfenster, und sie winkten sich zu, während der Zug kleiner und kleiner wurde und schließlich in einer lang gezogenen Kurve verschwand. Henni stand noch lange auf dem Bahnsteig, konnte sich nicht entschließen, nach Hause zu fahren.

Ob sie an diesem Nachmittag entschied, die wahren Umstände rund um Matthias' Tod aufzuklären, wusste sie später nicht zu sagen, aber es war der Tag, an dem ihre Familie und die Gärtnerei zum ersten Mal in den Hintergrund rückten. Sie hatte zugesagt, um siebzehn Uhr zurück zu sein, aber jetzt vergaß sie die Verabredung und suchte eine Anwaltskanzlei auf.

In den folgenden Wochen nahm der tote Matthias immer mehr Platz in ihrem Leben ein. Sie fand Artikel, die in der letzten Zeit zu den Zuständen in Erziehungs- und Kinderheimen erschienen waren. Darin war die Rede von Gewalt und brutalen Strafen und dass an den Universitäten Heimreformen gefordert wurden. Sie telefonierte regelmäßig mit Fried und bat ihn, andere Kinderheimbewohner ausfindig zu machen. Aber der Weg zu einer gerichtlichen Anhörung war lang und zäh. Immer wenn sie meinte, einen Schritt weiter zu sein, erlebte sie Rückschläge. Bis ihr Anwalt endlich Einsicht in die Jugendamtsunterlagen durchsetzen konnte, vergingen Monate. Die Krankenhausakte enthielt die Aufzeichnungen über die Behandlung der Lungenentzündung, doch die Einträge besagten lediglich, dass Matthias in körperlich extrem schlechter Verfassung angekommen sei und am 3. Januar 1951 um 8.50 Uhr an einer Lungenentzündung verstarb.

Der Einblick in die Unterlagen des Kinderheims Trier wurde verweigert. Zweimal versuchte der Anwalt es über den Rechtsweg, aber beide Anträge wurden abgelehnt. »Aufgrund einer bloßen Verdächtigung kann die Herausgabe der Aufzeichnungen nicht eingefordert werden«, stand in der Begründung.

Zu Hause kam es immer öfter zum Streit mit Georg. »Du vernachlässigst die Kinder und deine Aufgaben im Betrieb«, warf er ihr vor, und sie wusste, dass er recht hatte. Dass es ihr leidtue, sagte sie dann, »aber du musst doch verstehen, dass ich das zu Ende bringen muss«.

Im Herbst schien alles ausgereizt.

»Eine kirchliche Einrichtung, damit legt sich keine Staatsanwaltschaft an«, erklärte ihr Anwalt. »Wir haben einfach zu wenig in der Hand. Lassen Sie es gut sein, Frau Bernhard, es hat keinen Zweck.«

Aber Henni schüttelte den Kopf. »Das kann ich nicht. Niemals!«

Am ersten Dienstag im November – sie war nach Trier gefahren, um eines der ehemaligen Heimkinder zu treffen – erwartete Georg sie bei ihrer Rückkehr. Es war spät. Er saß am Küchentisch und sah sie nicht an.

»Henni, so kann es nicht weitergehen. Du musst damit aufhören. Du hast alles versucht, und jetzt ist es genug. Was mit deinem Bruder passiert ist, ist schrecklich, aber es lässt sich nicht ändern. Du kannst ihn nicht wieder lebendig machen, stattdessen machst du unsere Familie kaputt.« Dann sah er auf und teilte ihr mit aller Entschiedenheit mit: »Ich habe den Anwalt angerufen, und nicht mal der glaubt, dass du irgendwas erreichen wirst. Ich habe ihm das Mandat entzogen. Er kostet uns ein Vermögen, für nichts und wieder nichts. Es muss jetzt Schluss sein.«

Henni ließ sich auf einen der Stühle fallen und kämpfte mit den Tränen. Sie erkannte sehr wohl seine Sorge um sie und die Familie, aber wie sollte sie ihm erklären, dass nichts so werden könnte, wie es gewesen war, wenn sie jetzt aufgeben müsste? Wie sollte sie ihm erklären, dass sie sich mitschuldig fühlte? Es ging nicht um die Schuld, die ihr Vater ihr aufgebürdet hatte, sondern um den Fehler, den sie gemacht hatte, als sie beschloss, mit Matthias und Johanna übers Vennplateau zu gehen. Ohne ihren Fehler wäre Matthias niemals in dieses Heim gekommen, wäre heute noch am Leben. Sie konnte nicht aufgeben.

Sie legte ihre Hand an die Wange ihres Mannes und sagte leise: »Ich muss das zu Ende bringen, Georg. Das bin ich nicht nur Matthias schuldig, sondern auch mir. Ich kann jetzt nicht aufgeben. Ich habe heute die Adresse von dem Arzt bekommen, der Matthias damals ins Krankenhaus eingewiesen hat.«

Georg stand auf und verließ wortlos die Küche.

KAPITEL 27

LÜTTICH, AACHEN, 8. UND 9. APRIL 1970

Thomas Reuter hatte sich, obwohl er völlig erschöpft gewesen war, lange in seinem Bett hin und her gewälzt. Der Tag der Anhörung rückte unaufhaltsam näher. »Ich muss nur erzählen, wie es gewesen ist«, versuchte er, sich zu beruhigen. »Das, woran ich mich erinnere. Mehr verlangen sie nicht. Sie werden mir glauben. Fried wird auch da sein.«

In den frühen Morgenstunden war er in einen unruhigen Schlaf gefallen und hatte geträumt. Er stand vor einem hohen Richtertisch, der so lang war, dass er weit über beide Seiten seines Blickfeldes hinausging. Dahinter saßen Männer in schwarzen Anzügen. Sie alle starrten ihn an, und der Mann in der Mitte schlug mit einem Hammer auf den Tisch und sagte: »Die Wahrheit. Wir wollen nur die Wahrheit!«

Er brachte kein Wort heraus, spürte, wie das Loch in seinem Kopf sich öffnete und alles, was er sagen wollte, jeder noch so kleine Gedanke, aus ihm herausfiel.

Wieder schlug der Hammer auf den Tisch, und er sah erschrocken auf. Aus dem Mann war eine Nonne im Habit geworden und aus dem Hammer ein Lineal. »Du bist ein Lügner!«, keifte sie. »Du weißt, was mit Lügnern passiert!«

Schweißgebadet war er aufgewacht und hatte nicht gewagt, noch einmal einzuschlafen.

Sein Magen schmerzte. Er kochte Kamillentee und setzte sich an den Tisch in seinem Küchenatelier. Das erste Licht des Tages kroch über die Stadt, zeichnete die Konturen der Dächer an den Himmel. Ein klarer, sonniger Tag würde das werden.

Noch acht Stunden trennten ihn von seiner Aussage. Er würde den Zug um kurz vor zwölf nehmen. Die Grenzkontrolle fiel ihm ein. Auf seiner letzten Reise nach Nürnberg hatten sie ihn an der Grenze aus dem Zug geholt und sein Gepäck durchsucht. Weil sein Haar nicht kurz und ordentlich geschnitten war und weil er eine Jeanshose und eine Cordjacke trug, vermuteten sie Drogen in seiner Tasche. Mit vier Stunden Verspätung war er in Nürnberg angekommen.

Er lachte bitter, als er merkte, dass der Gedanke ihm gefiel, dass er hoffte, man möge ihn an der Grenze bei Aachen aus dem Zug holen. Dann könnte er nicht pünktlich zur Anhörung erscheinen, und es wäre nicht seine Schuld.

Er versuchte, sich abzulenken, reinigte Pinsel und Farbpalette, sortierte die Kreiden in eine Blechdose, nahm das Bild von der Staffelei und stellte es auf den Boden. Dann trat er einen Schritt zurück und betrachtete es. Auf dem Bild war nur Fried erwachsen. Warum hatte er das so gemalt? Wegen seines Verrats in Kindertagen hatte er für sich das Kindergesicht gewählt, aber jetzt meinte er, in dieser Wahl noch etwas anderes zu sehen. Matthias war unumstößlich der Sechzehnjährige geblieben, und aus Fried war

ein Mann geworden. Und er? Er war immer noch das ver-
ängstigte Kind von damals.

Er drehte das Bild zur Wand. In den letzten Tagen hatte
er sich seiner Vergangenheit gestellt, war nicht mehr davon-
gelaufen. Auch den heutigen Nachmittag würde er überste-
hen. Es war an der Zeit, erwachsen zu werden.

Um kurz nach elf Uhr machte er sich auf den Weg zum
Bahnhof. Er ging zu Fuß, schlenderte am Fluss entlang,
ging über die Pont Albert 1er und kam viel zu früh am
Bahnhof an. Am Kiosk kaufte er sich eine deutsche Zeitung. Im Zugabteil saß ihm ein älteres Ehepaar gegenüber.
Es hielt sich an der Hand und blickte immer wieder
misstrauisch zu ihm hinüber. Thomas versuchte, sich auf
die Artikel in der Zeitung zu konzentrieren.

Andreas Baader verhaftet!
Willy Brandt besucht deutsche Luftwaffeneinheiten in
El Paso.
Der US-Senat lehnt auch Nixons zweiten Kandidaten für
das Oberste Bundesgericht ab.

Er bemühte sich, kam aber nicht über die Überschriften hinaus. Schließlich faltete er die Zeitung zusammen und legte
sie beiseite. Am Fenster zogen Ortschaften, Höfe und frisch
eingesäte Felder vorbei, und er überließ sich dem gleichmäßigen Rattern der Räder, diesem Rhythmus, der die Zeit
vorantrieb. Er versuchte, nicht länger vorherzusehen, was
in den nächsten Stunden passieren würde. Es lag nicht in
seiner Hand.

Ein Zöllner zog die Abteiltür auf, kontrollierte nach dem

letzten Halt in Belgien die Pässe. Das Ehepaar war schnell abgefertigt, aber für Thomas' Ausweis nahm er sich Zeit. Seine Augen wanderten mehrmals vergleichend von dem Passbild zu Thomas und wieder zurück. Dann endlich schien er zufrieden und wünschte eine gute Fahrt.

Im Bahnhof Aachen fragte er die Frau hinter dem Fahrkartenschalter nach einer Straßenbahn zum Amtsgericht. Sie blickte auf ihre Uhr. »Die ist gerade weg. Sie können auf die nächste warten, aber wenn Sie zu Fuß gehen, sind Sie auch in einer Viertelstunde da.« Sie erklärte ihm den Weg.

Um halb zwei erreichte er das Gerichtsgebäude, und für einen Moment fiel alle Sorge von ihm ab. Auf der Treppe zum Eingang stand Fried. Sie umarmten sich.

»Wie schön, dich zu sehen. Ich weiß, dass dir das nicht leichtfällt«, flüsterte Fried und fügte an, dass er am Abend zuvor spät angekommen sei, bei Henni übernachtet habe und nach der Anhörung gleich zurück nach Nürnberg müsse. Auf dem Flur stellte er ihm Henni und deren Rechtsanwalt vor.

»Heute wird entschieden, ob eine Klage gegen das Heim zugelassen wird. Ihre Aussage wird wichtig sein«, sagte der Anwalt, und Thomas nickte beklommen. »Die anderen sind schon drin. Sie beide warten hier und werden dann aufgerufen.« Er verschwand mit Frieds Schwester hinter einer hohen Tür.

»Welche anderen?«, fragte Thomas. »Hast du noch weitere Kinder von damals auftreiben können?«

»Henni hat Dr. Recken ausfindig gemacht. Er wird aussagen. Außerdem sind Schwester Angelika und mein Vater da.«

Die Kälte. Das plötzliche Zittern in der Magengrube. »Schwester Angelika?«, fragte er erschrocken.

Fried legte ihm die Hand auf den Rücken. »Sie ist eine alte Frau, und wir sind erwachsene Männer, Thomas. Vergiss das nicht!« Dann wurde Fried hineingerufen, und Thomas blieb zurück. Noch konnte er davonlaufen, jetzt war die letzte Gelegenheit. Er verspürte den Impuls, aufzuspringen und zu fliehen, und gleichzeitig war da der Gedanke, der ihn auf dieser Bank hielt. *Wenn ich jetzt gehe, werde ich für immer das Kind auf dem Bild bleiben.*

Die Tür öffnete sich, und Thomas stand auf und betrat den Gerichtssaal. Es war ein kleiner Raum, viel kleiner, als die hohe Tür vorgegaukelt hatte. Auf einem Podest an der Stirnseite des Raumes saß ein Mann hinter einem Tisch. Er mochte um die sechzig sein und hatte buschige Augenbrauen, die seinem Blick etwas Düsteres gaben. Neben der Tür hatten Fried und zwei ältere Männer auf einer Holzbank Platz genommen. Thomas meinte, in dem einen Dr. Recken zu erkennen.

Quer zu dem Podest standen an beiden Seiten zwei weitere Tische. Auf der rechten Seite sah er Henni mit ihrem Anwalt und auf der linken Schwester Angelika in ihrem Habit. Neben ihr saß ein weiterer Mann, der wohl die Interessen des Heimes vertrat. Der Stuhl, auf dem Thomas Platz nahm, stand so, dass der Richter und die Anwälte mit ihren Klienten vor ihm saßen.

Thomas hörte seinen Herzschlag wummern und gab sich alle Mühe, auf keinen Fall Schwester Angelika anzusehen.

»Sie heißen Thomas Reuter, sind am 29.3.1942 in Trier geboren und haben von 1946 bis 1956 in dem Kinderheim gelebt, um das es hier heute geht.« Der Richter fragte nicht, sondern stellte fest und blätterte weiter in den Papieren auf seinem Tisch. »Ihre Mutter starb im Kindbett. Sie kamen zunächst in ein Säuglingsheim und wurden mit vier Jahren ins Kinderheim verlegt. Heute leben Sie in Lüttich.« Ganz ruhig sagte er das, ganz selbstverständlich. Dann blickte er auf. »Ich befrage Sie heute zu den Umständen, die schließlich am 3. Januar 1951 zum Tod des Matthias Schöning geführt haben.«

Thomas konnte sich nicht bewegen, starrte den Mann ungläubig an. Alles drehte sich. In seinem Kopf hämmerte Schwester Angelikas Stimme: »Deine Mutter hat dich hier abgegeben. Selbst diese Sünderin konnte einen dummen Nichtsnutz wie dich nicht ertragen.«

»Im Kindbett gestorben …« Das war falsch. Er sollte sagen, dass das falsch war.

»Was machen Sie beruflich, Herr Reuter?«

Die Frage holte ihn zurück. Seine Stimme klang heiser. »Ich … ich bin Gärtner, aber jetzt bin ich Kunstmaler.«

Wieder blätterte der Richter und wies ihn dann zurecht: »Sie meinen, Sie haben in einer Gärtnerei gearbeitet. Gärtner ist man erst, wenn man einen Gesellenbrief hat. Herr Reuter, Sie müssen hier bei der Wahrheit bleiben, verstehen Sie das?«

Thomas zuckte zusammen. Ja, natürlich. Die Wahrheit. Im Kindbett gestorben. Angelikas Stimme. »Deine Mutter hat mich angefleht. ›Nehmen Sie mir diese dumme Teufelsbrut ab‹, hat sie gesagt.«

Im Kindbett … Nein. Das was falsch. Das hatte er falsch verstanden. Er schluckte, spürte dieses Gewicht auf seiner Brust, das mit jedem Atemzug zunahm.

Obwohl er Schwester Angelika nicht ansah, wusste er

222

um das verächtliche Lächeln in dem in weißem Tuch einge-
sperrten Gesicht. Ein kurzer Schauder, dann sagte er: »Ich
habe einen Gesellenbrief.«

Der Richter schnalzte mit der Zunge. »Herr Reuter, Sie
haben eine Hilfsschule besucht und wurden als debil eingestuft. Da ist das kaum möglich. Wissen Sie überhaupt, was
das Wort ›Wahrheit‹ bedeutet?« Seine Stimme klang fast
fürsorglich, als er Thomas das fragte.

Was Wahrheit bedeutet? Im Kindbett gestorben … Dieses Durcheinander!

Der Traum fiel ihm ein. Sie nannten ihn schon jetzt einen
Lügner. Sie würden ihm nicht glauben, weil er alles durch-
einanderbrachte. Die Wahrheit! Im Kindbett gestorben …
Nein. Sie hatte ihn im Heim abgegeben, und das hätte sie
nicht tun können, wenn …

Diese Kälte in seiner Brust und gleichzeitig die
Schweißperlen auf seiner Stirn. Das dumpfe Dröhnen und
all die Satzfetzen in seinem Kopf. »Als debil eingestuft …
dummer Nichtsnutz … im Kindbett gestorben … dich hier
abgegeben …«

Frieds Stimme kam von hinten, war weit weg. »… bezeugen, dass Thomas in Nürnberg eine Gärtnerausbildung abgeschlossen hat.«

»Sie sind jetzt nicht dran«, blaffte der Richter. Dann
wandte er sich wieder an Thomas. Seine Stimme hatte diesen Tonfall, den man Kindern gegenüber anschlägt. »Kommen wir zu den Ereignissen, um die es hier eigentlich geht.
Herr Reuter, was können Sie mir zu dem Tod von Matthias
Schöning sagen? Wenn Sie sich daran nicht mehr richtig erinnern können, dann ist das nicht schlimm. Sie müssen es
nur sagen.«

Schwester Angelika beugte sich vor. Er sah die Bewegung aus dem Augenwinkel.

Nicht hinsehen! Sagen, wie es gewesen ist. Kindbett. Nein. Wo anfangen? Er wusste es doch. Nicht zu ihr hinsehen!

»Zwei Tage vor Weihnachten haben sie Matthias unter die Treppe gebracht. Weil wir fortlaufen wollten.« Nicht hinsehen! Im Kindbett gestorben … Schlucken. Weitersprechen. »Am … am neunundzwanzigsten Dezember haben sie ihn ins Krankenzimmer geschafft.« Nicht hinsehen.

»Waren Sie dabei, als man ihn – wie Sie es nennen – unter die Treppe brachte?«, hörte er den Richter fragen.

»Nein, ich … ich musste im Waschraum bleiben.«

»Sie wissen also gar nicht, wo Matthias Schöning in den Tagen bis zum neunundzwanzigsten Dezember gewesen ist. Er könnte somit auch im Krankenzimmer gelegen haben.«

»Nein!« Er schrie es fast. Das Zittern, der Nacken, der vor Anstrengung schmerzte. Er wartete auf das Loch in seinem Kopf, wünschte es sich herbei. Schweißperlen tropften von seiner Stirn, und dann hielt er es nicht länger aus, sah zu ihr hinüber. Das Gesicht in dem fast quadratischen Weiß war runzelig geworden.

»Ist meine Mutter im Kindbett gestorben? Ist das wahr?«

Für den Bruchteil einer Sekunde sah er ein unsicheres Flackern in ihren Augen. Dann gab sie ein bedauerndes Stöhnen von sich und sagte: »Aber Thomas, das weißt du doch. Ich habe es dir so oft erzählt, und du hast es immer wieder vergessen.«

Als habe sich eine Schleuse geöffnet, stiegen die Bilder in ihm auf. Selbst das verschwommene Bild der Frau mit dem

blonden Zopf, die ihn an die Tür des Heimes gebracht hatte, fand er noch. Die Frau, von der er immer gedacht hatte,
dass sie seine Mutter gewesen war. Und er fand Regine. Die
lustige Regine, die Essen gestohlen hatte.

»Beruhigen Sie sich«, hörte er den Richter sagen, und erst
jetzt bemerkte er, dass er verzweifelt nach Luft schnappte.
Er stand auf, beugte sich vor und stützte sich mit den Händen auf den Oberschenkeln ab, wie es Läufer tun, wenn sie
sich verausgabt haben. Einige Sekunden verharrte er so,
dann richtete er sich auf und sah den Richter direkt an. »Sie
lügt. Sie hat mir gesagt, dass meine Mutter mich abgegeben
hat.« Dieses Chaos im Kopf, der wankende Boden, tausend
Bilder. Und da war sie. Regine! »Und Regine. Die Gertrud … die hat die Regine totgeprügelt.«

Er wusste nicht, ob das stimmte, aber kaum dass er es
ausgesprochen hatte, wusste er, dass er jetzt seine letzte
Glaubwürdigkeit verspielt hatte. Der Anwalt neben
Schwester Angelika erhob sich. »Das geht jetzt wirklich zu
weit! Ich glaube, wir sind uns einig, dass Herr Reuter als
Zeuge gänzlich untauglich ist.«

Thomas hatte es nicht länger ausgehalten, war aus dem Saal
gerannt, aus dem Gerichtsgebäude und weiter. Wohin, war
ihm egal, nur fort. Er fand sich auf einem Friedhof wieder.
»Ostfriedhof« stand am Eingang. Erschöpft ließ er sich auf
eine Bank fallen und konnte endlich weinen. Der jahrelange
Zorn auf seine Mutter, all die Verwünschungen, mit denen
er sie in Gedanken geschmäht hatte, weil sie ihn dort abgegeben hatte. Diese jahrelange Wut. Das alles wegen einer
Lüge. Seine Mutter war bei seiner Geburt gestorben, hatte
nie die Möglichkeit gehabt, ihn zu beschützen.

Als er sich beruhigt hatte, versuchte er, sich zu orientieren. Er musste zum Bahnhof. Er dachte an Fried und Henni. Die hatte er enttäuscht, hatte ihre Bemühungen, Matthias' Tod aufzuklären, vereitelt. Das tat ihm aufrichtig leid. Aber auch das waren nur Randgedanken, die auftauchten und zurückblieben.

Im Kindbett gestorben! Sie hatte ihn nicht weggegeben. Er spürte, wie sich in seinem Innern die Dinge zurechtrückten, ein Beben, als wären tektonische Platten in Bewegung geraten.

Er wollte nur noch nach Hause, konnte nicht mehr denken. Er brauchte Ruhe – Schlaf!

KAPITEL 28

AACHEN, VELDA, HERBST 1970

Der Tag im Gericht war anstrengend gewesen. Am Abend geht sie mit Sam noch eine Runde. Es hat nicht mehr geregnet, aber deutlich abgekühlt. Der violett schimmernde Abendhimmel und der dumpf pochende Schmerz, der von ihrer Hüfte bis in den Oberschenkel zieht, kündigt Nachtfrost an. Sam läuft bei Fuß, bis sie in den Feldweg einbiegt. Dann rennt er los.

Dass der Richter in dem Prozess gegen Henni den zusätzlichen Verhandlungstag, an dem Fried in den Zeugenstand treten soll, ausgerechnet auf den Freitag gelegt hat, passt ihr gar nicht.

Freitags macht sie die Kisten für den Markt fertig, die Gerda Kämper abends abholt. Wenn der Frost in den kommenden Nächten über den Grünkohl und Rosenkohl geht, dann muss sie den Freitagnachmittag ernten. Ganz frisch muss der sein. Ihre Kunden wissen, dass sie immer ganz frische Ware liefert.

Die Aussage von dem Fried und anschließend wahrscheinlich die Schlussplädoyers von Dr. Grüner und dem

Staatsanwalt – das würde sich bestimmt bis in den Nachmittag ziehen. Vielleicht sollte sie wenigstens den Rosenkohl schon am Donnerstag pflücken.

Sam kommt mit einem Stock zurück. »Ja, ja, das hab ich mir gedacht. Da hat der Loose dir was beigebracht. Aber das kannst du dir gleich wieder abgewöhnen«, knurrt sie. Er legt seine Trophäe vor ihr auf den Boden und tappt erwartungsvoll einige Schritte zurück. Elsa ignoriert den Stock und geht weiter. »Diese Bückerei, davon hab ich bei der Gartenarbeit schon genug. Das weißt du genau.«

Sam sieht ihr nach, nimmt den Stock wieder auf und rennt damit an ihr vorbei. Als hätte er ihren Einwand verstanden, hebt er den Kopf und hält ihn ihr entgegen.

Sie nimmt ihn an. »Aber nur dieses eine Mal.« In weitem Bogen wirft sie das Holz aufs Feld. Es bleibt nicht bei dem einen Mal. Sie steht am Feldrand, sieht Sam zu und ist in Gedanken bei Herbert Schöning und bei dem Tag vor dem Feuer. Die Anhörung in Sachen Matthias Schöning hatte am neunten April stattgefunden, das hatte sie von den Polizisten erfahren, die nach dem Brand bei ihr gewesen waren. Dass Henni nach der Anhörung im Amtsgericht der Schwester Angelika und ihrem Vater gedroht hatte, war von Georg Bernhard heute im Zeugenstand noch mal bestätigt worden. »Ich sorge dafür, dass ihr eure gerechte Strafe bekommt!« So ungefähr hatte sie es gesagt. Drei Tage später waren beide tot gewesen. Am Neunten war Schöning in Aachen gewesen, und am Elften war er über Mittag nicht zum Essen ins Pfarramt gegangen. Um die Zeit hatte sie ihn im Garten gesehen. Aber was war am Zehnten gewesen?

Plötzlich hat sie es eilig. Sie humpelt zur Straße zurück,

nimmt Sam den Stock ab und hält ihn fest. »Jetzt ist es genug«, sagt sie entschieden.

Zu Hause lässt sie den Hund in die Küche, behält Schuhe und Mantel an und befüllt seinen Fressnapf. Dann macht sie sich auf den Weg ins Pfarramt. Es ist kurz nach acht, und für einen Moment verlangsamt sie ihren Schritt, denkt darüber nach, dass es unhöflich ist, um diese Zeit unangemeldet dort anzuklopfen, doch dann geht sie entschlossen weiter. Sie muss mit der Pelzig sprechen. Die war schon beim Lenkes und ist jetzt auch bei dem neuen Pastor Haushälterin. Vielleicht hatte Herbert Schöning mit der gesprochen.

Als sie das Pfarramt erreicht, rechnet sie mit Fräulein Pelzig und ist überrascht, als Pastor Jaeckel die Tür öffnet. Nach einem knappen »Guten Abend, Herr Pastor« kommt sie gleich zur Sache.

»Ich weiß, dass es spät ist, aber ich muss Ihre Haushälterin sprechen.«

Jaeckel, ein Mann in den mittleren Jahren mit tiefen Geheimratsecken im rötlichen Haar, ist sichtlich überrascht.

»Frau Brennecke? Was ist denn passiert? Kommen Sie doch erst mal herein.« Er führt sie ins Büro. Elsa kennt es noch aus der Zeit von Lenkes. Damals hatte der Schreibtisch wie ein Bollwerk mitten im Zimmer gestanden und den dahinter thronenden Lenkes von seinen Besuchern abgeschirmt. Jetzt ist der Schreibtisch unters Fenster gerückt, und ein runder Tisch mit sechs Stühlen beherrscht den Raum. »Möchten Sie Ihren Mantel ablegen?«, fragt Jaeckel.

»Nein, danke.«

Er bietet ihr einen Platz am Tisch an, fragt, ob sie etwas trinken möchte. Wieder lehnt sie ab.

»Herr Pastor, ich muss wissen, was am zehnten April gewesen ist.«

Jaeckel setzt sich ihr gegenüber und sieht sie verständnislos an.

»Was soll da gewesen sein?«

Sie atmet schwer. »Ich muss wissen, ob Herbert Schöning zum Mittagessen hier war.«

»War das der Tag vor dem Feuer?«

Sie schüttelt den Kopf. »Nein, noch davor. Am Tag direkt vor dem Feuer war er ganz bestimmt nicht hier, da hab ich ihn zur Mittagszeit in seinem Garten gesehen.«

Jaeckel zuckt mit den Schultern. »Das kann ich Ihnen wirklich nicht sagen. Ich bin über Mittag nur selten hier.«

»Ja, ich weiß. Darum möchte ich auch Fräulein Pelzig sprechen. Könnten Sie sie bitte holen?«

»Das kann ich. Aber verraten Sie mir, warum das so wichtig ist?«

»Das ist wichtig, weil Henni wegen Mordes vor Gericht steht. Und weil …« Sie stockt, spricht die Überlegung nicht aus, die, seit sie am Feldrand gestanden hat, in ihr rumort. Stattdessen sagt sie: »Sehen Sie, am neunten April war die Anhörung wegen dem Matthias, und ich denke mir, wenn der Schöning am zehnten noch hier war … vielleicht hat er der Pelzig was erzählt?«

Jaeckel nickt. »Ich verstehe. Also, ich habe ihn danach nicht mehr gesprochen.«

»Aber vielleicht Ihre Haushälterin. Können Sie sie jetzt holen?«, drängelt Elsa.

Jaeckel kommt mit der Haushälterin zurück. Die alte Pelzig sieht Elsa misstrauisch an, antwortet aber bereitwillig auf deren Frage.

»Nein, die letzten drei Tage vor dem Feuer war er nicht mehr da.« Sie zieht die Stirn in Falten, dann legt sie ihren linken Zeigefinger an den rechten Daumen und zählt auf. »Am Mittwoch war er zum letzten Mal hier. Da hat er sich für den nächsten Tag abgemeldet. ›Morgen komme ich nicht, da hab ich in Aachen zu tun‹, hat er gesagt.« Sie legt Zeigefinger an Zeigefinger. »Das war dann der Donnerstag.« Zeigefinger an Mittelfinger. »Freitags hab ich meinen freien Tag. Da ist er nie gekommen, sondern hat sich zu Hause selber was gemacht. Ich war an dem Tag über Mittag bei meiner Schwester in Schleiden, die hatte Anfang der Woche Geburtstag gehabt.« Sie lässt die Hände sinken. »Als er am Samstag nicht da war, war ich schon ein bisschen verärgert. Schließlich hatte ich für ihn mitgekocht. Aber später habe ich mir Sorgen gemacht. Vielleicht ist er krank, habe ich gedacht, und wenn er morgen nicht kommt, dann geh ich mal hin. Aber da hatte Henni in der Nacht schon das Feuer gelegt.«

Elsa steht auf. Ruhig fragt sie: »Waren Sie dabei? Haben Sie das gesehen? Dann sollten Sie sich unbedingt als Zeugin melden!« Ihre Stimme klingt schneidend.

Fräulein Pelzig presst die Lippen aufeinander und hebt trotzig den Kopf etwas höher. »Ich habe erlebt, wie die mit ihrem Vater umgegangen ist. Ins Gesicht geschlagen hat sie ihn. Und außerdem stände sie wohl nicht vor Gericht, wenn sie es nicht getan hätte.«

Elsa geht zur Tür. Was soll sie sich mit so einer wie der Pelzig rumärgern? Da bringt man sowieso keinen Verstand mehr rein.

Pastor Jaeckel folgt ihr zum Ausgang. »Sie sind davon überzeugt, dass Schönings Tochter unschuldig ist, und das ehrt Sie. Aber passen Sie auf, dass Sie sich nicht verrennen«, mahnt er sie fürsorglich.

Elsa steht schon auf der Mitte des Plattenwegs, als sie sich umdreht. »Könnte ja auch sein, dass alle anderen sich verrannt haben. Das kommt vom Herdentrieb. Da sollte der Hirte ein Auge drauf haben!« Dann humpelt sie davon.

Zu Hause fällt sie müde ins Bett. Sie denkt über Schöning nach, wie er abends am geöffneten Fenster stand, während sie die Wäsche aufhängte. Er hatte sie nicht gesehen, sondern wie blind in die Ferne gestarrt. Und da war noch was gewesen. Ein Wanken! Er hatte gewankt und sich am Fensterrahmen festgehalten. Vielleicht war er betrunken gewesen?

Ihr fällt ein, dass Henni bei einem ihrer letzten Besuche vom Küchenfenster aus zu ihrem Elternhaus hinübergeblickt hatte. »Ich war mal drin. Da hat sich nichts verändert, außer dass niemand mehr sauber macht. Alles liegt unter einer dicken Staubschicht. Da kann man nicht leben. Da kann man nur warten.«

»Und worauf wartet er?«, hatte Elsa gefragt.

»Ich weiß es nicht, und ich glaube, er weiß es auch nicht.« Sie war an den Tisch gekommen und hatte sich auf die Küchenbank gesetzt. »Als ich das letzte Mal im Haus war, habe ich das Fotoalbum mitgenommen. Darin sind Bilder aus der Zeit, als er noch Uhrmacher bei Juwelier Franzen war. Er in der Werkstatt bei der Arbeit. Meine Mutter mit ihm auf einem Fest. Hochzeitsbilder. Wir Kinder, als wir klein waren. Mutter an seiner Seite, mit Fried auf dem Arm und wir drei Großen davor. Das letzte Bild im Album ist ein Porträtfoto. Es zeigt ihn in Uniform. Wenn ich darin blättere, kommt es mir jedes Mal wie ein Zeichen vor, dass es das letzte Foto ist. Als er aus dem Krieg zurückkam, war er ein anderer. Da hatte ihn das Zittern angefallen. Von da an hat er nichts mehr selber in die Hand genommen. Hat alles in Gottes Hand gelegt oder, besser, in die von Pastor Lenkes. Aber das habe ich erst in den letzten Jahren verstanden.« Mit leiser, monotoner Stimme hatte sie das gesagt und dann entschlossen und wütend angefügt: »Aber nichts mehr in die eigene Hand zu nehmen ist auch eine Entscheidung! Und die hat er zu verantworten.«

Während Elsa ihren täglichen Pflichten nachkommt, denkt sie immer wieder an diese letzten drei Tage von Herbert Schöning. Dass er nicht mehr zum Mittagessen gegangen war und dass er – davon war sie inzwischen überzeugt – angetrunken am geöffneten Fenster gestanden hatte.

Am Mittwochmittag ist sie beim Spülen, als ihr einfällt, dass es auf dem Schöning-Grundstück im Schuppen wahrscheinlich Benzin gegeben hatte. Zumindest in den letzten Jahren. Da hatte Dorothea Claus sich nämlich im Dorf einen Motorrasenmäher ausgeliehen und damit die Wiese unter den Obstbäumen gemäht. Einmal die Woche hatte sie das schwere Gerät über die Straße hinter sich hergezogen, und manchmal hatte sie einen roten Benzinkanister dabeigehabt.

Sie lässt das Spülwasser ab, wechselt Pantoffeln gegen Schuhe und überquert die Straße. Auf dem Schöning-Grundstück geht sie um die Ruine herum und stapft durch den verwilderten Garten. Die Tür des windschiefen Schuppens, der nur an der Seite zum Haus Brandspuren aufweist, ansonsten aber verschont geblieben ist, ist unverschlossen. Eine alte Egge, eine rostige Schubkarre und in einem groben Holzregal drei Tontöpfe und eine Pflanzleine. Kein Benzinkanister.

Dorothea Claus ist inzwischen über sechzig. Ihre Kinder sind längst aus dem Haus, und seit einiger Zeit wohnt sie in dem Neubaugebiet in einer Souterrainwohnung. Wo genau, weiß Elsa nicht, aber das ließe sich herausfinden.

Eine halbe Stunde später biegt sie in den Weidenweg. Die rot verklinkerten Häuser sehen alle gleich aus, und Elsa klingelt gleich an der ersten Haustür. Eine junge Frau öffnet.

»Entschuldigen Sie, ich suche Dorothea Claus. Wissen Sie, in welchem Haus sie wohnt?«

Die Frau zeigt die Straße hinunter. »Vier Häuser weiter, auf der anderen Seite. Ich glaube, es ist die Nummer sechzehn.«

Elsa findet den Namen auf dem Briefkasten, aber nicht auf der Schelle. Dann entdeckt sie einen Weg aus Betonplatten, der um das Haus herumführt. Dorothea ist sichtlich überrascht und erfreut. Sie bietet Kaffee an. Elsa hatte sich unter einer Souterrainwohnung ein dunkles Loch vorgestellt, aber in dieser Zeile liegen die Häuser mit der Rückseite an einem Hang, und die Wohnung hat zwei große Fenster zum Garten. Elsa will nicht unhöflich sein, deshalb hört sie zu, als Dorothea von ihrem Vermieter erzählt, dass die Pfaff für Butter zehn Pfennige mehr nimmt als der Aldi in Monschau und dass sie mit den Landfrauen in der nächsten Woche einen Tagesausflug nach Maastricht macht. Elsa blickt verstohlen auf die Uhr. Eine halbe Stunde! Das muss der Höflichkeit genug sein.

»Dorothea, warum ich eigentlich gekommen bin … Du

hast doch bei dem Schöning zuletzt immer einen Motorra-senmäher benutzt, um die Obstwiese zu mähen. Hast du das Benzin hinterher mit nach Hause genommen oder da-gelassen?« Dorothea braucht einen Moment, um den ab-rupten Themenwechsel zu verarbeiten.

»Warum willst du das wissen? Wegen dem Feuer?«

Elsa nickt.

»Du meinst, die Henni hat das Rasenmäherbenzin be-nutzt?«

Elsa überhört die Bemerkung. »Als du den Garten aufge-geben hast, hast du da vielleicht den Benzinkanister im Schuppen gelassen?«

Dorothea zieht die Augenbrauen zusammen und schüt-telt den Kopf. »Nein, im Schuppen stand kein Kanister. Die Egge hab ich dagelassen und die Schubkarre. Die war durchgerostet, hatte in der Mitte ein faustgroßes Loch. Den Kanister und die kleinen Gartengeräte wollte ich immer mal abholen.«

»Ja, was nun?«, drängt Elsa ungeduldig. »War da noch ein Kanister oder nicht?«

Dorothea lässt sich nicht beirren, sortiert ihre Erinne-rung in ihrem eigenen Tempo. »Der Schuppen ist mal auf-gebrochen worden. Die haben die kleinen Handgeräte ge-klaut, und danach konnte man die Tür nicht mehr abschlie-ßen. Ich habe einiges neu kaufen müssen. Das ist ordentlich ins Geld gegangen. Wenn man so was schon ersetzt, dann will man ja was Ordentliches haben und nicht so einen Bil-ligkram, der nach einem Sommer nicht mehr zu gebrauchen ist. Der Schöning hat mir danach einen Schlüssel für die Küchentür gegeben. Die Gartenschere, den Unkrautste-cher, die Pflanzschüppe und den Benzinkanister habe ich von da an vorsichtshalber abends im Haus, gleich neben der Küchentür, verstaut. Der Schöning benutzte den Ausgang ja nicht, ging immer nur vorne raus.« Sie lacht kurz auf. »Als das Obst reif war, hab ich ihm im ersten Jahr eine Kiste Äpfel vor die Küchentür gestellt. Die blieb dann tagelang stehen, bis ich verstanden habe, dass der die nicht sieht, weil der da nie rausgeht. Ich hab sie dann an die Tür zur Straße gestellt.« Sie schüttelt amüsiert den Kopf, wie man es tut, wenn man von einer skurrilen Marotte erzählt.

Elsa ist aufgeregt, bleibt aber noch sitzen und hört mit halbem Ohr zu, während Dorothea weitere Anekdoten ausgräbt.

In Gedanken ist sie bei dem Kanister. Der hatte wahrscheinlich immer noch an der Küchentür gestanden. Wenn Herbert Schöning angetrunken und mit einer brennenden Zigarette eingeschlafen war? Wenn ein Schwelbrand sich ausgebreitet und auf den Kunststoffkanister übergegriffen hatte?

»Würdest du das vor Gericht aussagen?«, unterbricht sie Dorothea.

»Vor Gericht? Wieso ... was meinst du?«

»Na, dass in der Küche ein Benzinkanister gestanden hat.« Es dauert einige Sekunden, und Elsa kann in Dorotheas Gesicht mitverfolgen, wie die nach und nach begreift.

»Du meinst ...«, sie schluckt, »weil der da schon gestanden hat. Weil den dann niemand reingeholt und verschüttet hat.« Elsa nickt. Auf ihrem Gesicht breitet sich ein Lächeln aus. »Ganz genau. Das meine ich.«

Auf dem Heimweg ist Elsa zufrieden mit sich. Dorothea hat ihre Frage, ob sie bereit sei, vor Gericht auszusagen, nicht beantwortet, aber so ist sie eben. Sie braucht für alles etwas länger.

Am Dorfplatz betritt Elsa die gelbe Telefonzelle und findet auf der ersten Seite des Telefonbuchs die Nummer der Auskunft. Ob Jürgen Loose ein Telefon hat, weiß sie nicht, aber der Anwalt Grüner in Aachen, der hat bestimmt eins.

KAPITEL 29

KORNELIMÜNSTER, 1969–
FRÜHJAHR 1970

Mit dem 16. November 1969 wählte Henni einen Sonntag für eine weitere Fahrt nach Trier. Ein nasskalter Tag, an dem sich die Nebel auf den Feldern lange hielten. Die ganze Familie hatte morgens die Kirche besucht, und Georg und ihr Schwiegervater waren anschließend zum Frühschoppen im Gasthof »Schmitz« eingekehrt. Sie ging mit Margret und den Kindern nach Hause, dann stieg sie in den Kombi und fuhr los.

Dr. Recken bewohnte im Süden von Trier eine geräumige Altbauwohnung im zweiten Stock. Die Haustür öffnete sich mit einem mechanischen Klacken, und als Henni den Flur hinaufblickte, beugte sich oben eine Frau über das geschwungene Treppengeländer und rief ihr ein »Ja, bitte?« entgegen. Henni stieg die Treppe hinauf und blieb auf der vorletzten Stufe stehen.

»Mein Name ist Henni Bernhard. Ich möchte gerne zu Dr. Recken.«

Die Frau war zierlich und trug ihr graues Haar zu einem

dünnen Knoten gesteckt. »Was wollen Sie denn von meinem Mann?« Sie blickte Henni mit wachen braunen Augen an.

»Ich möchte ihn wegen eines Patienten sprechen.«

»Wegen eines Patienten? Mein Mann praktiziert schon lange nicht mehr.«

»Ich weiß. Es ist auch schon eine Weile her. Ist er vielleicht zu sprechen?«

Frau Recken zögerte kurz, machte dann aber eine Geste in Richtung Wohnungstür. »Kommen Sie herein.«

Die Wohnung hatte hohe Decken. Sie führte Henni einen schmalen Korridor entlang und nach rechts in ein Wohnzimmer. Die Größe des Raumes wurde von einem Zuviel an schweren alten Möbeln erstickt. An den Fenstern siebten weiße Gardinen mit perfektem Faltenwurf das Tageslicht, eingerahmt von rotem Samt, der von goldfarbenen Kordeln gehalten wurde.

Dr. Recken saß in einem Sessel, legte eine Zeitung beiseite und erhob sich mit Mühe. Er war unrasiert. Um seinen kahlen Kopf zog sich ein weißer Haarkranz, die wassergrauen Augen blickten über eine randlose Lesebrille. Die Knöpfe der tannengrünen Strickjacke waren nicht geschlossen und zeigten über dem Hemd schmale Träger, die die Hose unter dem vorstehenden Bauch hielten. Mit dünnem Bariton fragte er: »Was kann ich für Sie tun, Frau …?«

»Bernhard.« Henni entschuldigte sich für die sonntägliche Störung. »Es geht um einen Ihrer ehemaligen Patienten. Er hieß Matthias Schöning.«

Dr. Recken setzte sich in seinen Sessel zurück und bot Henni den Platz ihm gegenüber an. »Matthias Schöning«, wiederholte er und schien den Namen angestrengt zu suchen.

»Er war im Kinderheim. Sie haben ihn im Dezember 1950 ins Krankenhaus eingewiesen. Dort ist er an einer Lungenentzündung gestorben.« Jetzt verdüsterte sich sein Blick.

»Das ist fast zwanzig Jahre her«, sagte er abwehrend, »im Laufe der Jahre hatte ich so viele Patienten, da kann ich mich nicht an jeden erinnern.«

»In diesem Heim ... Matthias war mein Bruder. Fried, mein anderer Bruder, war auch dort. Von ihm weiß ich, dass Matthias tagelang in einem Keller eingeschlossen war, bevor er ins Krankenhaus kam.«

In Dr. Reckens Gesicht war ein kurzes Zucken zu sehen. Das Pendel einer Standuhr zählte die Sekunden, die er schwieg. »Das waren andere Zeiten. Da hat man über Erziehung anders gedacht«, sagte er schließlich.

»Matthias hat sieben Tage und Nächte in einem dunklen, kalten Verlies zugebracht. So was war auch damals keine übliche Erziehungsmethode.« Die Heftigkeit, mit der sie ihre Worte hervorstieß, tat ihr sogleich leid. Schließlich wollte sie was von ihm, und mit Vorwürfen würde sie nichts erreichen. »Hören Sie, ich möchte doch nur wissen, was damals wirklich passiert ist.«

»Karl, du hattest doch auch deine Zweifel, wenn sie dir die Gründe für Knochenbrüche oder Platzwunden erklärt haben. Und du hast ja auch was unternommen. Jetzt erzähl doch, was du weißt!«, sagte Frau Recken, die hinter Henni in der Tür stehen geblieben war und zuhörte.

Wieder entstand eine Pause, wieder nur das sanfte Tektektek des schwingenden Uhrpendels. Dr. Recken nahm die Lesebrille ab und legte sie auf die Zeitung. »Ich erinnere mich, dass der Junge unterkühlt und ausgezehrt war. Er hatte hohes Fieber und war bereits im Delir. Die Schwestern sagten, er habe sich immer wieder bei Minustemperaturen ohne Jacke herumgetrieben. Von dem Keller habe ich erst viel später und auch nur gerüchteweise gehört. Man konnte sich einfach nicht vorstellen, dass die christlichen Schwestern mit solchen Methoden arbeiteten. Das Heim hatte einen sehr guten Ruf, und gegen eine kirchliche Einrichtung derartige Vorwürfe zu erheben war ein Sakrileg. Ich glaube, daran hat sich bis heute nicht viel geändert.« Er schnaubte, blickte zu seiner Frau und wieder zurück auf den Couchtisch. »Mir erschienen die Gründe, wie es zu den Knochenbrüchen und Verletzungen gekommen sein sollte, durchaus manchmal merkwürdig, aber ich habe mir lange nicht erlaubt, auch nur daran zu denken, dass die Schwestern ein Kind so brutal schlagen könnten. Natürlich gab es auch dort körperliche Strafen, das gehört nun mal zur Erziehung. Ohrfeigen oder den Hintern voll, das war ganz normal. Aber solche Prügel?« Seine Frau kam um die Sitzgruppe herum und setzte sich zu ihrem Mann auf die Armlehne seines Sessels. Er strich ihr zärtlich über die Hand. »Es hieß dann immer, das Kind sei gefallen, habe sich unglücklich gestoßen oder bei einer Balgerei mit anderen Kindern verletzt.« Er nahm die Lesebrille in die Hand und spielte mit den Brillenbügeln. »Man ließ mich selten mit den Kindern alleine. Wenn das doch mal vorkam und ich fragte, wie das passiert sei, hatte man ihnen wohl schon eingebläut, was sie zu antworten hatten. Ich habe mich zweimal an das Jugendamt gewandt. Das erste Mal 1955. Sie riefen mich spätabends zu einem Mädchen. Es hatte ein ausgekugeltes Schultergelenk. Eine überaus schmerzhafte Angelegenheit. Die Heimleiterin erklärte mir, das sei nachmittags beim Spielen passiert, aber das Mädchen trug ein Nachthemd. Ich war außer mir. Die Kleine schrie vor Schmerzen. Auf meine Frage, wie man ihr unter diesen Umständen das Nachthemd angezogen und warum man mich nicht eher gerufen habe, bekam ich die Antwort, das Kind habe erst jetzt über Schmerzen geklagt. Aber das war völlig unmöglich.« Zum ersten Mal sah er Henni direkt an. »Ich habe an dem Abend lange mit meiner Frau gesprochen. Wir haben gemeinsam überlegt, und am nächsten Tag habe ich mit dem Jugendamt telefoniert. Dort war man gar nicht erfreut über meinen Anruf. Das sei eine unerhörte Anschuldigung, musste ich mir anhören, und welche Beweise ich für meine Vorwürfe hätte. Nachgegangen ist man der Sache nicht. Einige Monate später rief man mich zu einem Jungen, der alle Symptome eines Schocks zeigte. Niemand konnte mir erklären, was vorgefallen war, aber der Junge wiederholte ständig: ›Will lieb sein, will lieb sein.‹ Auch das habe ich beim Jugendamt angezeigt, aber auch das blieb ohne Konsequenzen. Nein, nicht ganz. Ich gehe davon aus, dass das Amt mit dem Heim über meine Meldung gesprochen hat, denn danach wurde ich nicht mehr geholt. Ein Kollege hatte die Versorgung dort übernommen.« Er legte die Brille zurück auf die Zeitung. »Mehr kann ich Ihnen nicht sagen, aber dass Ihr Bruder sich die Lungenentzündung so zugezogen hat, wie Sie vermuten, halte ich für durchaus denkbar.«

»Möchten Sie vielleicht einen Kaffee?«, fragte Frau Recken, und Henni nahm dankend an.

Während sie den Kaffee tranken, berichtete Henni, was sie bisher unternommen hatte. »Ich habe nur das, was mein Bruder Fried erzählt hat, und das reicht nicht. Die Akten des Jugendamts und die Unterlagen des Krankenhauses beweisen nichts. Ich brauche Zeugen.«

Für einen Augenblick ließ der Himmel eine Lücke, Sonnenlicht fiel durch die Gardinen ins Zimmer. Feine Staubpartikel tanzten in dem Lichtstreifen. Dr. Recken rührte in seinem Kaffee. Der helle Klang des dünnen Porzellans, wenn der Löffel an die Tassenwand schlug, mischte sich mit dem gleichmäßigen Takt der Standuhr.

»Wenn Sie meine Aussage brauchen, bin ich bereit dazu«, sagte er schließlich.

Auf dem Rückweg war Henni voller Zuversicht. Mit der Aussage des Arztes würde man ihr zuhören müssen. Und über seine Meldungen beim Jugendamt gab es sicher Aufzeichnungen oder Vermerke.

Als sie zu Hause ankam, hatte sich die ganze Familie vor dem Fernseher versammelt und schaute *Bonanza*. Sie öffnete die Wohnzimmertür, aber niemand schien sie zu bemerken. Michael und Sabine saßen in ihren Schlafanzügen zwischen Georg und Margret auf dem Sofa, ihr Schwiegervater hatte es sich in dem Sessel daneben gemütlich gemacht. Sie spürte ein Brennen in der Brust und dachte: Eine heile Familie. Und ich … ich fehle da nicht.

Leise schloss sie die Tür, sagte sich, dass es doch gut sei, wenn sie auch ohne sie zurechtkamen, aber das Brennen blieb.

Nach dem Film brachte Margret die Kinder ins Bett. Georg kam in die Küche. Er lehnte sich an den Küchenschrank und fragte in sachlichem Ton: »Und? Was hast du erreicht?«

Sie erzählte von Dr. Recken, und vielleicht steckte sie ihren Mann mit ihrer Überzeugung, dass man die Aussage eines Arztes nicht übergehen könnte, an. Auf jeden Fall beschlossen sie an diesem Abend, gemeinsam einen allerletzten Versuch zu wagen. Georg erklärte sich bereit, noch einmal einen Anwalt zu bezahlen, und Henni versprach die Dinge endgültig ruhen zu lassen, sollte auch dieser Versuch scheitern.

Anfang 1970 konnte sie einen kleinen Erfolg verbuchen. Ihr Anwalt konnte für den April eine richterliche Anhörung durchsetzen. Neben Dr. Recken würde auch Thomas Reuter, der damals ebenfalls in dem Heim gewesen war, als Zeuge an dem Termin teilnehmen.

Am 9. April 1970 holte Henni Dr. Recken vom Bahnhof ab. Georg musste erst noch eine Auftragsarbeit am anderen Ende von Aachen erledigen, wollte aber später nachkommen.

Sie waren gegen ein Uhr im Amtsgericht. Fried war unruhig, konnte auf der Bank vor dem Anhörungsraum nicht sitzen bleiben. Er war sich nicht sicher, ob Thomas Reuter wirklich kommen würde, und wartete schließlich draußen auf ihn.

Dr. Recken war bereits in den Anhörungsraum gegangen, und Henni stand mit ihrem Anwalt noch auf dem Flur, als eine Nonne in Begleitung eines Mannes an ihnen vorbeischritt. Zum ersten Mal sah Henni Schwester Angelika leibhaftig vor sich. Eine hagere, hohe Gestalt, kerzengerade, die Hände vor dem Bauch übereinandergelegt. Ohne Henni eines Blickes zu würdigen, betrat sie den Anhörungsraum.

Herbert Schöning kam kurz darauf von der anderen Seite des Flures. Er war von der Gegenseite als Zeuge benannt worden. Alt ist er geworden, dachte Henni und spürte einen Anflug von Mitleid in sich aufsteigen.

Aber dann sprach er sie an: »Du bist schon immer zu weit gegangen, hast nie gelernt, wann du eine Grenze überschreitest. Du solltest dich schämen.«

Die Worte trafen sie wie Schläge, aber sie schaffte es, sich zu beherrschen. Er drehte sich um und ging ebenfalls in den Anhörungsraum.

Dem Gericht lag die Heimakte, um die Henni so lange gekämpft hatte, endlich vor. Sie hatte sie nicht zu Gesicht bekommen, und nun fragte der Richter Schwester Angelika, warum sie nur aus drei Seiten bestand.

Ihr Anwalt antwortete. »Der Aufenthalt von Matthias Schöning hat nicht mal ein Jahr gedauert, da ist keine große Akte zu erwarten.«

Zuerst machte Herbert Schöning seine Aussage. Dass er nach dem Tod seiner Frau die Kinder bei sich behalten habe, versucht habe, sie alleine aufzuziehen. »Ich habe zu spät erkannt, dass meine älteste Tochter kriminell geworden war und Matthias und Johanna da hineingezogen hatte. Erst als Johanna an der Grenze erschossen wurde ...« Er schluckte. Henni sah, dass die Erinnerung daran ihn wirklich berührte. »Henriette wurde verurteilt und kam bis zu ihrer Volljährigkeit in eine Besserungsanstalt. Ich habe die Jungen dann in die Obhut der Kirche gegeben. Sie sollten eine gute christliche Erziehung bekommen, aber ... Matthias und Fried sind dort schon bald durch häufiges Lügen aufgefallen.«

Der Richter las in den Unterlagen. »Hier steht, dass Matthias fortgelaufen ist. Sie haben ihn dann zurückgebracht. Hat er Ihnen gesagt, warum er fortlief?«

»Ja. Er sollte im Sommer eine Lehrstelle in einer Druckerei antreten, aber die hatte kurzfristig abgesagt. Darüber war er wütend. Schwester Angelika hatte im Pfarramt angerufen und mir Bescheid gesagt. Als Matthias dann zu Hause ankam, hat er alles verdreht und behauptet, das Heim habe die Stelle abgesagt, um ihn zu bestrafen.«

Der Richter zog die Stirn in Falten, schüttelte den Kopf und beugte sich wieder über die dürftigen Unterlagen. Dann sah er auf. »Aber hier steht … Moment … ja hier … haben wir aus disziplinarischen Gründen beschlossen, die Lehrstelle in der Druckerei abzusagen.«

Er blickte von Herbert Schöning zu Schwester Angelika. »Wie war es denn nun?«

In Schwester Angelikas Gesicht zeigten sich rote Flecken. Sie flüsterte mit ihrem Anwalt, und der antwortete: »Meine Mandantin kann sich an den genauen Hergang nicht mehr erinnern, das ist immerhin zwanzig Jahre her.«

»Nun gut«, der Richter schob den dünnen Papphefter beiseite, »darum geht es hier ja auch nicht.« Er klopfte auf den Hefter. »Den Heimaufzeichnungen ist lediglich zu entnehmen, dass Matthias am 29. Dezember 1950 mit hohem Fieber und dem Verdacht auf Lungenentzündung ins Krankenhaus eingeliefert wurde. Was können Sie mir darüber sagen?«

Herbert Schöning antwortete nicht sofort, stattdessen blickte er irritiert zu Schwester Angelika. Sein Rücken wurde rund, er schien auf seinem Stuhl zu schrumpfen.

»Ich habe am dritten Januar die Nachricht erhalten, dass Matthias im Krankenhaus gestorben ist«, antwortete er mit rauer Stimme. »Ich habe darum gebeten, ihn neben seiner Schwester beerdigen zu dürfen … Das Heim hat die Überführung bezahlt.« Eilig, als wäre es der Beweis dafür, dass alles mit rechten Dingen zugegangen war, schob er den Satz hinterher.

»Haben Sie denn nicht nachgefragt, wie es zu seinem Tod gekommen ist?«

»Natürlich. Er hatte sich eine Lungenentzündung geholt, war bei jedem Wetter ohne Jacke draußen gewesen. So ... so hat Schwester Angelika es gesagt.«

Da waren sie endlich. Ganz leise. Ganz vorsichtig. Aber Henni meinte, sie zu hören, diese ersten Zweifel.

Dr. Recken berichtete das, was er auch Henni schon erzählt hatte. Hennis Anwalt hatte sich an das Jugendamt gewandt, hatte versucht, Vermerke oder Notizen für Reckens damalige Anzeigen zu finden, aber die Suche war ergebnislos geblieben. Wieder erklärte der Richter, dass es hier nicht um andere Kinder oder andere Verdachtsfälle ginge, sondern um die konkreten Umstände, die zu Matthias' Lungenentzündung und damit zu seinem Tod geführt hatten. »Können Sie bezeugen, dass der Junge vor seiner Einlieferung ins Krankenhaus – wie hier behauptet wird – in einem Keller eingesperrt war?«

»Nein, aber ich halte es durchaus für möglich. Der Junge war in einem erbärmlichen Allgemeinzustand.«

Schwester Angelika blickte dem alten Arzt verächtlich nach, als er den Zeugenstuhl verließ.

Dann wurde Fried aufgerufen. Er sprach mit fester Stimme.

»Sie hatten herausgefunden, dass wir abhauen wollten. Zu dritt haben sie Matthias in das Loch unter der Treppe geschafft«, teilte er dem Richter mit. Dass Gertrud ihn, Fried, anschließend verprügelt und ihm dabei den Arm gebrochen hatte, dass er mit Thomas die Weihnachtstage im Schlafsaal verbrachte, darauf wartend, dass man Matthias endlich rauslassen würde. Dann kam der neunundzwanzigste Dezember. Dr. Recken. Der Krankenwagen. Fried bemühte sich um einen sachlichen Ton, aber wenn er den Kopf hob und Schwester Angelikas ansah, spuckte er die Worte in ihre Richtung. Seine Stimme kippte, und sein Zorn war unüberhörbar.

Die anschließende Aussage von Thomas Reuter geriet zum Fiasko. Irgendetwas lief von Anfang an schief. Schon die Fragen des Richters zu seiner Person und Herkunft brachten ihn aus dem Gleichgewicht. Er schien durcheinander und brachte kaum ein Wort heraus. Schließlich hyperventilierte er, sprach wirr von einem Mädchen und rannte aus dem Saal. Fried wollte hinter ihm her, aber der Richter hielt ihn zurück.

»Bitte bleiben Sie. Ich glaube, allen Anwesenden ist klar, dass die gehörten Zeugenaussagen nichts enthielten, was eine Klage rechtfertigt. Wir hatten hier zu klären, ob der Junge vor seiner Einlieferung ins Krankenhaus in einen Kellerraum eingesperrt war. Eine konkrete Aussage haben wir dazu nur von seinem Bruder, der damals zehn Jahre alt war und damit kein verlässlicher Zeuge ist. Alles andere beruht auf Hörensagen. Schwester Angelika zu den Vorgängen zu befragen scheint mir unnötig. Ihre Einlassung zu den damaligen Vorgängen liegt schriftlich vor und enthält eine eidesstattliche Erklärung, dass es einen solchen Kellerraum nicht gegeben hat. Eine Klage gegen das Heim wird somit nicht zugelassen!«

Er klaubte seine Papiere zusammen und verließ durch eine Seitentür den Raum.

Henni saß ganz steif, war wie betäubt. Sie sah, wie Fried hinauslief, sich auf die Suche nach Thomas Reuter machte.

Dann konnte sie sich endlich wieder rühren, ging mechanisch neben ihrem Anwalt auf den Flur, wo inzwischen Georg eingetroffen war und auf sie wartete. Sie entdeckte ihren Vater und Schwester Angelika einige Schritte entfernt. Sie standen beieinander. Wie konnte er nur, nach all dem, was er heute gehört hatte?

Randvoll mit Verzweiflung und Zorn war sie in drei Schritten bei ihnen und schrie: »Glaubt nicht, dass ihr so leicht davonkommt! Ihr werdet eure gerechte Strafe bekommen.«

Georg zog sie von den beiden weg. Sie verließen das Gerichtsgebäude. An der Straße blieb Henni stehen und wischte sich verstohlen die Tränen von den Wangen. Sie sah, wie Schwester Angelikas Anwalt mit dem Wagen vorfuhr und ihr die Beifahrertür öffnete. »Kommen Sie, ich fahre Sie zum Bahnhof«, sagte er.

Georg legte den Arm um ihre Schultern. »Es ist vorbei, Henni. Nimm es hin, es lässt sich nicht ändern.« Er hatte sich von einem Mitarbeiter bringen lassen und fragte Henni: »Wo hast du geparkt?«

Henni deutete die Straße entlang. Gemeinsam gingen sie zum Auto. Sie spürte, dass das Gehen ihr guttat und dass sie sich jetzt nicht ins Auto setzen konnte.

»Georg, ich muss jetzt alleine sein und nachdenken. Bitte fahr ohne mich nach Hause. Ich komme dann mit dem Zug nach.«

KAPITEL 30

AACHEN, 9. APRIL 1970

Thomas versuchte, sich zu orientieren, fand zurück zum Amtsgericht und stellte sich an die Straßenbahnhaltestelle. Er wollte zum Bahnhof und nach Hause. Während er wartete, kam ein Mann auf ihn zu. Es war der, der neben Dr. Recken auf der Bank gesessen hatte. Frieds Vater.

»Herr Reuter?«, sprach er Thomas an. »Die Anhörung ist vorbei. Es wird keine Klage gegen das Heim geben.« Seine Stimme klang fast entschuldigend. Die Straßenbahn in Richtung Bahnhof fuhr an der Haltestelle ein. Thomas sah ihr entgegen.

»Ich muss zum Bahnhof.«

Herbert Schöning ging nicht darauf ein. »Stimmt es?«, fragte er stattdessen.

Thomas tat einen Schritt zurück, nahm Abstand. »Was?« Er wollte nicht mit dem Mann sprechen, er wollte mit niemandem sprechen. Er brauchte jetzt Ruhe, musste mit allem, was er heute erfahren hatte, fertigwerden, genau wie mit den gewaltigen Bewegungen in seinem Innern.

»Dass ... dass Matthias in diesem Keller war.«

»Warum fragen Sie mich das? Sie haben Matthias nicht geglaubt, und Sie haben Fried nicht geglaubt, warum also sollten Sie mir glauben?« Voller Verachtung spuckte er die Sätze aus und sah, wie sie Herbert Schöning trafen. Dann ließ er ihn stehen und bestieg die Straßenbahn.

Am Bahnhof studierte er den Fahrplan. Der nächste Zug nach Lüttich ging in einer halben Stunde von Gleis vier. Am Kiosk kaufte er ein belegtes Brötchen und eine Cola. Anschließend schlenderte er auf den Bahnsteig zwischen Gleis vier und fünf, setzte sich auf eine Bank und wartete.

Mit über zwei Stunden Verspätung fuhr der Zug nach Lüttich endlich ein. Eilig stieg er ein. Der Wagen hatte keine Abteile. Immer wieder stand er auf, lief den Mittelgang auf und ab und versuchte, die letzten beiden Stunden auf dem Bahnhof zu rekonstruieren, die Lücken in seiner Erinnerung zu schließen.

Er hatte sein Brötchen gegessen. Es musste schon lange in der Auslage gelegen haben, denn es war pappig gewesen und hatte zäh am Gaumen geklebt. Während er aß, sammelten sich in seinem Rücken Menschen an Gleis fünf. Er nahm es nicht wahr, war ganz mit der ungeheuerlichen Lüge beschäftigt, von der er auf der Anhörung erfahren hatte. Und mit seinem Hass. Der unberechtigte Hass auf seine Mutter, den er all die Jahre über in sich getragen hatte. Die Vorstellung, dass sie irgendwo zufrieden lebte, ihn vergessen hatte und sein Schicksal ihr völlig egal war.

Er war aufgestanden, um die Brötchentüte in den Mülleimer zu werfen. Die in schwarzen Stoff gehüllte hohe Gestalt stand in einem Pulk von Menschen an Gleis fünf. Er wusste sofort, dass sie es war. Sie drehte den Kopf zur Seite.

Ganz instinktiv zog er die Schultern hoch und trat einen Schritt zurück. Im selben Augenblick empfand er Scham. »Wir sind erwachsene Männer«, meinte er Fried zu hören. Seine Kehle war wie zugeschnürt. Mit aller Kraft hielt er den Brei aus Cola und Brot, der in seiner Speiseröhre aufstieg, zurück. Nein, es war nicht der Speisebrei, es war diese gewaltige Energie, die Wut, die in ihm bebte, die er aufzuhalten versuchte. Seine Arm- und Beinmuskeln schmerzten vor Anspannung, seine Hände waren zu Fäusten geballt.

»An Gleis fünf ... Einfahrt des Zuges nach Trier. Vorsicht bei der Einfahrt des Zuges«, hatte es aus einem Lautsprecher gescheppert. Die Hand vor den Mund gepresst wegen der Übelkeit, hatte er hastig den Bahnsteig verlassen.

Ja, so war es gewesen! Er erinnerte sich genau. Aber sein Körper, so schien es, erinnerte sich an anderes. Da war diese Enge zwischen den Menschen. Das Anstoßen an Schultern, Rücken, Taschen und Koffern. Dieser Schritt nach vorn, den alle machten, als der Zug in Sicht kam. Der Geruch nach Kernseife und einem Hauch von Kampfer. *Ihr* Geruch.

Nein! Das bildete er sich ein. So war das nicht gewesen. Er war nicht hinübergegangen, hatte nicht zwischen all den Menschen an Gleis fünf gestanden! Das konnte nicht sein! Das durfte nicht sein!

Erneut ging er im Zug den Gang zwischen den Sitzen auf und ab. »Ich war nicht an Gleis fünf!«, flüsterte er, ohne die misstrauischen Blicke der anderen Fahrgäste zu bemerken.

Er hörte wieder die Schreie und gleichzeitig das gellende Kreischen. Diesen Ton von Metall auf Metall, als der Zug mit aller Kraft gebremst hatte und neben ihm zum Stehen gekommen war.

Er hielt sich die Ohren zu, fing den argwöhnischen Blick

eines Mitreisenden auf und setzte sich wieder auf seinen Platz.

Nein, das Kreischen war nicht neben ihm gewesen. Er hatte schon am Bahnhofsgebäude gestanden, weit entfernt von Gleis fünf. So war das gewesen! Er hatte das alles aus der Ferne beobachtet.

Das entsetzte Zurückweichen der Wartenden. Der schwarze Stoff. Ein Stück ihres Habits vor dem Zug. Nein!

Wieder stand er auf und schritt den Mittelgang ab, rieb seine Hände aneinander, als würde er sie waschen.

Nein, den Habit hatte er nicht gesehen. Den hatte er gar nicht sehen können, dazu war er viel zu weit weg gewesen. Das war nur seine Fantasie. »Du hast die Gabe der Fantasie«, hatte Martin ihm immer gesagt, »male die Dinge so, wie du sie dir vorstellst, und wenn die Wiese blau ist, dann ist sie eben blau!«

Der Zugführer, der Schaffner, andere Bahnbeamte. Rufe von allen Seiten: »Verlassen Sie bitte den Bahnsteig! Verlassen Sie unverzüglich den Bahnsteig!« Er war neben einer Frau mit Koffer hergegangen, die an der Hand ein kleines Kind führte. Nein! Die Frau mit Koffer und Kind hatte er nur gesehen. Vom Bahnhofsgebäude aus hatte er sie gesehen.

Er setzte sich auf seinen Platz zurück. Ab hier schloss sich die Lücke, waren die Erinnerungen seines Körpers mit den Bildern in seinem Kopf identisch.

Es hatte ein großes Durcheinander geherrscht. Sirenen, Feuerwehr, Polizei. Menschen, die rannten. Lautsprecherdurchsagen. Gleise wurden gesperrt. Er hatte mit vielen anderen in der Bahnhofshalle gestanden, als ein Leichenwagen direkt an den Eingang fuhr. Polizisten gingen umher und stellten Fragen. Einer sprach ihn an. »Haben Sie an

Gleis fünf auf den Zug nach Trier gewartet und vielleicht gesehen, wie es zu dem Unfall gekommen ist?«

Er hatte keine Sekunde gezögert. »Nein, ich bin auf dem Weg nach Lüttich.«

Jetzt betrat ein Zöllner den Wagen. Ein Belgier. Thomas reichte ihm seinen Ausweis. Prüfende Blicke zwischen Pass und Inhaber, dann gab er Thomas die Papiere zurück, tippte sich grüßend an die Mütze und sagte: »Gute Fahrt.«

Lange blickte Thomas zum Fenster hinaus, bis er den Gedanken endlich wagte und sich flüsternd vergewisserte: »Sie ist tot! Schwester Angelika ist tot!«

Alle Anspannung schien von ihm abzufallen. Zum ersten Mal, so meinte er, fühlte er sich nicht getrieben und spürte eine unbekannte Ruhe.

Zu Hause fiel er todmüde ins Bett und schlief vierzehn Stunden traumlos und tief. Es war bereits Mittag, als das Läuten des Telefons ihn weckte. Das musste Fried sein. Er ließ es klingeln. Fried würde verständnisvoll und mit Sorge in der Stimme fragen, wie es ihm gehe. Er würde ihm keine Vorwürfe machen, ihm sein Versagen bei der Anhörung nicht vorhalten, aber er, Thomas, würde in jedem seiner Worte die Enttäuschung heraushören. Vielleicht wusste Fried auch schon, dass Schwester Angelika verunglückt war, und darüber wollte er auf keinen Fall sprechen. Nicht jetzt!

Das Telefon läutete nicht mehr und hinterließ eine Stille, die ihn ausfüllte.

Diese geordneten Gedanken und ruhigen Entscheidungen. Keine Unsicherheit. Kein ängstliches Abwägen, ob es richtig war oder ob er gerade einen Fehler machte.

Er holte das Bild von Matthias, Fried und sich hervor, überpinselte sein Kindergesicht im Hintergrund und stellte die Leinwand zurück. Irgendwann würde er sich wieder dazumalen. Anders. Aber noch war er nicht so weit.

Abends ging er zu Jean-Paul auf eine Partie Backgammon. Es war nach Mitternacht, die letzten Gäste waren lange fort, und sie spielten bereits das dritte Spiel, als Thomas sagte: »Damals, als ich hergekommen bin, da wollte ich eigentlich nach Paris.« Die Würfel kullerten über den Filz, Jean-Paul setzte seine Steine. Toktoktok.

»Und warum bist du immer noch hier?«

Er reichte Thomas die Würfel. Sie spielten die Partie zu Ende, und vielleicht ahnten beide, dass es ihre letzte war.

Am Sonntag stand Thomas in aller Frühe auf dem La Batte. Schon gegen zehn Uhr hatten sich vier Marktbesucher zeichnen lassen, und immer wieder ließen sich Menschen auf seinem Stuhl nieder und baten um ein Porträt. Als er abends seine Sachen zusammenpackte, hatte er zwölf Porträts angefertigt und einige der Landschaftsbilder verkauft. So viel hatte er lange nicht mehr an einem einzigen Markttag verdient. Bevor er nach Hause fuhr, gönnte er sich ein Glas Wein in einem der Bistros. An der Wand neben dem Eingang hingen in Zeitungsstöcken die Samstagszeitungen aus Lüttich, Maastricht und Aachen. Er nahm die aus Aachen und setzte sich. Die Schlagzeile lautete: »Ordensfrau vor Zug gestoßen!« Er schluckte. *Gestoßen!* Aber nein! Sie war gefallen. Das hatte er gesehen!

Auf dem Heimweg wusste er, dass jetzt etwas zu Ende war. »Eigentlich wollte ich nach Paris!«, flüsterte er.

Am Montagmorgen packte er einen Koffer, schnitt die Leinwände aus den Rahmen, an denen er in den letzten Tagen gearbeitet hatte, legte sie sorgsam zwischen die Kleidung und verstaute seine Malutensilien in einem Rucksack. Seiner Vermieterin schrieb er einen Brief, in dem er sich bedankte und für seinen plötzlichen Aufbruch entschuldigte. Den Brief legte er zusammen mit einer Monatsmiete und einigen Landschaftsbildern auf den Küchentisch.

Es war der 13. April 1970, als er auf dem Lütticher Bahnhof den Zug nach Paris bestieg und alles hinter sich ließ.

Erst zwölf Jahre später sollte er nach Deutschland zurückkehren und sich wieder bei Fried melden. Und während der Freund vom Tod Schwester Angelikas, von Henni und den Jahren danach erzählte, waren die widerstreitenden Erinnerungen seines Körpers und die Bilder in seinem Kopf noch einmal da. Er schob sie beiseite. Er war ein unzuverlässiger Zeuge. In seiner Welt gab es rote Wiesen und grüne Himmel.

KAPITEL 31

KORNELIMÜNSTER, AACHEN,
APRIL 1970

Dass es so ausgehen konnte. Dass das, was Dr. Recken, Fried und Thomas gesagt hatten, einfach verworfen wurde. Das war doch nicht gerecht. Dabei hatte ihr Anwalt sie gewarnt, hatte von einem mächtigen Gegner und von Aussage gegen Aussage gesprochen. Aber da hatte sie sich noch stark gefühlt. Stark und im Recht.

Mit solchen Gedanken beschäftigt, ging sie durch die Straßen, ohne darauf zu achten, wohin ihre Schritte sie führten.

Als sie ihre Umgebung wieder wahrnahm, fand sie sich in der Kaiser-Friedrich-Allee wieder, vor dem ehemaligen Haus der Castrups. Der Garten hatte sich verändert. Zwei der hohen alten Bäume waren gefällt worden und hatten einer Garage Platz gemacht. Der schmale Weg zum Haus, den sie vor Jahren zum ersten Mal mit ihren klobigen Anstaltsschuhen gegangen war, war jetzt breiter und asphaltiert. Damals war es ein Kiesweg gewesen, und die kleinen Steine hatten unter ihren Füßen geknirscht.

Sie spazierte zum Tritonenbrunnen hinüber und am Hangeweiher entlang. Die Waage in ihrem Innern, die sie in den letzten beiden Jahren mit Mühe im Gleichgewicht gehalten hatte, ließ sich nicht mehr austarieren. Sie kam an die Bank, auf der sie mit Georg gesessen hatte, wenn er abends bei den Castrups vorbeigekommen war. Wie glücklich sie gewesen waren. Auch die Jahre in Kornelimünster waren eine gute Zeit gewesen. Und dann hatte sie all das aufs Spiel gesetzt. Hatte alles beiseitegeschoben, zurückgeblickt und zugelassen, dass die Vergangenheit ihr Leben beherrschte.

Wie lange sie dort saß, wusste sie nicht zu sagen, aber es dämmerte bereits, als sie eine Entscheidung traf und sich auf den Weg machte. Sie würde das Versprechen, das sie ihrem Mann gegeben hatte, halten. Sie hatte eine Familie, für die sie verantwortlich war.

Das letzte Stück zum Bahnhof fuhr sie mit der Straßenbahn. Als sie dort ankam, bemerkte sie mehrere Polizisten in der Halle, der Zugang zu dem Gleis, auf dem ihre Bahn abfahren sollte, war gesperrt. Sie erkundigte sich am Schalter. »Die Züge fahren heute nicht mehr nach Fahrplan, aber nach Kornelimünster wird es noch einen geben. Sie müssen auf die Lautsprecherdurchsagen achten. Gleis und Abfahrtzeit werden angesagt.«

In der Bahnhofshalle sammelten sich die Stimmen der Wartenden, ein wabernder Geräuschteppich, den sie durchstreifte, ohne ihn wirklich wahrzunehmen. Sie lehnte sich an eine der mächtigen Säulen, die die hohen Kuppeln der Halle trugen. Zwei Männer gingen an ihr vorbei. Satzfetzen wehten zu ihr herüber. »... eine Ordensfrau vor den Zug gefallen ... vielleicht kein Unfall gewesen ...« Sie hielt den

Atem an. Das konnte nicht sein! Außerdem gab es nicht nur diese eine Ordensfrau. Es fuhren wahrscheinlich täglich Nonnen mit dem Zug. Sie trat an eine Frau heran, die neben einem großen Koffer stand und ebenfalls zu warten schien.

»Entschuldigen Sie, wissen Sie, was passiert ist?«

Die Frau nickte eifrig und berichtete bereitwillig. »Da ist eine unter den Zug gekommen. War sofort tot. Die Polizei fragt herum, ob jemand was gesehen hat. Wahrscheinlich ist die gestoßen worden.« Den letzten Satz flüsterte sie verschwörerisch.

Henni schluckte. »Stimmt es, dass es eine Nonne war?«

Die Augen der Frau weiteten sich. »Ach ja? Nein, das wusste ich nicht. Ist ja schrecklich.«

Henni suchte sich einen Platz auf einer der Bänke und wurde ruhiger. Sicher hatte sie sich mit dem Wort »Ordensfrau« verhört. Dann endlich wurde ihr Zug auf Gleis sieben angekündigt.

Es war nach zehn, als sie zu Hause ankam. Das Haus war dunkel, auch Georg hatte nicht auf sie gewartet.

Das Frühstück am nächsten Morgen verging mit den üblichen Mahnungen an die Kinder. »Hast du dein Sportzeug eingepackt?«, »Vergiss das Brot nicht!«, »Zieh eine Strickjacke über!«.

Georg trank schweigend seinen Kaffee, schien auf ein Zeichen von ihr zu warten. Als er hinausging, um den Pritschenwagen zu beladen, hielt sie ihn am Arm zurück.

»Ans Meer, Georg. Meinst du, wir könnten im Sommer wieder eine Woche mit den Kindern ans Meer fahren?«

Er sah ihr prüfend ins Gesicht, suchte nach Zeichen der Veränderung. »Ist es endlich vorbei?«

Sie nickte. Erleichtert zog er sie an sich. »Eine Woche Nordsee kriegen wir auf jeden Fall hin.«

Der zehnte April verging ohne besondere Vorkommnisse. Abends wollte sie eigentlich Fried anrufen, fragen, ob er gut angekommen sei, aber nachdem sie die Kinder zu Bett gebracht hatte, ging sie noch einmal ins Treibhaus. Beim Nelkenausgeizen vergaß sie die Zeit.

Am elften April kam spätabends noch ein Anruf. Eine Kundin in Aachen brauchte kurzfristig Schnittblumen für eine Veranstaltung. Henni brachte sie ihr, und als sie mit der Floristin abrechnete, fiel ihr Blick auf die Zeitung, die neben der Kasse lag. »Ordensschwester aus Trier von Zug überrollt«, lautete die Schlagzeile. Sie nahm die Zeitung auf und las. »... scheint noch unklar, ob es sich um einen Unfall handelt oder die achtundsechzigjährige Ordensfrau aus Trier gestoßen wurde.«

Sie legte die Zeitung zurück. Ihre Gedanken rasten. Eine achtundsechzigjährige Nonne aus Trier. Gestoßen. Fried war dort gewesen. Fried hatte auf den Zug zurück nach Nürnberg gewartet. Was, wenn er ...?

Ohne das Geld in Empfang zu nehmen, verließ sie das Geschäft, setzte sich ins Auto und fuhr los. Ihr Herz hämmerte. Nach Nürnberg. Zu Fried. Wenn er das getan hatte ... Wenn er das getan hatte, dann war es ihre Schuld. Sie hatte ihn zu dieser Anhörung nach Aachen geholt. Sie hatte die Dinge nicht ruhen lassen. Frieds Zorn auf Schwester Angelika war unübersehbar gewesen. Er würde im Gefängnis enden. Johanna, Matthias und jetzt Fried. Ihr Vater hatte gesagt: »Du bringst Unglück über die Familie.« Weil sie starrköpfig war. Weil sie nie gelernt hatte, die Dinge hinzunehmen und sich zu fügen. Selbst im Erziehungsheim, als sie sich strikt an die Regeln gehalten hatte, war dieser Trotz in ihr gewesen. Sie hatte sich nicht gefügt, sie hatte durchgehalten.

Sie fuhr auf die Autobahn und raste durch die Dunkelheit, als könne sie es ungeschehen machen, könne Fried retten, wenn sie nur Nürnberg erreichte.

Hinter Düsseldorf kippte die Tanknadel in den roten Bereich. Gerade noch rechtzeitig erreichte sie eine Tankstelle. Die kühle Nachtluft, die Bewegung und die besorgte Stimme des Tankwarts rissen sie aus ihrem Gedankenkarussell.

»Ist alles in Ordnung? Geht es Ihnen gut?«, fragte der Mann, und sie nickte, antwortete mit rauer Stimme: »Ja, alles ist gut.«

Was machte sie hier? Wieso sollte diese Fahrt nach Nürnberg irgendetwas ändern? Nein. Ganz im Gegenteil, es war das Dümmste, was sie tun konnte. Nur sie wusste, dass Fried am Bahnhof gewesen war.

Sie bezahlte die Tankfüllung, fuhr langsam nach Kornelimünster zurück und wurde ruhig. Fried war weit weg und in Sicherheit!

Gegen halb zwei war sie zu Hause. Georg war auf dem Sofa eingeschlafen. Der Fernseher zeigte das Testbild. Sie schaltete ihn ab, weckte ihren Mann aber nicht. Als er am nächsten Morgen sagte: »Ich wollte auf dich warten, aber dann bin ich eingeschlafen«, war sie froh, ihre späte Heimkehr nicht erklären zu müssen.

Am Sonntagnachmittag setzten sie sich gerade alle an den Kaffeetisch, als es schellte. Margret machte die Tür auf und kehrte mit zwei Polizisten in die Stube zurück. Henni wurde vor Schreck ganz steif. Die beiden Männer hielten ihre

Mützen in den Händen und drehten sie verunsichert hin und her.

»Jetzt werden sie nach Fried fragen«, dachte sie.

Sie hätten eine traurige Mitteilung, sagte der eine und blickte zu Henni. »Es tut mir aufrichtig leid, Frau Bernhard, aber Ihr Vater, Herr Herbert Schöning, ist letzte Nacht bei einem Feuer in seinem Haus ums Leben gekommen.« Henni rührte sich nicht. Was redete der Mann da?

Es war Georg, der schließlich fragte, wie das passiert sei.

»Das muss noch geklärt werden, aber es besteht der Verdacht auf Brandstiftung.«

Ganz langsam stand Henni auf und stützte sich auf dem Tisch ab. Dieser Tisch, auf den sie die blütenweiße Tischdecke gelegt und das gute Geschirr eingedeckt hatte. In der Mitte stand die Torte, für die sie noch vor dem Kirchgang die Biskuitböden gebacken hatte. Diese Kaffeetafel, mit der sie ihrer Familie hatte zeigen wollen, dass sie von jetzt an wieder für sie da war.

Ihr »Warum?« richtete sich an niemanden, fiel auf die weiße Tischdecke. Die Antwort des Beamten hörte sie nicht. Obwohl sie sich so weit von ihrem Vater entfernt hatte, empfand sie Trauer, aber darüber lag Erschrecken. Für den Rest des Tages verirrte sie sich in einem Dickicht aus Fragen. Warum hatte er das getan? Warum war er nicht nach Nürnberg gefahren? Warum auch noch den Vater, wo er doch gesagt hatte, dass der ihm egal war? Und wenn er in den letzten Tagen in Aachen geblieben war, warum hatte er sich nicht bei ihr gemeldet?

Abends sagte Georg: »Du solltest Fried anrufen und ihn informieren.«

Sie dachte darüber nach. »Morgen«, antwortete sie schließlich, »ich ruf ihn morgen an.«

Es war Georg, der Fried die Nachricht am nächsten Tag überbrachte.

Schon am Mittwoch kamen zwei Beamte in Zivil, befragten Henni und Georg. Wann sie am neunten April, nach der Anhörung, zu Hause gewesen sei und wo sie sich am elften April nachts aufgehalten habe. Mit seiner unumstößlichen Treue zur Wahrheit sagte Georg, dass er für beide Abende nicht genau wisse, wann seine Frau nach Hause gekommen war.

Und Henni schwieg. In den nächsten Tagen flüchtete sie sich in die täglichen Verrichtungen, legte sie wie eine weiche Decke über die Ungeheuerlichkeit der Ereignisse. Manchmal blitzte die Frage auf, ob Fried das wirklich getan haben könnte. Sie beantwortete sie nie mit Ja, fand immer nur die Gegenfrage: »Wer sollte es sonst getan haben?«

Am siebzehnten April wurde sie abgeholt. Was zunächst als Befragung begann, wurde schon bald ein Verhör.

»Sie sitzen hier jetzt als Beschuldigte«, erklärte der Beamte. Ihre Drohung gegen Schwester Angelika und ihren Vater wurde angeführt. Dass sie für beide Tatzeiten kein Alibi vorweisen konnte und nicht zuletzt ihr stoisches Schweigen in den Verhören erhärteten den Verdacht. Am Abend wurde Untersuchungshaft angeordnet.

Die Zeitungen brachten ein unscharfes Foto, auf dem zu sehen war, wie man sie ins Polizeigebäude führte. In den Artikeln stand, dass sie mit ihrer kriminellen Vergangenheit für die Polizei keine Unbekannte sei.

Einen Tag später meldete sich eine Zeugin bei der Polizei.

Sie sagte aus, dass sie Frau B. – wie sie in den Zeitungen genannt wurde – am neunten April am Bahnhof gesehen habe.

Henni stand mit anderen Frauen in einer Reihe. Man hatte ihr eine Karte mit der Nummer vier in die Hand gegeben. Sie trug das schlichte tannengrüne Kleid und hielt die Karte mit beiden Händen vor der Brust. Die Zeugin betrat den Raum und hielt sich nicht lange mit den anderen Frauen auf. Ohne zu zögern zeigte sie auf Henni. »Die war auf dem Bahnhof, als die Schwester vor den Zug gestoßen wurde.«

KAPITEL 32

AACHEN, HERBST 1970

Elsa durchsucht in der engen Telefonzelle ihre Handtasche, kann aber den Stift, den sie darin vermutet, nicht
finden. Immer wieder murmelt sie die Telefonnummer, die
ihr die Frau bei der Auskunft genannt hat, vor sich hin.
Schließlich zieht sie ihr Portemonnaie hervor, öffnet den
Metallclip und klaubt Groschen heraus. Sie wirft zwei der
vier Groschen in den Schlitz und wählt bedächtig. Die restlichen Zehnpfennigstücke hält sie fest in der Hand. Aachen
ist ein Ferngespräch, und sie hat keine Ahnung, wie lange
sie sprechen kann. Sie dreht die Wählscheibe, aber noch bevor sie die letzte Zahl eingibt, hängt sie den Hörer wieder
ein. Die beiden Geldstücke fallen herunter. Sie nimmt ein
Markstück aus ihrem Portemonnaie. »Jetzt bloß nicht gei-
zig sein und alles vermasseln«, flüstert sie, wirft die Mark
ein und wählt. Grüner meldet sich. Das Geldstück fällt, und
sie starrt erschrocken den schwarzen Kasten an. »Hallo,
hallo, sind Sie noch da?«, ruft sie in den Hörer.

»Ja, hier ist die Kanzlei Grüner, mit wem spreche ich?«

»Mein Name ist Elsa Brennecke. Sie kennen mich nicht,

aber ich war die Nachbarin von Herbert Schöning. Ich habe eine Mark eingeworfen und weiß nicht, wie lange ich dafür mit Ihnen reden kann, aber es ist wichtig. Es geht um Henni, Henni Bernhard. Ich habe mit Dorothea Claus gesprochen, die den Garten von dem Schöning gepachtet hatte, und die sagt, dass in der Küche ein Benzinkanister gestanden hat, ihr Benzinkanister vom Rasenmäher, der hat immer in der Küche gestanden und …« In der Sorge, dass ihr Geld gleich abtelefoniert ist, spricht sie ohne Punkt und Komma.

»Frau Brennecke«, unterbricht Dr. Grüner sie, »ich verstehe kein Wort.«

»Der Prozess gegen Henni Bernhard!«, ruft Elsa in den Hörer.

»Frau Brennecke, es geht nicht um die Lautstärke, aber bitte sprechen Sie langsamer. Ich weiß, wer Sie sind. Jürgen Loose hat mir von Ihnen erzählt.«

»Ja, ja, schon gut, aber ich hab nur eine Mark eingeworfen, und ich weiß nicht, wie lange die hält.«

»Sie sind in einer Telefonzelle in Velda?«, fragt er ruhig.

»Ja.«

»Dann haben Sie reichlich Zeit.«

Elsa atmet erleichtert auf.

»Was ist nun mit dem Benzinkanister?«, will Grüner wissen.

Elsa erzählt von ihrem Besuch bei Dorothea Claus. »Verstehen Sie? Das Benzin hat in der Küche gestanden. Ich hab den Schöning an dem Abend gesehen, und ich glaube, dass der betrunken war. Was, wenn da gar niemand anderes war und der mit einer Zigarette eingeschlafen ist?« Ganz still ist es am anderen Ende. Erschrocken ruft Elsa: »Hallo, sind Sie noch da?«

»Ja.« Jetzt klingt auch Grüners Stimme aufgeregt. »Frau Brennecke, ich würde gerne bei Ihnen vorbeikommen. Meinen Sie, ich könnte auch mit Frau Claus sprechen? Ich kann in zwei Stunden in Velda sein.«

Es ist später Nachmittag, als das Auto vor ihrem Haus hält. Dr. Grüner trägt einen blauen Pullover und eine helle Windjacke und wirkt deutlich jünger als in seiner Robe. Mitte dreißig, vermutet Elsa. Am Küchentisch, da, wo Jürgen Loose gesessen hatte, sitzt jetzt Grüner, und sie berichtet ihm von ihrem Besuch im Pfarramt und bei Dorothea Claus. »Nach dieser Anhörung ist er nicht mehr im Pfarramt gewesen, und an dem Abend vor dem Feuer … im Unterhemd hat der am offenen Fenster gestanden und gewankt. Der hatte getrunken. Und jetzt, wo die Dorothea das mit dem Kanister erzählt hat …«

Ein halbe Stunde später steigt Elsa in Grüners Auto, und sie fahren zu Dorothea Claus.

»Ach, Elsa, vor ein Gericht?« Dorothea schüttelt ablehnend den Kopf. »Ich weiß nicht. Du könntest doch aussagen, dass ich dir das erzählt habe.«

Grüner versucht es mit verständnisvoller Überredungskunst. Als Dorothea sich immer noch ziert und behauptet, sie habe am Freitag eigentlich schon was vor, reißt Elsa der Geduldsfaden.

»Jetzt hör aber auf. Soll ich Henni das so sagen? Soll ich ihr übermorgen sagen: ›Schade, dass du für die nächsten Jahre ins Gefängnis musst, aber Dorothea hatte heute leider schon was anderes vor‹?«

»Nein, das wollte ich doch nicht damit sagen«, beschwichtigt Dorothea mit hochrotem Kopf und nestelt an ihrem Blusenknopf.

Der Freitag beginnt nasskalt. Auf ihrem Fußweg zum Bus schälen sich die Häuser und Bäume am Straßenrand wie Bleistiftzeichnungen aus dem dichten Nebel. Die Nässe setzt sich in feinen Tröpfchen auf ihr Haar und ihren Mantel. Elsa ist früh dran und unruhig. Würde Dorothea ihr Versprechen halten? An der Bushaltestelle sieht sie immer wieder auf ihre Armbanduhr. Dann endlich zeigt sich in den Nebelschwaden eine Gestalt. Dorothea hat Wort gehalten.

In der Eingangshalle des Landgerichts treffen sie auf Jürgen Loose. Er scheint schon zu wissen, was sich in den letzten beiden Tagen getan hat, begrüßt Dorothea Claus mit Namen.

Und dann sagt er es. »Fried Schöning wird nicht kommen. Henni hat Dr. Grüner angedroht, ihm das Mandat zu entziehen, wenn er auf eine Aussage von Fried besteht.«

Elsa stöhnt auf. Jetzt gibt es für sie keinen Zweifel mehr. Henni versucht alles, um ihren Bruder zu schützen.

An diesem letzten Verhandlungstag ist die erste Reihe wieder mit Journalisten besetzt. Jürgen Loose geht vor und spricht noch kurz mit Dr. Grüner. Elsa und Dorothea finden in der vorletzten Reihe einen Platz. Als Henni durch den Seiteneingang hineingeführt wird, meint Elsa, dass sie in den letzten Tagen noch dünner und blasser geworden ist, und diesmal sieht sie auch nicht zu Elsa, bemerkt deren Gruß nicht.

Grüner erhebt sich, kaum dass der Richter den Saal betreten hat. Er entschuldigt sich und erklärt, dass er auf die Aussage von Fried Schöning verzichtet. Dafür werde er zwei weitere Zeuginnen aufrufen, deren Aussage ein völlig anderes Licht auf die Todesumstände des Herbert Schöning werfe.

Der Staatsanwalt springt auf und ruft empört: »Herr Kollege, das geht zu weit. Das ist das dritte Mal, dass Sie kurzfristig mit neuen Zeugen aufwarten. Wir sind erst vor wenigen Minuten darüber informiert worden und bitten das Gericht, dieser unsinnigen, endlosen Farce ein Ende zu setzen. Die bisherigen Aussagen und das Schweigen der Angeklagten während aller Verhandlungstage spricht doch wohl Bände.«

Der Richter bittet Grüner und den Staatsanwalt zu sich ans Richterpult. Im Publikum wird getuschelt. Elsa kaut nervös auf ihrer Unterlippe. »Das kann doch wohl nicht sein, dass die uns nicht mehr anhören«, flüstert sie Dorothea besorgt zu.

Endlich gehen die Männer auf ihre Plätze zurück, und der Richter ruft: »Sind Frau Elsa Brennecke und Frau Dorothea Claus anwesend?«

Elsa steht sofort mit einem vernehmlichen »Ja« auf. Dorothea erhebt sich zögernd, wie ertappt.

»Frau Brennecke, bitte treten Sie vor in den Zeugenstand, und Frau Claus, Sie warten draußen, bis Sie gerufen werden.«

Elsa muss sich ausweisen. Ihr Pass wird weitergereicht zu einer jungen Frau, die sich Notizen macht. Dann setzt sie sich in den Zeugenstand, die Handtasche auf dem Schoß, die Henkel fest im Griff. Grüner fordert sie auf, von den Tagen vor dem Feuer zu berichten. Elsa erzählt, was sie im Pfarramt erfahren und was sie am Tag des Feuers beobachtet hat. »Aber das Wichtigste ist, dass in der Küche ein Kanister mit Benzin für den Rasenmäher gestanden hat. Den hat die Dorothea immer an der Küchentür zum Garten abgestellt.«

Grüner will es genau wissen. »Sie sagen also, dass niemand das Benzin in die Küche geholt, sondern es schon dort gestanden hat?«

Elsa nickt und sieht zu Henni. Die hat den Kopf gehoben und starrt sie ungläubig an. Im Publikum herrscht angespannte Stille.

Dr. Grüner geht zu seinem Tisch und nimmt ein Papier zur Hand. »Ich zitiere aus dem Bericht der Feuerwehr … *fanden sich eindeutige Hinweise, dass im Bereich der Küchentür Brandbeschleuniger-Benzin zum Einsatz kam. Somit muss von Brandstiftung ausgegangen werden.*« Er lässt das Blatt sinken. »Nun, mir scheint, dass mit der Aussage von Frau Brennecke ein Unfall sehr viel wahrscheinlicher ist.«

Im Publikum wird getuschelt. Die Journalisten machen sich eifrig Notizen. Dann ist der Staatsanwalt an der Reihe.

»Frau Brennecke, nach dem Feuer vor einem halben Jahr ist die Polizei bei Ihnen gewesen. Können Sie uns sagen, warum Sie denen nicht schon damals gesagt haben, dass Sie Herrn Schöning betrunken am Fenster gesehen haben?«

Elsa zögert nicht. »Ja, das kann ich. Die haben mich nur gefragt, ob ich Henni oder Fried Schöning am elften April am Haus gesehen habe. Das hatte ich nicht. Und dass Herbert Schöning nicht mehr zum Essen im Pfarramt gewesen ist und dass der Benzinkanister im Haus gestanden hat, das weiß ich selber erst seit gestern.«

»Nun gut. Können Sie uns sagen, in welchem Verhältnis Sie zu der Angeklagten stehen?«

Elsa fasst die Griffe ihrer Tasche fester und sieht zu Henni. »Wir sind befreundet. Schon seit Kindertagen. Zwischendurch haben wir uns aus den Augen verloren, aber ...«

Der Staatsanwalt unterbricht sie. »Ah ja, danke, danke. Das reicht schon.« Er wendet sich dem Publikum zu. »Die Freundin der Angeklagten! Für eine Freundin tut man sicher so einiges.«

Elsa schnaubt. »Ich lüge nicht. Aber Wahrheit muss Wahrheit bleiben, auch wenn Ihnen das nicht in den Kram passt.« Im Publikum wird gekichert.

»Glauben Sie wirklich, dass Sie mich belehren müssen?«, blafft der Staatsanwalt sie an, und für eine Sekunde ist sie eingeschüchtert. Aber dann erwidert sie mit hocherhobenem Kopf: »Sie können Dorothea Claus fragen. Die hat den Kanister da abgestellt, und die ist nicht mit der Henni befreundet.«

Aus dem Zuschauerraum ist Getuschel zu hören. Der Richter bittet um Ruhe. »Haben Sie noch weitere Fragen an die Zeugin?«, wendet er sich an den Staatsanwalt.

»Nein, aber ich beantrage, dass die Frau Brennecke vereidigt wird.« Er blickt drohend zu Elsa. »Sie wissen hoffentlich, dass Meineid mit Gefängnis bestraft wird.«

»Das weiß ich, und Sie dürfen mich gerne vereidigen«, erwidert sie ungerührt.

Elsa ist wieder auf ihrem Platz in der vorletzten Reihe und sieht zu, wie Dorothea Claus wie ein Häufchen Elend im Zeugenstand sitzt. Sie spricht mit so leiser Stimme, dass der Richter sie mehrmals auffordert, lauter zu sprechen. Dorothea holt weit aus, spricht von dem Einbruch in den Schuppen und zählt ihre Neuanschaffungen auf, ehe sie zum Benzinkanister kommt. Grüner nimmt erneut den Bericht der Feuerwehr zur Hand.

»Ich zitiere: ›... *fanden sich im Bereich des Brandbe-schleunigers Reste von Gartenkleingeräten – eine Garten-schere mit geschmolzenem Griff, eine Pflanzschüppe und eine dreizackige Handhacke*‹.«

Der Staatsanwalt hat keine Fragen, besteht aber darauf, dass auch Dorothea vereidigt wird.

Elsa sieht immer wieder zu Henni. Die Teilnahmslosig-keit, die sie an den vergangenen Verhandlungstagen gezeigt hat, ist gewichen. Eine Hand vor den Mund gepresst und Staunen im Blick, hört sie Dorothea zu.

Der Richter stellt fest, dass die Beweisaufnahme abge-schlossen ist, und fordert Dr. Grüner auf, sein Abschlussplä-doyer zu halten. Grüner verweist darauf, dass der Verdacht auf Brandstiftung eindeutig entkräftet wurde und dass der Verdacht gegen seine Mandantin, sie habe Schwester Ange-lika vor den Zug gestoßen, lediglich auf Indizien beruht. Es habe zwar mehrere Aussagen gegeben, die bestätigten, dass die Frau gestoßen wurde, aber diese Zeugen konnten nicht sagen, von wem. »Nur eine Zeugin behauptet, dass sie Frau Bernhard auf dem Bahnhof gesehen habe. Sie hat erklärt, Frau Bernhard habe den Bahnsteig, an dem sich der Unfall zugetragen hat, eilig verlassen. Allerdings konnte sie sich nicht einmal daran erinnern, welche Kleidung meine Man-dantin an jenem Tag getragen hat. Alles, was die Zeugin hier gesagt hat, stand am Tag ihrer Aussage bereits in den Zei-tungen!« Zu Hennis Schweigen sagt er nichts.

Dann ist es kurz vor zwölf, und der Richter unterbricht die Verhandlung. »Um zwei Uhr hören wir das Plädoyer der Staatsanwaltschaft.«

Dorothea wartet den zweiten Teil der Verhandlung nicht ab, sondern macht sich auf den Weg zurück nach Velda.

Elsa setzt sich, zufrieden mit sich und dem Plädoyer von Dr. Grüner, auf die Bank in der Eingangshalle. Jetzt würde sich alles aufklären. Jürgen Loose kommt eine halbe Stunde später dazu.

»Jetzt müssen sie Henni gehen lassen«, sagt sie zuversichtlich, doch als Jürgen Loose sich hinsetzt, vorbeugt und sein Gesicht hinter den Haaren verschwindet, wird sie unsicher. »Das müssen sie doch, oder?«

Er zuckt mit den Schultern. »Die Zeugin, die Henni am Bahnhof gesehen haben will, hat unter Eid ausgesagt, und … dass Henni schweigt, das spricht nicht für sie.«

Das Plädoyer des Staatsanwalts ist kurz. Den Vorwurf der Brandstiftung lässt er fallen, aber Hennis Drohung gegen Schwester Angelika kurz vor der Tat, die Zeugenaussage der Frau und vor allem ihr Schweigen führt er wieder und wieder an. »Die Angeklagte hat nichts zu ihrer Verteidigung vorgebracht. Da muss man sich doch fragen, warum sie hier nicht erklärt, wo sie gewesen ist, wenn sie nicht auf dem Bahnsteig war. Ich komme da nur zu einem Schluss: weil sie dort war. Ob sie die Tat schon nach der Anhörung geplant hat oder ob sie erst auf dem Bahnhof ihre Gelegenheit erkannt hat, lässt sich nicht abschließend klären. Aber dass sie es getan hat, daran kann es keinen Zweifel geben.«

KAPITEL 33

AACHEN, SOMMER BIS
HERBST 1970

Vor dem kleinen Fenster ihrer Zelle stellten sich die hellen Sommertage in eine gleichmäßige Reihe. Die Mahlzeiten und der tägliche Gang in den Hof gaben ihnen einen zähen Rhythmus. Einmal in der Woche kamen Georg oder Margret zu Besuch, brachten Nachrichten und gemalte Bilder von den Kindern, Bücher, Schokolade oder Kekse. Die Sicherheit, mit der Georg sagte: »Das klärt sich auf, bald bist du wieder zu Hause«, verlor sich von Besuch zu Besuch, und als er sie fragte: »Henni, das hast du doch nicht getan, oder?«, war es dieses »oder«, das sie traf und für einen Moment schwach werden ließ. Sie schluckte ihre Tränen, schüttelte mit dem Kopf und sagte: »Nein.« Nur dieses eine Mal sprach sie es aus, weil sie es nicht ertrug, dass er an ihr zweifelte.

»Aber warum sagst du dann nichts?«

»Weil es nichts zu sagen gibt. Ich habe für beide Zeiten kein Alibi.«

Die Vernehmungen durch die Polizei waren bald vorü-

ber, die Anklageschrift lag vor. Georg hatte ihr einen Straf-
verteidiger besorgt. Dr. Grüner sprach immer wieder davon, dass die Vorwürfe auf wackligen Füßen stünden, und
mahnte gleichzeitig: »Sie müssen mit mir reden, wenn ich
Sie verteidigen soll.« In den Verhören hatte sie in einem
übermüdeten Moment gesagt, dass sie am Hangeweiher
spazieren und am elften April nachts umhergefahren sei.
Den Fehler erkannte sie, kaum dass sie die Worte ausgesprochen hatte. Der Beamte fragte mit Hohn in der Stimme
nach: »Herumgefahren. Mitten in der Nacht? Wo wollten
Sie denn hin?« Von da an hatte sie geschwiegen.

In den Nächten lag sie wach, weinte, vermisste Georg
und die Kinder. Aber dann rief sie sich ihr Versprechen,
sich um die Geschwister zu kümmern, ins Gedächtnis. Bei
Johanna und Matthias hatte sie versagt. Jetzt gab es nur
noch Fried.

Im Juli besuchte er sie im Untersuchungsgefängnis. Eine
Begegnung, die unglücklicher nicht hätte verlaufen können.
Fried saß bereits im Besucherraum an einem der Tische an
der linken Wand. Mehrere Insassen hatten an diesem Nachmittag Besuch, und Henni versetzte es einen Stich, als sie
ihn in der hinteren Ecke entdeckte. Die eigentlichen Fragen
immer wieder hinausschiebend, erzählte er von Nürnberg,
von Brigitte und der Schreinerei und dass er bei Georg in
Kornelimünster übernachten würde. Sie sprach von der
Gärtnerei, ihren Kindern und grub all die Nachrichten, die
Georg und Margret ihr von zu Hause mitgebracht hatten,
aus. Erst als der Aufseher, der neben der Tür saß, rief: »Die
Besuchszeit ist vorbei«, wagte Fried die Frage.

»Warum hast du das getan?«

Keine Sekunde kam ihr der Gedanke, dass er von den Taten sprechen könnte. Sie hörte: Warum hast du dich entschieden, für mich ins Gefängnis zu gehen?

Sie streichelte sein Gesicht, dachte daran, ihm zu sagen: »Weil es meine Schuld ist, dass du das getan hast. Weil ich unbedingt diese Anhörung wollte. Weil ich mich nicht abfinden konnte. Weil ich gedacht habe: Man muss sich wehren, solang man kann. Weil ich, wie Vater es gesagt hat, nur Unglück über die Familie gebracht habe.« Stattdessen nahm sie seine Hand. »Mach dir keine Sorgen. Es ist richtig so. Glaub mir«, versicherte sie ihm.

Er trat einen Schritt zurück. »Nein, Henni, richtig kann das nicht sein.«

Für den Prozess brachte Georg ihr das schmal geschnittene hellblaue Kleid, die dunkelblaue Strickjacke und die schwarzen Pumps. Margret hatte ihm die Kleidung mitgegeben. »Damit du einen guten Eindruck machst«, sagte er, und Henni hörte, dass er seine Schwester zitierte, die schon seit Wochen nicht mehr kam.

Bei ihrem letzten Besuch hatte Margret ihr vorgeworfen: »Dein Anwalt sagt, dass du nichts für deine Verteidigung tust. Kannst du mir das erklären? Denkst du auch mal an deine Kinder und deinen Mann? Siehst du denn nicht, dass du Unglück über deine Familie bringst!«

Henni war zusammengezuckt, und der stechende Schmerz in der Brust hielt noch Tage an. Margret hatte sie danach nicht mehr besucht.

Den ersten Prozesstagen folgte Henni wie hinter Glas. Dr. Grüner mühte sich redlich, aber als er verstand, dass sie – nachdem sie die Angaben zu ihrer Person bestätigt hatte – selbst die Fragen des Richters nicht beantwortete, wurden seine Einsprüche leiser und selten. Es gab zwei Zeugen, die gesehen hatte, dass Schwester Angelika plötzlich vornüber-gefallen war.

»Kann sie nicht auch ausgerutscht sein? Oder vielleicht ist ihr schwindlig geworden?«, hakte Dr. Grüner nach, aber beide waren sich sicher, dass man so nur fallen konnte, wenn man gestoßen wurde. Ob Henni am Tatort gewesen war, konnten beide nicht beantworten.

Der Aussage der Zeugin, die sie bei der Polizei identifi-ziert hatte, folgte Henni staunend. Die Frau war sich ganz sicher, unterstrich ihre Worte mit theatralischen Gesten und Pausen und beeidete schließlich, dass Henni, unmittel-bar nachdem Schwester Angelika gestürzt war, vom Bahn-steig in die Bahnhofshalle gelaufen sei.

Was die Brandstiftung in ihrem Elternhaus anbetraf, so gab es keine Zeugen, lediglich Indizien. Dr. Grüner setzte zunächst noch darauf, dass man zumindest diesen Anklage-punkt aus Mangel an Beweisen fallen lassen musste, aber Hennis Schweigen und ihre Drohung gegen den Vater wur-den mit Schwester Angelikas Tod von der Staatsanwalt-schaft wie ein zwingend logischer Verlauf in Zusammen-hang gebracht.

Dann kam der vorletzte Verhandlungstag. Henni blickte zu Elsa, um ihr wie an jedem Verhandlungstag zum Ab-schied kurz zuzunicken, als Dr. Grüner sagte, dass er Fried vorladen wolle. Sie brauchte mehrere Sekunden, bis sie ver-stand. Dieses Erschrecken! Alles drehte sich. Sie stand auf und setzte sich wieder. Das »Nein«, das sie schreien wollte, kam nur geflüstert über ihre Lippen. Entsetzt schlug sie die Hände vors Gesicht.

Als man sie zurück in ihre Zelle bringen wollte, drehte sie

sich noch einmal zu Dr. Grüner um. »Wagen Sie es ja nicht, Fried vorzuladen«, zischte sie ihn an. »Wenn Sie das tun, entziehe ich Ihnen hier und jetzt das Mandat.«

Dass sich der Vorwurf der Brandstiftung am letzten Verhandlungstag noch auflöste, hatte sie Elsa zu verdanken. Elsa, die unermüdlich mit ihrer kaputten Hüfte im Gerichtssaal erschienen war und die, wie sie an diesem Tag erkannte, noch viel mehr getan hatte. Ein Unfall! Sie konnte kaum glauben, was sie hörte, und während erst Elsa und dann Dorothea Claus aussagten, gerieten die Gewissheiten in ihrem Kopf durcheinander. »… wohl bewiesen, dass es sich nicht um Brandstiftung handelt … dass Frau Bernhard diese Tat nicht begangen hat«, hörte sie Dr. Grüner sagen, aber in ihrem Kopf echote es: »… dass Fried diese Tat nicht begangen hat!« Was, wenn er auch nicht …? Ganz still saß sie da, wagte es nicht weiterzudenken, spürte, wie bleischwere Zweifel auf ihre innere Waage tropften. Was, wenn er auch nicht … Nein! Wer denn sonst?

Einmal blickte sie zu Georg, sah die Erleichterung in seinem Gesicht, die Hoffnung, dass sich jetzt alles aufklären würde.

Das Plädoyer ihres Anwalts war ein fernes Rauschen.

Nach der Pause sprach der Staatsanwalt. Den Vorwurf der Brandstiftung ließ er fallen, aber Hennis Drohung gegen Schwester Angelika kurz vor der Tat, die Zeugenaussage der Frau und Hennis Schweigen führte er wieder und wieder an. »Die Angeklagte ist eindeutig erkannt worden, und sie schweigt. Und das kann nur eines bedeuten: weil sie dort war und es getan hat.«

Er forderte eine Gefängnisstrafe von fünfzehn Jahren.

Die Beratung des Gerichts dauerte keine Stunde. Um halb vier wurde Henriette Bernhard des Totschlags an Schwester Angelika schuldig gesprochen. Ein geplanter Mord wurde verworfen, und das Gericht hielt ihr zugute, dass sie sich nach der Anhörung in einem Ausnahmezustand befunden habe. Das Urteil lautete zehn Jahre Gefängnis.

Sechs Monate nach dem Prozess besuchte Fried sie erneut. Er saß an dem Tisch im Besucherzimmer ihr gegenüber und sagte tonlos: »Schwester Angelikas Tod macht Matthias nicht mehr lebendig. Das hättest du niemals tun dürfen.«

Henni starrte ihn an, hörte, was er sagte, ohne zu verstehen. »Aber ich habe doch nicht … ich dachte doch …«, stammelte sie. Hunderte solcher Halbsätze und Frieds staunendes Nichtbegreifen.

»Ich habe im Zug nach Hause gesessen, als Schwester Angelika starb. Die Polizei in Nürnberg hat mich befragt. Die haben meinen Fahrschein als Beweis mitgenommen … Was hast du denn gedacht? Was hast du getan?«

Das war das Gewicht, das mit einer solchen Wucht auf ihrer inneren Waage aufschlug, dass es das angesparte Referenzgewicht endgültig aushebelte.

Georg, Fried und Dr. Grüner bemühten sich um eine Neuaufnahme des Verfahrens, aber es gab keine neuen Hinweise oder Erkenntnisse, die einen solchen Schritt gerechtfertigt hätten.

EPILOG

Nach sieben Jahren wurde Henni wegen guter Führung aus der Haft entlassen. Sie kehrte nach Kornelimünster zurück. Georg, Margret und ihre Kinder hielten zu ihr, und sie verlebte zurückgezogene, aber glückliche Jahre. Sie kümmerte sich um die Treibhäuser und Rosen und später um ihre Enkelkinder. Einmal im Monat fuhr sie nach Velda, besuchte den Friedhof und Elsa. Auch zu Fried hielt sie engen Kontakt. 2009 starb sie im Alter von sechsundsiebzig Jahren.

Thomas Reuter machte sich in Paris einen Namen, als er die Acrylmalerei für sich entdeckte. Seine abstrakten Landschaftsbilder wurden 1976 zum ersten Mal in Paris in einer angesehenen Galerie ausgestellt und erreichen heute Höchstpreise. Er unterschreibt die Bilder nicht mit seinem Namen, seine Signatur besteht aus einer kleinen, hellgrünen Mädchenfigur am unteren linken Bildrand.

Bis heute ist er fest davon überzeugt, dass Schwester Angelikas Tod ein Unfall war, den er vom Bahnhofsgebäude aus beobachtet hat.

Anfang der Achtzigerjahre beauftragte er einen Privatdetektiv, das Schicksal der damaligen Heimbewohnerin Regine zu klären. Die Recherche blieb ohne Ergebnis.

Elsa Brennecke ist inzwischen vierundachtzig Jahre und lebt immer noch in ihrem Haus in Velda. Jürgen Loose betreibt in Köln eine Anwaltskanzlei, ist verheiratet und Vater von drei Kindern. Er besucht Elsa nach wie vor regelmäßig.

Abschließend sei erwähnt, dass das Kinderheim in Trier 1988 abgerissen wurde, um einem Mehrfamilienhaus Platz zu machen. Bei den Schachtarbeiten fand man die Überreste eines etwa vierzehnjährigen Mädchens.

NACHWORT

Manchmal ist die erste Inspiration zu einem Roman ein Gespräch, manchmal eine Zeitungsnotiz und manchmal ein Bild. Die Idee zu *Grenzgänger* ist in einem Gespräch mit meiner Lektorin über Fotos und Fotoalben entstanden. Seit einigen Jahren kaufe ich Fotoalben, die auf Flohmärkten und im Internet angeboten werden. Momentaufnahmen, die zum Teil bis in die Anfänge des letzten Jahrhunderts zurückreichen und Familien- und Zeitgeschichte dokumentieren. Ein Konvolut an Fotos kam aus der Eifel. Mit dem Schmuggel in den Grenzregionen in den Vierziger- und Fünfzigerjahren hatte ich mich vor einigen Jahren schon einmal beschäftigt, und als sich unter diesen Fotos Bilder mit der Unterschrift »Kinderheim 1947–1952« fanden, habe ich mit der Recherche begonnen. Ich bin in die Region gereist, habe mit Zeitzeugen gesprochen, Biografien gelesen und mich mit der Heimerziehung in der BRD in jener Zeit auseinandergesetzt.

Die Figuren in diesem Buch sind frei erfunden. Der Kaffee-, Zigaretten- und Butterschmuggel in den Grenzgebieten und die Auseinandersetzungen mit manchmal tödlichem Ausgang sind es nicht.

Auch das Kinderheim ist fiktiv, aber die katastrophalen

Zustände in damaligen Heimen sind es nicht, sondern beruhen auf Archivmaterial, Dokumentationen und Aussagen von Zeitzeugen.

Natürlich ging es nicht in allen Heimen so zu, und ich will nicht verschweigen, dass ich auch mit Menschen gesprochen habe, die von ihrem Heimaufenthalt positiv berichtet haben. Aber dieses Buch soll an all jene erinnern, deren Schicksal über Jahrzehnte ignoriert und geleugnet wurde und die bis heute darunter leiden.

DANKSAGUNG

Ich bedanke mich bei den Zeitzeugen, die mir so eindrücklich von ihrem Heimleben in der Nachkriegszeit oder ihrem damaligen Alltag in der Grenzregion erzählt haben. Ein weiterer Dank geht an das Zollmuseum Friedrichs für die freundliche Unterstützung.

Mein Dank geht an Annette Weihrauch, Barbara Günther-Sjongers und Doris Friese fürs Gegenlesen, Diskutieren und Begleiten und ganz besonders an Gabriele Claassen-Kohlrausch, die mir darüber hinaus Aachen nähergebracht hat.

Andrea Hartmann sage ich Dank für den Anstoß zu diesem Buch und die geduldige und wohlwollende Begleitung. Bei Kristina Lake-Zapp bedanke ich mich für das kompetente Lektorat.

»Unterhaltungslektüre mit Informationsgehalt«
nrd.de

MECHTILD BORRMANN

TRÜMMERKIND

Roman

Steineklopfen, Altmetallsuchen, Schwarzhandel.

Der 14-jährige Hanno Dietz kämpft mit seiner Familie im zerstörten Hamburg der Nachkriegsjahre ums Überleben. Viele Monate ist es bitterkalt, Deutschland erlebt den Jahrhundertwinter 1946/47. Eines Tages entdeckt Hanno in den Trümmern eine nackte Tote – und etwas abseits einen etwa dreijährigen Jungen. Der Kleine wächst bei den Dietzens auf. Monatelang spricht der Junge kein Wort. Und auch Hanno erzählt niemandem von seiner grauenhaften Entdeckung. Doch das Bild der toten Frau verfolgt ihn in seinen Träumen.

Erst viele Jahre später wird das einstige Trümmerkind durch Zufall einem Verbrechen auf die Spur kommen, das auf fatale Weise mit der Geschichte seiner Familie verknüpft ist …